As Formas do Conteúdo

Coleção Estudos
Dirigida por J. Guinsburg

Equipe de realização – Tradução e revisão: Pérola de Carvalho; Produção: Ricardo
W. Neves, Juliana Pinheiro Sergio e Sergio Kon.

Umberto Eco

AS FORMAS DO CONTEÚDO

 PERSPECTIVA

Título do original
Le Forme del Contenuto

© Casa Editrice Valentino Bompiani & C., Milano

Dados Internacionais de Catalogação na Publicação (CIP)
(Câmara Brasileira do Livro, SP, Brasil)

Eco, Umberto, 1932-2016.
 As formas do conteúdo / Umberto Eco ; tradução e
revisão Pérola de Carvalho. – São Paulo : Perspectiva,
2004. – (Coleção estudos ; 25 / dirigida por J.
Guinsburg)

 Título original: Le forme del contenuto.
 2ª reimpr. 3. ed. de 1999
 Bibliogafia.
 ISBN 85-273-0158-X

 1. Semântica (Filosofia) 2. Significado (Filosofia) I.
Guinsburg, J. II. Título. III. Série.

04-6923   CDD-149.94

Índices para catálogo sistemático:
1. Semântica : Filosofia   149.94
2. Semiótica : Filosofia   149.94

3ª edição – 2ª reimpressão
[PPD]

Direitos reservados em língua portuguesa à
EDITORA PERSPECTIVA LTDA.
Av. Brigadeiro Luís Antônio, 3025
01401-000 São Paulo SP Brasil
Telefax: (011) 3885-8388
www.editoraperspectiva.com.br

2019

Sumário

Nossos Agradecimentos a	IX
Introdução	XI

1. O "Limiar" Semiótico ... 1
Duas definições ... 1
O limiar inferior da Semiótica ... 4
O limiar superior da Semiótica ... 5

2. Os Percursos do Sentido ... 11
    I. O equívoco do referente ... 11
    II. O significado como "unidade cultural" ... 15
    III. O interpretante ... 17
    IV. A semiotização do referente ... 22
    V. O sistema semântico ... 25
    VI. A denotação dentro de uma perspectiva semiótica ... 36
    VII. A conotação dentro de uma perspectiva semiótica ... 42
    VIII. As componentes semânticas ... 47
    IX. A árvore KF ... 50
    X. O modelo Q ... 56
    XI. O contexto como estrutura sintática ... 60
    XII. A complexidade do código ... 62
    XIII. A multiplicidade dos códigos, a circunstância e a mensagem como fonte ... 67
    XIV. Juízos fatuais e juízos semióticos ... 71

3. Semântica da Metáfora ... 77
Premissa ... 77
Mandrake faz um gesto ... 80
Miau Mao ... 82

Morfologia do Meandertale 83
Brincadeiras no espaldar sueco 88
Retórica do espaldar sueco 90
A coroa e as mangas de alpaca.. 92
A linguagem faz um gesto 95
Para a contradição que a permite.. 103

4. **Geração de Mensagens Estéticas numa Língua Edênica** 109
   Premissa 109
   Unidades semânticas e sequências significantes no éden 110
   A formulação do primeiro juízo fatual com consequências semió-
   ticas 114
   Desenha-se a contradição do universo semântico edênico............. 115
   Geração de mensagens estéticas 116
   A reformulação do conteúdo 122

5. **Semiótica das Ideologias** 125
   I. Sistema semântico e visão do novo 125
   II. Um modelo comunicacional.. 126
   III. A eliminação ideológica da ideologia 131

6. **Para uma Análise Semântica dos Signos Arquitetônicos** 135

Bibliografia Básica para Estudos Semióticos 155

Nossos Agradecimentos a

Mary A. Kato, Profª Titular da Cadeira de Teoria Linguística do Curso de Pós-Graduação da Pontifícia Universidade Católica, que nos orientou na revisão das citações em inglês e na elaboração de notas explicativas dentro do campo linguístico.

Arquiteta Lina Bo Bardi.

Prof. Mário Guimarães Ferri, atual diretor da Editora da Universidade de São Paulo.

Jacó Guinsburg, Prof. da Cadeira de Estética Teatral da Escola de Comunicações Culturais da USP.

Walnice Nogueira Galvão, Profª de Teoria Literária do Departamento de Linguística e Línguas Orientais da USP.

Boris Schnaiderman, Prof. de Teoria Literária e Literatura Russa do Departamento de Linguística e Línguas Orientais da USP.

Armando Mora de Oliveira, Prof. de Filosofia do Departamento de Filosofia da USP.

A Tradutora

Introdução

Os capítulos deste livro surgem sob forma de ensaios independentes unicamente porque cada um deles está estruturado de maneira particular, de acordo com as exigências do tema. Mas trata-se, de fato, de autênticos capítulos, mutuamente relacionados, e o livro tem uma homogeneidade e continuidade de discurso toda dele, talvez mais do que os outros que escrevi até agora. *As Formas do Conteúdo* constitui o natural desenvolvimento de dois temas por mim aflorados mas não aprofundados em *A Estrutura Ausente*[1]: a definição do significado e o problema da contradição radical do universo semiótico.[2]

---

1. Milão, Bompiani, 1968, devendo-se a tradução brasileira a um trabalho conjunto de Editora de USP e Editora Perspectiva (São Paulo, 1971). Aliás, as edições estrangeiras mais recentes (inglesa, francesa, alemã, espanhola e sueca) dessa obra constituirão, na realidade, uma fusão entre as páginas de *A Estrutura Ausente* e de *As Formas do Conteúdo*, que nasceu, portanto, como repensamento contínuo do livro precedente, no momento em que, à distância de alguns anos (desenvolvendo-se conjuntamente não só os meus problemas como as pesquisas de outros sobre o assunto) a pouco e pouco eu corrigia – e por fim reescrevia de todo – o livro em tradução, para grande desconforto de meus tradutores a quem eu desejaria pedir publicamente desculpas, agradecendo-lhes pelos estímulos que deles recebi.

2. Notará o leitor que embora em *A Estrutura Ausente* se adotasse o termo "semiologia", falamos aqui em "semiótica". Além das longas e permanentes *querelles* sobre uma possível diferença de tom entre os dois termos, serão eles aqui considerados como *sinônimos* e nós nos ateremos, com humildade digna de encômios, à decisão tomada pela International Association for Semiotic Studies no ato de sua constituição, (Paris, janeiro de 1969), decisão essa igualmente adotada pela Associazione Italiana di Semiótica. Pareceu-me mais útil evitar litígios sobre as denominações, e trabalhar sobre as definições.

Poderá parecer estranho que eu admita ter escrito um livro de Semiologia com mais de quatrocentas páginas para em seguida dar-me conta de que não havia definido o significado. Mas estava em ótima companhia: o significado é a última fronteira de toda investigação sobre os signos, e muitos sustentam, com sólidos argumentos, que nem sequer deve ser tomado em consideração, sob pena de equívocos. Nós falamos, gesticulamos, desenhamos e comunicamos *algo*: definir esse algo compete ainda à Semiótica, à Linguística, às disciplinas que estudam as modalidades da comunicação ou da significação? Ou esse *algo* constitui o universo dos conteúdos, o imenso reino dos fatos e ideias, o objeto próprio das ciências naturais ou das ciências humanas como a Sociologia e a Antropologia Cultural?

As páginas que seguem dependem de uma opção indubitavelmente "imperialista": se há que fazer-se uma Semiótica, deverá ela ocupar-se também com o universo do conteúdo.

O ponto de partida é dado pela áurea quadripartição hjelmsleviana, resumível nesta conhecidíssima fórmula:

$$\cfrac{C \ \cfrac{s}{f}}{E \ \cfrac{f}{s}}$$

Para comunicarmos, dispomos de elementos do plano da expressão: sons, imagens, gestos, signos gráficos, materiais de todo tipo. Na sua variedade, esses elementos constituem a Substância da Expressão. Mas para podermos usá-los, selecionamos, no âmbito da substância, elementos específicos e especificados, arvoramo-los em unidades pertinentes da expressão, organizamo-los num sistema de oposições, dispondo, assim, de uma Forma da Expressão. Nosso aparelho fonador pode produzir uma grande variedade de sons: podemos deslizar ao longo de um contínuo de três oitavas, emitir gritos estentóreos ou sufocados, grunhidos, uivos. Porém dentro do âmbito da língua, tornamos pertinentes um número muito limitado de elementos diferenciais – os fonemas –, organizados num sistema preciso de oposições. E só comunicamos através deles. As variantes não são pertinentes, ou se o são, são-no relativamente a outro sistema expressivo que não mais o linguístico. Uma vez organizada a forma da expressão, podemos articular inúmeras cadeias de expressões às quais se atribui um *sentido*. E o que é, a esta altura, o Sentido?

É todo o universo dos possíveis conteúdos da comunicação, e portanto, o *Universo*. Não o universo das coisas e dos eventos cósmicos, os quais, como veremos, não interessam à Semiótica, mas o universo das noções através das quais uma cultura organiza sua própria visão do mundo, subdividindo e sistematizando suas próprias experiências.

Que a cultura seja formalmente sistematizada, não há quem o negue. O que era a substância do conteúdo, o amontoado impreciso de todas as experiências possíveis, torna-se um sistema de experiências organizadas e *nomeadas*. Mas é esse exatamente o problema. Para organizar suas próprias experiências, uma cultura deve nomeá-las: isto é, deve fazer corresponder, a elementos de forma da expressão, elementos de forma do conteúdo. Certamente o problema não é tão simples: pode acontecer que uma cultura organize a experiência do conteúdo segundo certas formas, justamente porque a língua ou outro sistema comunicacional, já lhe prescreve um sistema de formas expressivas que determinam a subdivisão da experiência. E pode acontecer que as formas da expressão estejam aptas a veicular as formas do conteúdo sem que haja uma relação precisa, termo a termo, isto é, sem que exista homologia entre os dois universos. Mas são exatamente questões de tal ordem que tornam interessante, se não indispensável, o fato de que uma pesquisa semiótica diga também respeito à forma do conteúdo.

Notar-se-á, entre outras coisas, que até o momento tenho falado em "Forma" do conteúdo, quando o livro leva por título as "Formas" do conteúdo. O problema será esclarecido no segundo capítulo, mas o leitor perspicaz já terá farejado uma reproposta daquela cautela metodológica e daquele horror pelas metafísicas da significação, que obrigara o livro precedente, cujo título era a "Estrutura", a qualificá-la de imediato como "Ausente". O leitor, que além de perspicaz for malicioso, conseguirá em seguida estabelecer um exato confronto com o fato de que outro livro meu tenha sido intitulado *Obra Aberta*: enformar o universo do cognoscível mas saber que essa forma não é definitiva e, portanto, admitir a predicação de várias outras formas, eis indubitavelmente uma constante de todas essas pesquisas, embora afetas a campos tão diversos.

Em todo o caso, quer o conteúdo tenha uma forma ou seja passível de muitas formas, quer suas unidades formais correspondam termo a termo às unidades formais do plano da expressão ou se relacionem de modo não homogêneo, nada disso impede que – se é que se pode individuar uma forma do conteúdo – deva ela ser vista segundo as mesmas grades interpretativas com as quais é enfocada a forma da expressão. A Semiótica ocupa-se com a forma do conteúdo não apenas porque ela constitui o universo dos significados trazidos pela forma da expressão, mas porque esse universo de significados *deve* ser, em certa medida, constituído homologamente à forma da expressão. E isso também graças a uma razão muito precisa que reafirma a tendência imperialista da pesquisa semiótica: o universo do conteúdo não constitui apenas um universo de significados que *preenchem* as formas significantes que os veiculam. Se for exata a hipótese, proposta neste livro, de uma *semiose ilimitada*, todo significado, toda unidade de forma do conteúdo, pode, por sua vez, tornar-se o elemento expressivo de outro conteúdo. Numa palavra: toda unidade cultural pode tornar-se o significante de outra unidade cultural. Para que tal possa ocorrer, cumpre que o universo do conteúdo seja estruturável (o que não quer dizer que seja de fato estruturado, mas que pode ser interpretado como estruturado) nos mesmos modos em que é estruturado o universo da expressão.

O primeiro ensaio do livro, "O 'Limiar' Semiótico", procura responder a este problema: postular uma forma do conteúdo significa algo mais que postular a organização dos eventuais significados que irão preencher os significantes. Significa, através da postulação de uma estrutura unitária do campo semiótico, permitir que cada unidade de conteúdo assuma funções significantes em relação a cada uma das demais unidades. O ensaio "Os Percursos do Sentido" fundamenta de modo mais rigoroso tal postulação.

Esse ensaio, porém, levanta um novo problema. Se o universo dos códigos (que emparelha sistemas sintáticos com sistemas semânticos e possibilita às unidades dos sistemas semânticos tornarem-se as unidades expressivas de ulteriores sistemas semânticos), fosse unívoco e definido de uma vez por todas, a linguagem (e as linguagens em geral) serviria unicamente para comunicar o que já foi instituído, ou quando muito serviria para comunicar eventuais modificações do conteúdo que o plano da expressão, na sua articulabilidade, já prevê. No entanto, a linguagem também serve para funções criativas, e a tal ponto criativas que reestruturam o próprio plano da expressão. Em outras palavras: através do uso científico e poético da linguagem nós não só descobrimos novas unidades de conteúdo como colocamos em crise os códigos (e, portanto, os próprios sistemas expressivos) e criamos novas possibilidades comunicacionais.

Os ensaios sobre a metáfora e a geração de mensagens estéticas mostram que isso só é possível com uma condição: *a de que todo sistema semiótico seja em si mesmo contraditório*. Do contrário, outro sistema semiótico não seria capaz de oferecer as possibilidades de sua própria negação. Assim, defronta-se este livro com *o problema da conciliação ou da oposição entre lógica estrutural e lógica dialética*. E seu tema, que de início parecia ser o do Sentido, torna-se o da Contradição. Ou seja, do Sentido como lugar da Contradição.

INTRODUÇÃO   XV

A criatividade linguística, como negação dos módulos adquiridos, só é possível porque todo código é, em si mesmo, contraditório. Os sistemas semióticos só podem negar-se a si mesmos porque já estão permeados pela contradição. O ensaio sobre a definição ideológica das ideologias e a possibilidade de criticá-las, tornou-se possível graças a esta hipótese: se as ideologias constituem o momento em que uma linguagem se imobiliza sob forma de falsa consciência (ignorando, em sua presunção de univocidade, a contraditoriedade que a constitui), a crítica das ideologias consiste justamente na recuperação e individuação de uma contraditoriedade deliberadamente encoberta.

O último ensaio, dedicado à análise semiótica de um objeto arquitetônico, é unicamente uma comprovação de teses debatidas no decorrer do livro: possibilidade de estabelecerem-se momentos homológicos entre expressão e conteúdo, e ampliação da investigação semiótica até o universo dos objetos e funções.

Definições para uso do leitor apressado? Um livro de Semântica; livro que, no momento em que floresce a metafísica do significante e da Escritura vazia, busca recuperar a realidade cultural que, maciça, jaz sob toda operação de significação. Uma pessoa amiga, ao ler estes textos, observou que o livro, através dos exemplos escolhidos, parece obsediado pela ideia da Morte. Diria eu: não mais que pela da Vida. Uma aproximação semiótica, desde que aspire à validade, deve conseguir, de modo próprio (isto é, sem exaurir outros modos possíveis), explicar tudo.

P.S. Os agradecimentos de praxe servem para colocar estes escritos dentro de circunstâncias exatas de diálogo e pesquisa. "O 'Limiar' Semiótico" e "Os Percursos do Sentido" foram redigidos após longas discussões com Ugo Volli e Gabriele Usberti. "Semântica da Metáfora" nasceu no decorrer de duas agitadas conferências na Universidade de Pávia, mas teve origem num simpósio joyciano realizado no Théâtre-Poème de Bruxelas e numa comunicação ao primeiro Bloomsday organizado em Dublin, em junho de 1967, pela International James Joyce Foundation. O capítulo "Geração de Mensagens Estéticas numa Língua Edênica" nasce de um ciclo de aulas sobre a Semiótica da Arte realizado na New York University, em 1969-70, bem como de um debate com Christian Metz e A. A. Moles, no seminário da ICAV de Bordéus (La Brangelie, 1971). "Semiótica da Ideologia" retoma uma comunicação encaminhada ao congresso "As Linguagens na Sociedade e na Técnica", organizado para o centenário da morte de C. Olivetti, em outubro de 1968. "Para uma Análise Semântica dos Signos Arquitetônicos" nasceu no decorrer de um animado seminário em La Plata (Argentina), organizado pelo Instituto Interuniversitário de Historia de la Arquitectura, em 1970.

Quanto à Bibliografia que serve de fecho a este livro, recebe ela, na edição brasileira, o título a que faz jus – "Bibliografia Básica para Estudos Semióticos".

Na verdade, nela não figuram apenas as obras semióticas a que nos reportamos no texto mas também aquelas diretamente ligadas aos problemas semióticos e que constituem o fundo implícito de nossa pesquisa. Demos, portanto, preferência a uma bibliografia ampla a fim de atendermos a uma constante solicitação vinda por parte dos leitores – estudantes ou estudiosos do assunto.

Mais. Com a anuência da Editora Perspectiva e visando, em particular, ao interesse do leitor brasileiro, essa bibliografia surge aqui devidamente atualizada: vários títulos foram por nós acrescentados à lista original, e além disso, todos aqueles de cuja tradução para o português se teve notícia até o momento aí figuram com essa informação suplementar, tarefa de que se incumbiu a tradutora, Pérola de Carvalho.

Milão, 1973.

1. O "Limiar" Semiótico

DUAS DEFINIÇÕES

Quando uma disciplina como a Semiótica está em vias de difusão e definição, o primeiro problema que se apresenta é sempre o de seus confins.

Certamente, como primeira aproximação poderiam servir as definições dos dois estudiosos que, com uma antecipação de cerca de cinquenta anos, prognosticaram-lhe o nascimento oficial e a organização científica, Saussure e Peirce (para não voltarmos à definição de Locke). Essas duas definições, contudo, suscitam vários problemas.

1. Saussure: "La langue est un système de signes exprimant des idées et par là comparable à l'écriture, à l'alphabet des sourds-muets, aux rites symboliques, aux formes de politesse, aux signaux militaires etc. etc. Elle est seulement le plus important de ces systèmes. On peut donc concevoir une science qui étudie la vie des signes au sein de la vie sociale; elle formerait une partie de la psychologie sociale, et par conséquent de la psychologie générale; nous la nommerons sémiologie (du grec *semeion*, 'signe'). Elle nous apprendrait en quoi consistent les signes, quelles lois les régissent. Puisqu'elle n'existe pas encore, on ne peut dire ce qu'elle sera; mais elle a droit à l'existence, sa place est déterminée d'avance (Saussure, 1916, pp. 33-34)*.

---

* "A língua é um sistema de signos que exprimem ideias, sendo, por isso, comparável à escrita, ao alfabeto dos surdos-mudos, aos ritos simbólicos, às formas de cortesia, aos sinais militares etc. Ela é apenas o mais importante desses sistemas. Pode-se então

Essa definição, que por sinal deu lugar à maioria dos estudos semióticos hoje em curso, é incompleta e não satisfatória, justamente porque emprega a expressão "signe". Para Saussure, o signo é a união de um significante com um significado e se, portanto, a Semiótica fosse a ciência que estuda os signos, desse campo deveriam permanecer excluídos muitos fenômenos que hoje se dizem semióticos ou mesmo de competência da Semiótica.

Caberá, por exemplo, a Teoria da Informação dentro do campo de uma Semiologia Geral? Se a resposta for sim, como se explicará o fato de a Teoria da Informação não lidar com significados, mas unicamente com unidades de transmissão, computáveis quantitativamente, independentemente do possível significado delas, que por isso mesmo são chamadas "sinais", e não, "signos"? Não existe, por acaso, uma "zoossemiótica" que estuda a transmissão de informações junto aos animais, a propósito dos quais seria difícil falarmos em passagem de "significados"? Não é da competência da Semiótica todo o nível das *figurae* ("fonemas", na língua verbal, "figurae" em outros sistemas de comunicações) que possuem valor oposicional mas não têm significado algum? Por acaso não deve a Semiótica estudar também a notação musical e a música em geral, que no entanto é o exemplo de um discurso sem espessura semântica (exceto alguns raros casos) e onde, portanto, cumpre estabelecer o que se entende por "signo"?

2. Consideremos agora a definição de Peirce: "I am, as far as I know, a pioneer, or rather a backwoodsman, in the work of clearing and opening up what I call *semiotic*, that is, the doctrine of the essential nature and fundamental varieties of possible semiosis..." (Peirce, 1931, 5488). Essa Semiótica, que ele, em outro local, chama de "lógica" (2227), apresenta-se como "doutrina dos signos", o que a liga ao conceito de "semiose" que é precisamente a característica constitutiva dos signos. Por "semiose" Peirce (5484) entende "an action, an influence, which is or involves, a cooperation of *three* subjects, such as a sign, its object and its interpretant, this thri-relative influence not being in any way resolvable into actions between pairs".*

conceber uma ciência que estude a vida dos signos no seio da vida social; constituiria ela uma parte da Psicologia Social e, por conseguinte, da Psicologia Geral; chamá-la-emos de Semiologia (do grego *semeion*, 'signo'). Ela nos ensinará em que consistem os signos e que leis os regem. Como tal ciência ainda não existe, não se pode dizer o que será; mas tem direito à existência e seu lugar está de antemão determinado." [Saussure, 1916 – pp. 33-34; na trad. bras.: p. 24]. (N. da T.)

(*) "Sou, tanto quanto me é dado saber, um pioneiro, ou melhor, um materio no trabalho de desbravar o que chamo de *Semiótica*, isto é, a ciência da natureza essencial e das variedades fundamentais de semioses possíveis..." E mais adiante: ... "uma ação, uma influência que é, ou implica, uma operação de *três* sujeitos, a saber, um signo, seu objeto e seu interpretante, não podendo, de forma alguma, essa influência tri-relativa resolver-se em ações entre pares." (N. da T.)

O "LIMIAR" SEMIÓTICO 3

Ainda que mais adiante definamos melhor a noção de "interpretante", está claro o que Peirce por ela entende: numa relação de estímulo--resposta, estabelece-se uma relação entre dois polos, o polo estimulador e o polo estimulado, sem mediação alguma. Numa relação de semiose, o estímulo é um signo que, para poder produzir a resposta, deve ser mediado por um terceiro elemento (chamemo-lo "interpretante", "significado", "reportação ao código"...) que permite ao signo representar seu objeto para o destinatário.

Como veremos em seguida, a noção triádica de Peirce, exatamente como a definição de Saussure, implica, ainda que não indique explicitamente, um elemento de convenção e socialidade. Só que na definição de Saussure os signos "exprimem ideias": característica essa que deve ser entendida no sentido de que os signos exprimem as ideias de um *remetente*, comunicando-as a um *destinatário*. Ao contrário, dentro da perspectiva de Peirce, a tríade semiósica é aplicável também a fenômenos que *não têm um remetente*. É o caso, por exemplo, de certos fenômenos naturais entendidos por um destinatário humano como sintomas (aceleração das batidas do pulso, por exemplo, vista como sintoma de febre pelo médico). A definição de Peirce adscreve, portanto, ao domínio da Semiótica, até mesmo fenômenos que, em âmbito saussuriano, deveriam ser excluídos, e resolve uma objeção movida por vários setores da empresa semiótica (Segre, 1969, p. 68 e ss.). Acolher os sintomas como processos semióticos não significa em absoluto desconvencionalizar a Semiótica para vê-la como uma teoria da linguagem de Deus ou do Ser. Significa apenas afirmar que existem convenções interpretativas (e, portanto, códigos) também no modo com que procuramos decifrar fenômenos naturais *como se* fossem signos que comunicam alguma coisa. Na verdade, a cultura selecionou alguns fenômenos e os instituiu como signos, desde que eles, em circunstâncias apropriadas, comuniquem de fato alguma coisa. Essa perspectiva peirciana permitiria, enfim, resolver em termos semióticos a própria teoria do significado perceptivo dos fenômenos naturais; daí por que a retomaremos nas páginas que tratam do *referente* (v. "Os Percursos do Sentido").

A perspectiva peirciana é, portanto, mais ampla do que a saussuriana. Mas também ela se baseia no conceito de signo como união de um significante e um significado, visto que também os sintomas (possuindo natureza semiósica) têm as mesmas características do signo saussuriano: há uma forma física que remete, para o destinatário, a algo que a forma física denota, designa, nomeia, indica, e que não é a forma física. Portanto, também essa definição deixa de fora uma série de processos hoje estudados como processos comunicacionais (é o caso, por exemplo, dos processos cibernéticos), onde se trata da passagem de sinais de uma fonte emissora a um aparelho receptor: porque os sinais agem sobre o aparelho receptor como *estímulos* e não como signos. Implicam eles uma relação entre dois polos, uma dialética solicitação-resposta, e não um processo triádico em que se insere um elemento mediador ("significado" ou "interpretante", tanto faz).

O LIMIAR INFERIOR DA SEMIÓTICA

1. Das definições de Saussure e Peirce permaneceriam, portanto, excluídos os estudos da Neurofisiologia sobre os fenômenos sensórios vistos como passagens de sinais das terminações nervosas periféricas ao córtex cerebral (v., p. ex., Ashby, 1960; Goudot-Perrot, 1967), as pesquisas cibernéticas aplicadas aos organismos vivos (v., p. ex., Ashby, 1960; Shannon e Weaver, 1949; Ruyer, 1958), ou as pesquisas de genética – onde, contudo, se fala em códigos e mensagens. Tal limitação poderia parecer embaraçosa, visto que de pesquisas desse tipo a Semiótica extrai muitos de seus próprios instrumentos (como por exemplo a noção de "informação" como escolha binária). Trataremos, porém, precisamente de individuar tais pesquisas como uma espécie de confim inferior da Semiótica, o ponto em que a Semiótica nasce de algo que não é Semiótica, o elo de conjunção – como em antropologia física, entre o último primata e o primeiro *homo sapiens* – entre o universo do sinal e o universo do sentido (v. Eco, 1968, A., 1).

2. Por outro lado, dizer que a Semiótica tem início onde se delineia esta entidade ainda obscura que é o "sentido" não significa que ela se deva confundir com a Semântica, que tradicionalmente se tem dedicado (ou finge dedicar-se) ao "sentido" ou ao "significado". Deve a Semiótica estudar também aqueles processos que, sem implicar diretamente o significado, permitam-lhe a circulação. Esse aspecto do problema foi tratado em *A Estrutura Ausente*, seção A., 1., onde o manteremos circunscrito.

Mas se o limiar inferior da Semiótica era representado pelo limite entre sinal e sentido, já o limiar superior é representado pelo limite entre os fenômenos culturais, que são *sem sombra de dúvida* "signos" (exemplo: as palavras), e os fenômenos culturais que parecem ter outras funções que não a comunicacional (exemplo: um automóvel serve para transportar, não para comunicar). Se não se resolver depressa o problema desse limiar superior, não se poderá nem mesmo aceitar a definição de Semiótica como disciplina que estuda *todos* os fenômenos culturais como processos de comunicação.

O LIMIAR SUPERIOR DA SEMIÓTICA

1. Se tomarmos o termo "cultura" em seu sentido antropológico exato, veremos imediatamente delinearem-se dois fenômenos culturais elementares aos quais se pode negar a característica de serem fenômenos comunicacionais: (*a*) o fabrico e emprego de objetos de uso, aptos a modificarem a relação homem-natureza; (*b*) o intercâmbio parental como primeiro núcleo de relacionamento social institucionalizado.

Não foi por acaso que escolhemos esses dois fenômenos: são eles não só os fenômenos constitutivos de toda cultura, juntamente com o nascimento da linguagem articulada, mas foram individuados como objeto de vários estudos semioantropológicos para demonstrar que toda cultura é comunicação e que só existe humanidade e sociabilidade quando se estabelecem relações comunicacionais.

Vejam bem que esse tipo de investigação se pode articular através de duas hipóteses, uma delas mais radical – espécie de "pedido inegociável" da Semiótica –, a segunda aparentemente mais moderada. Ei-las:

(*a*) *Toda a cultura deve ser estudada como fenômeno de comunicação;*

(*b*) *Todos os aspectos de uma cultura podem ser estudados como conteúdos da comunicação.*

2. *Primeira hipótese*: Costuma circular em sua formulação extrema: "a cultura *é* comunicação". Tal formulação, prenhe dos perigos do idealismo, deverá ser traduzida para "toda a cultura deve ser estudada como fenômeno de comunicação". Observe-se que não se diz "pode" mas "deve". Com efeito, não só a cultura *pode* ser estudada como comunicação mas – como veremos – só sendo estudada como tal, pode ela esclarecer alguns de seus próprios mecanismos fundamentais. E todavia há uma diferença entre dizer que a cultura "deve ser estudada como" e dizer que a cultura "*é*" comunicação. É de fato diferente dizer que um objeto é *essentialiter* alguma coisa ou que deve ser visto *sub ratione* dessa alguma coisa.

Tentemos dar alguns exemplos. No momento em que o australopiteco usa uma pedra para arrebentar o crânio de um babuíno, ainda não existe cultura. Ainda que o australopiteco tenha de fato transformado um elemento da natureza em utensílio. Diremos que nasce a cultura quando (e não sabemos se o australopiteco se encontrava em tais condições):

6 AS FORMAS DO CONTEÚDO

(*a*) um ser pensante estabelece a nova função do calhau (sem necessidade de trabalhá-lo dando-lhe a forma de uma amídala)[1];

(*b*) "denomina-o" "calhau que serve para alguma coisa" (sem necessidade de denominá-lo para outros ou em voz alta);

(*c*) reconhece-o como o "calhau que corresponde à função X e cujo nome é Y" (sem necessidade de usá-lo como tal uma segunda vez: basta reconhecê-lo). Como se notou, essas três condições nem mesmo implicam a existência de dois seres humanos: a situação também é possível para Robinson, náufrago solitário. Porém é necessário que quem use o calhau pela primeira vez considere a possibilidade de transmitir a informação adquirida ao seu próprio eu do dia seguinte e, portanto, elabore um artifício mnemônico. Usar uma vez o calhau não é cultura. Estabelecer que e como a informação pode ser repetida e transmitir essa informação do náufrago solitário de hoje ao mesmo náufrago solitário de amanhã, isso é cultura. O solitário transforma-se em remetente e destinatário de uma comunicação. É claro que uma definição como essa (em seus termos absolutamente simples) pode implicar uma identificação entre pensamento e linguagem: é o mesmo que dizer, como aliás o faz Peirce (5470-480), que *também as ideias são signos*. Mas o problema só se propõe de forma extrema se fincarmos pé no exemplo--limite do náufrago que comunica consigo mesmo. Há, porém, um modo de traduzir-se o problema em termos não de ideias mas de *veículos sígnicos observáveis* tão logo os indivíduos se façam dois.

No momento em que a comunicação ocorre entre dois homens, é fácil imaginar que o que é observável é o signo verbal ou pitográfico com o qual o remetente comunica ao destinatário o objeto calhau e sua função possível, através de um nome (exemplo: "cacete" ou "arma"). Mas com isso só nos defrontaremos em nossa segunda hipótese: o objeto cultural tornou-se o conteúdo de uma possível comunicação verbal. A *hipótese primeira*, ao contrário, pressupõe que o remetente possa comunicar a função do objeto mesmo sem passar necessariamente através do nome verbal, mas apenas mostrando o objeto. A *hipótese primeira* supõe que do momento em que se conceptualizou o possível uso do calhau, esse mesmo calhau se torna o signo concreto do uso virtual. Trata-se, por conseguinte, de afirmar (Barthes, 1964 a) que, do momento em que existe sociedade, toda função se transforma, automaticamente, em *signo daquela fun-*

---

1. Isso poderia significar – como sugere Piaget (1968, p. 79) – que a inteligência precede a linguagem. Mas não significa que a inteligência preceda a comunicação. Uma vez eliminada a equivalência "comunicação-linguagem verbal", dever-se-iam ver inteligência e comunicação como um único processo cujo nascimento não poderia ser observado em dois tempos.

O "LIMIAR" SEMIÓTICO 7

ção. Isso é possível a partir do instante em que existe cultura. Mas a cultura existe unicamente porque isso é possível.

Passemos, agora, a um fenômeno como o do intercâmbio parental. É preciso, antes de mais nada, eliminarmos o equívoco segundo o qual toda "troca" seria "comunicação" (assim como há quem pense que toda comunicação seja um "transporte"). É verdade que toda comunicação implica uma "troca" de sinais (assim como a troca dos sinais implica o "transporte" de energia): mas existem trocas, como a de mercadorias (ou de mulheres) que são não troca de sinais, mas também de matéria, corpos consumíveis. É de fato possível interpretar a troca de mercadorias como fenômeno semiótico (Rossi-Landi, 1968), mas não porque a troca de mercadorias implique troca física, e sim porque na troca o *valor de uso* da mercadoria transforma-se em *valor de troca* – e tem-se, portanto, um processo de simbolização, aperfeiçoado depois do surgimento do dinheiro, o qual "está" por "alguma outra coisa", como ocorre com os signos.

Em que sentido seria, então, processo simbólico a troca das mulheres, que nesse quadro surgem como "objetos físicos" para serem usados através de operações fisiológicas (para "consumir", à semelhança do que ocorre com o alimento e as outras mercadorias)? Se a mulher fosse unicamente o corpo físico com que o marido mantém relação sexual para produzir filhos, não se explicaria por que todos os homens não se acasalam com *todas* as mulheres. Por que é o homem obrigado por algumas convenções a escolher *uma* (ou mais, segundo os costumes), segundo regras de escolha muito precisas e inderrogáveis? Porque é apenas o valor simbólico da mulher que a torna *contrastante*, dentro do sistema, com as outras mulheres. A mulher, no momento em que se torna "mulher", não é apenas um corpo físico: é um *signo* que conota um sistema de obrigações sociais (Lévi-Strauss, 1947).

Está claro agora por que nossa primeira hipótese faz da Semiótica uma teoria geral da cultura e, em última análise, o substituto da Antropologia Cultural. Mas reduzir toda a cultura a comunicação não significa reduzir toda a vida material a "espírito" ou, em todo o caso, a puros eventos mentais. Ver toda a cultura *sub specie communicationis* não significa dizer que a cultura seja apenas comunicação mas que ela pode ser compreendida mais a fundo se for encarada sob o aspecto comunicacional. E que objetos, comportamentos, relações de produção e valores funcionam como tais socialmente, justamente porque obedecem a leis semióticas.

3. A *segunda hipótese* estabelece que todos os fenômenos de cultura podem tornar-se objetos de comunicação. Se aprofundarmos tal formulação, veremos que ela significa simplesmente isto:

todo aspecto da cultura se torna uma unidade semântica. Em outras palavras: uma semântica desenvolvida só pode ser o estudo de todos os aspectos da cultura vistos como significados que os homens alternadamente se comunicam. Essa última formulação parece fortemente redutiva: dizer que um objeto (um automóvel, por exemplo) se torna entidade semântica no instante em que com o veículo sígnico /automóvel/ transmite o significado "automóvel", é dizer bem pouco. Nesse sentido é óbvio que a Semiótica também se interessa pelo cloreto de sódio (que não é uma entidade cultural, mas uma entidade natural) no momento em que o vê como o significado do significante /sal/ (ou vice-versa).

Mas nossa segunda hipótese tenta dizer algo mais que isso. A hipótese assevera que os sistemas de significados (entendidos como sistemas de entidades ou unidades culturais) se constituem em estruturas (*campos* e *eixos* semânticos) que obedecem às mesmas leis das formas significantes. Em outras palavras, "automóvel" não é apenas uma entidade semântica no momento em que é correlacionada com a entidade significante /automóvel/. É unidade semântica no momento em que se dispõe num eixo de oposições e relações com outras unidades semânticas como "carrinho", "bicicletas", ou então "pés" (na oposição "de automóvel" *versus* "a pé"). Um automóvel pode ser considerado a diversos níveis (sob diferentes aspectos): (a) *nível físico* (tem um peso, é feito de determinado metal e outros materiais); (b) *nível mecânico* (funciona e exprime determinada função com base em certas leis); (c) *nível econômico* (tem um valor de troca, um preço determinado); (d) *nível* social (tem certo valor de uso; e ao mesmo tempo indica certo *status*); (e) *nível semântico* (insere-se num sistema de unidades semânticas com o qual mantém certas relações estudadas pela Semântica Estrutural, relações que permanecem as mesmas, ainda quando mudam as formas significantes com as quais o indicamos: isto é, mesmo quando em lugar de /automóvel/ dizemos /car/ ou então /coche/).

Tudo quanto dissemos bastaria para estabelecer que existe *pelo menos* um modo de considerar a nível semiótico todos os fenômenos culturais. Tudo o que a Semiótica não poderia estudar de outra forma, ela o estuda a nível de Semântica Estrutural. Mas o problema não é tão simples. Voltemos, por exemplo, ao nível (d), isto é, ao nível social. Se o automóvel indica certo *status* social, adquire, por conseguinte, um valor simbólico não só quando é comunicado como conteúdo de uma comunicação verbal ou icônica, isto é, quando a unidade semântica "automóvel" é designada através dos significantes /car/ ou /voiture/ ou /bagnole/. Mas tem valor simbólico mesmo quando usado como objeto. Isto é, o objeto/automóvel/ torna-se o significante de uma unidade semântica que não é "automóvel" mas,

O "LIMIAR" SEMIÓTICO 9

por exemplo, "velocidade" ou "comodidade" ou "riqueza". O objeto /automóvel/ torna-se também o significante do seu uso possível. A nível social, o objeto *enquanto objeto* já tem uma função sígnica dele e, por isso, uma natureza semiótica. Portanto, a hipótese *segunda*, segundo a qual os fenômenos culturais são conteúdos de uma comunicação possível, já remete à *hipótese primeira*, segundo a qual os fenômenos culturais devem ser encarados como fenômenos comunicacionais. Examinemos agora o nível (c), o econômico. Logo veremos que um objeto, com base em seu valor de troca, pode tornar-se *o significante de outros objetos*. E quem nos permite chegar a tal conclusão não é, em absoluto, um defensor do imperialismo semiótico (e portanto da tentação "idealista" da Semiótica): é um pensador materialista como Marx.

No primeiro livro de *O Capital*, Marx mostra não só como toda mercadoria, num sistema geral das mercadorias, pode tornar-se o significante que remete a outra mercadoria: mas também que essa relação de mútua significação é possível porque o sistema das mercadorias se estrutura através de um jogo de oposições semelhante ao que os estudiosos de Linguística elaboraram para estabelecer a estrutura, por exemplo, do sistema fonológico. Só porque toda mercadoria adquire uma posição no sistema, pela qual se opõe a outras mercadorias, é que se pode constituir um *código das mercadorias* onde a um eixo semântico se faz corresponder outro eixo semântico, e as mercadorias do primeiro eixo se tornam os significantes das mercadorias do segundo que se tornam seus significados.

Através das páginas de Marx estabelece-se não só que os objetos da cultura funcionam segundo regras semióticas, mas que num sistema semiótico geral toda entidade pode tornar-se significante ou significado. Da mesma maneira, também na linguagem verbal, um significante (/automóvel/) pode tornar-se o significado de outro significante (/car/), dentro de um discurso metalinguístico como o que desenvolvemos nas páginas precedentes.

A segunda hipótese remete, pois, à primeira hipótese. Na cultura, toda entidade pode tornar-se um fenômeno semiótico. As leis da comunicação são as leis da cultura. A cultura pode ser estudada completamente sob o perfil semiótico. A Semiótica é uma disciplina que pode e deve ocupar-se com a cultura em sua totalidade.

2. Os Percursos do Sentido

I. O EQUÍVOCO DO REFERENTE

I.1. O estudo semiótico do significado tem-se tornado confuso e difícil em virtude de um gráfico bastante prejudicial que esclerosou visivelmente o problema. Trata-se do conhecido triângulo, difundido em sua forma mais consueta por Ogden e Richards (1923) e que faz corresponder a cada símbolo (diríamos nós: significante) uma *reference* e um *referent*:

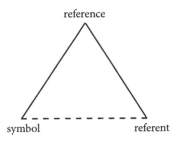

Pondo-se de parte o fato de que o triângulo sugere a ideia de que a relação de significação coenvolva três entidades (quando na verdade, como veremos, coenvolve muitas mais, devendo o referido triângulo dar lugar a um complexo poliedro), o prejuízo que causou e ainda causa à Semiótica consiste em perpetuar a ideia (pela qual o responsável máximo é Frege) de que o significado de um termo tem algo a ver com a coisa a que o termo se refere. De fato, o referente é o objeto nomeado pelo símbolo. Mas a referência, ao contrário, é algo de bem mais impreciso. Ullmann (1962) define-a como a informação que o nome transmite ao ouvinte. Frege (1892) entende-a como "Sinn", oposto ao referente que é a "Bedeutung". O *Sinn* é "o modo pelo qual o objeto nos é dado". A *Bedeutung*, ao contrário, é o objeto a que o signo faz referência. Segundo um exemplo de Russell, /*Walter Scott*/ e /*o autor do "Waverley"*/ são duas formas significantes que têm a mesma *Bedeutung* (referem-se ao mesmo ser humano) mas têm dois *Sinnen* – apresentam a mesma coisa sob dois aspectos diferentes, ou, como teriam dito os escolásticos, sob duas *suppositiones*.

Essa visão do significado infiltrou-se por toda a moderna reflexão sobre os signos, seja apresentando-se na oposição entre *denotatum* e *designatum* (ou *significatum*) (v. Morris, 1938, 1946), seja apresentando-se como uma oposição entre *extensão* e *intensão* no pensamento lógico (Carnap; o qual também fala de *nominatum* e *sense*), seja como diferença entre *denotation* e *connotation* (Stuart Mill), como *denotation* e *meaning* (Russell, Schaff etc.). Para uns, como Bloomfield (1933), o *meaning* identifica-se diretamente com o *denotatum* (no sentido de *Bedeutung*), para outros, o *denotatum* permanece como o objeto a que o signo se refere, a *Bedeutung* de Frege, enquanto o *meaning* se torna cada vez mais afim com o que Frege chamava de *Sinn* (Ullmann, 1962; Antal, 1964; Quine, 1953, 1960; etc.).

Ora, o problema não é o de estabelecer com exatidão o que seja o significado como *Sinn* (coisa que se fará mais adiante)[1]. Mas extirpar a ideia daninha de *Bedeutung* de toda investigação semiótica, como resíduo que impede a compreensão da natureza cultural dos processos de significação.

I.2. Ligar a verificação de um significante ao objeto a que se refere abre dois problemas inúteis: (*a*) faz depender o valor semiótico do significante de seu valor de verdade; (*b*) obriga a individuar o objeto a que o significante se refere, problema esse que conduz a uma aporia insolúvel.

Vejamos o ponto (*a*). Um dos escolhos da Semântica sempre foi o de definir o referente de termos como /*unicórnio*/ ou /*centauro*/ que não deveriam corresponder a nenhuma coisa existente. Certa-

---

1. No item VII veremos como as noções de *sentido, intensão, propriedade, significado* etc. cobrem uma série de operações semióticas muito complexas que por comodidade reunimos sob o termo "conotação".

OS PERCURSOS DO SENTIDO 13

mente se pode responder que o objeto do signo não é necessariamente um objeto físico, mas pode ser uma relação lógica, uma
propriedade, um processo. Mas como se verá, essa solução reporta
o problema (*a*) ao problema (*b*). Frege, mais coerentemente, afir-
mava que a *Bedeutung* deve ser "perceptível com os sentidos". Semelhante noção de referente tem, sem dúvida alguma, um sentido nas
Ciências Naturais, onde toda afirmação sobre a realidade deve ser
verificada mediante protocolos experimentais e deve ser julgada
verdadeira ou falsa (isto é, correspondente ou não correspondente
ao referente). Mas esse apelo ao referente não ajuda, em absoluto, a
compreender como funciona um signo. Ajuda a compreender,
quando muito, como funciona o referente.

Outra das soluções consuetas, em casos como /*unicórnio*/, consiste em dizer que se trata de termos sem referente e somente com
uma referência. Goodman (1952) define-os, por exemplo, como termos com "the same (null) extension"* (v. também Church, 1943),
que, ao contrário, diferem no *meaning*, ou *secondary extension*, isto
é, na descrição que dele possamos dar. Note-se, porém, que tal resposta, embora satisfaça sob um ponto de vista lógico, deixa muito
a desejar sob um ponto de vista semiótico: ou pelo menos, só satisfaz no sentido de demonstrar que se pode muito bem prescindir do
referente quando se quer discutir sobre o significado de um termo.

I.3. Fique claro: *não* se afirma que *não* existam enunciados aos
quais somos levados a atribuir valores de Verdadeiro e Falso para-
gonando-os com os eventos "reais" que experimentamos; e *não* se
afirma que o destinatário de uma mensagem *não* reporte a mensagem às "coisas" de que fala ou de que lhe falaram (desde que se fale
de coisas).

Quem recebe a mensagem /*sua casa pegou fogo*/ pensa provavelmente em sua própria casa (aquela onde mora) e, se por prudente,
procurará verificar se o enunciado é verdadeiro, ainda que seja um
professor de Semiótica que condivide nossa desconfiança face ao
referente. Mas esses dois fatos não são de pertinência da Semiótica;
esta deve estudar unicamente as condições de comunicabilidade e
compreensibilidade da mensagem (de *codificação* e *descodificação*).
As razões pelas quais a mensagem adquire sentido são independentes do fato de que o destinatário tenha uma casa e que esta se tenha
lealmente incendiado. O problema semiótico é o de uma troca de
sinais que produz comportamento: (o destinatário corre para casa)
independentemente da verdade e falsidade das asserções; ou então

---

* "a mesma (nula) extensão." (N. da T.)

14 AS FORMAS DO CONTEÚDO

que produz traduções do enunciado (o destinatário desenha para um amigo analfabeto sua própria casa presa das chamas).

Dadas duas frases como /*Napoleão morreu em Santa Helena no dia 5 de maio de 1821*/ e /*Ulisses reconquistou o reino matando todos os Procos**/ é semioticamente irrelevante saber que *historicamente* uma é Verdadeira e a outra, Falsa. Isso não significaria apenas, como diria Frege, que ambas as frases podem ser estudadas de modo igual sob o ponto de vista do *Sinn*; ou, como diria Carnap, que a análise das intenções delas deve preceder a verificação da extensão das mesmas. Sob o ponto de vista semiótico, o que interessa é que: (*a*) em nossa cultura existem códigos mediante os quais a primeira frase é compreendida, estudada na escola, e conota "veridicidade histórica"; (*b*) na sociedade grega clássica, existiam códigos mediante os quais a segunda frase era compreendida, estudada na escola e conotava "veridicidade histórica". O fato de que a segunda frase conote para nós "lenda" é semioticamente análogo ao fato que poderia ocorrer numa civilização futura em que, com base em documentos ainda obscuros (ou falsos), todos se convencessem de que Napoleão morreu em outro lugar e outro dia (ou de que jamais existiu).

Para a Semiótica, os signos interessam como forças sociais. O problema da mentira (ou da falsidade), importante para os lógicos, é pré ou pós-semiótico.

Quando se diz que a expressão /*Estrela da tarde*/ denota certo "objeto" físico, grande e de forma esférica, que viaja pelo espaço a muitos milhões de milhas da Terra (Quine, 1953, 1), na verdade seria mais próprio dizer que: a expressão em questão denota certa *unidade cultural* correspondente, à qual o falante se refere, e que recebeu assim descrita pela cultura em que vive, sem jamais ter tido experiência do referente real. Tanto isso é verdade que só o lógico (v. Frege, *op. cit.*) sabe que ela tem a mesma *Bedeutung* da expressão /*Estrela da manhã*/. Quem emitia ou recebia esse significante pensava tratar-se de *duas coisas* distintas. E tinha razão, no sentido de que os códigos culturais a que fazia referência diziam respeito a duas unidades culturais diferentes. Sua vida cultural não se desenvolvia com base nas coisas, mas com base nas unidades culturais. Ou melhor, para ele, como para nós, as coisas eram conhecidas só através das unidades culturais que o universo da comunicação fazia circular *em lugar das coisas*[2].

---

* Os pretendentes à mão de Penélope e ao trono de Ítaca. (N. da T.)

2. Poder-se-ia pensar que existe um tipo de signos que só funcionam quando ancorados no referente: os índices. Mas se examinarmos o emprego de alguns índices verbais, como os *shifters* ou *embrayeurs*, teremos que dizer que também eles só podem indicar graças ao contexto de outras unidades culturais. Veja-se uma frase como /*há um*

OS PERCURSOS DO SENTIDO 15

Comumente falamos numa coisa chamada /*Alpha Centauri*/ mas sem jamais tê-la experimentado. Com algum estranho aparelho, um astrônomo passou alguma vez por essa experiência. Mas nós não conhecemos esse astrônomo. Conhecemos apenas uma unidade cultural que nos foi comunicada através de palavras, desenhos, ou de outros meios. Em defesa ou pela destruição dessas unidades culturais (como de outras, tais como /*liberdade*/, /*transubstanciação*/ ou /*mundo livre*/), estamos dispostos até mesmo a enfrentar a morte. Quando a morte chega, e só depois, ela é o único referente, o único evento não semiotizável (um semiótico morto não mais comunica teorias semióticas). Mas *até um instante atrás* é ela usada quando muito como unidade cultural.

II. O SIGNIFICADO COMO "UNIDADE CULTURAL"

II.1. Mas procuremos justamente ver qual o objeto que corresponde a um termo linguístico. Tomemos o termo /*cão*/. O referente não será, evidentemente, o cão *x* que está a meu lado no momento em que pronuncio a palavra (salvo o caso raríssimo de signos indiciais – mas em tal caso eu diria /*este cão*/) ou acompanharia o símbolo verbal com um índice gestual). Para quem propõe a doutrina do referente, o referente é, nesse caso, todos os cães existentes (e existidos; e que existirão). Mas /*todos os cães existentes*/ não é um objeto perceptível pelos sentidos... É um conjunto, uma entidade lógica. E consequentemente se assemelha perigosamente àquele vértice superior do triângulo de Ogden-Richards que era a *reference*.

Toda tentativa de estabelecermos o que seja o referente de um signo obriga-nos a definir esse referente em termos de uma entidade abstrata, a qual não passa de convenção cultural. Mas ainda admitindo que se queira estabelecer que é possível, para certos termos, indicar extensivamente um referente real perceptível pelos sentidos, quem identifica o significado com o referente (ou faz depender o valor do signo da presença do referente) é obrigado, consequentemente, a riscar de um discurso sobre o significado todos aqueles signos que não podem corresponder a um objeto real. Por exemplo, todos os termos que a Linguística Clássica chamava de *sincategoremáticos*, em oposição aos *categoremáticos*: termos como /*à*/, /*de*/, /*todavia*/ não teriam referente. Como, porém, são elementos fundamentais no processo de comunicação, é preciso aceitarmos a ideia

---

rapaz que se chama Tom e vive em Nova York. Esse rapaz tem dois metros de altura/. Como veem, seja o índice gramatical, seja aquele particular tipo de índice, que é o nome próprio indicam alguém ou algo de preciso e já agora conhecido do destinatário, sem terem sido fisicamente conexos ao referente, como pretenderia Peirce.

16   AS FORMAS DO CONTEÚDO

de que a noção de referente, útil indubitavelmente aos físicos ou aos lógicos, é inútil e daninha à Semiótica. E destarte libertaremos o próprio termo "denotação" do seu compromisso histórico com o referente e o reservaremos para indicar outra maneira de a significação apresentar-se (v. VI).

II.2. O que será, por conseguinte, o significado de um termo? Sob o ângulo semiótico só pode ser uma *unidade cultural*. Em toda cultura "a unit... is simply anything that is culturally defined and distinguished as an entity. It may be a person, place, thing, feeling, state of affairs, sense of foreboding, fantasy, allucination, hope or idea. In american culture such units as uncle, town, blue (depressed), a mess, a hunch, the idea of progress, hope and art are cultural units"* (Schneider, 1968, p. 2). Veremos, depois, como uma unidade cultural pode ser definida semioticamente como unidade semântica inserida num sistema. Unidades desse tipo podem ser reconhecidas também como unidades interculturais que permanecem invariadas apesar dos símbolos linguísticos com os quais as significamos: /cão/ denota não um objeto físico, mas uma unidade cultural que permanece constante e invariada ainda que eu traduza /cão/ por /dog/ ou /chien/ ou /Hund/. No caso de /delito/ passo descobrir que a unidade cultural correspondente em outra cultura tem uma extensão mais ampla ou mais restrita; no caso de /neve/, pode-se descobrir que para os esquimós, existem nada menos que quatro unidades culturais correspondentes a quatro diferentes estados da neve, e que essa multiplicidade de unidades culturais modifica até mesmo o léxico deles, obrigando-os a achar quatro termos em lugar de um.

II.3. Reconhecer a presença dessas unidades culturais (que são, portanto, os significados que o código faz corresponder ao sistema dos significantes) significa compreender a linguagem como fenômeno social. Se afirmo que /Em Cristo subsistem duas naturezas, a humana e a divina, e uma só Pessoa/, o lógico ou o cientista podem observar-me que esse complexo de significantes não tem nenhuma extensão e não tem referente, podendo, em decorrência, defini-lo como destituído de significado e, portanto, como um *pseudo-statement*. Mas o lógico ou o analista da linguagem jamais conseguirão explicar por que enormes grupos humanos se digladiaram

---

*   "uma unidade... é simplesmente toda e qualquer coisa culturalmente definida e individuada como entidade. Pode ser pessoa, lugar, coisa, sentimento, estado de coisas, pressentimento, fantasia, alucinação, esperança ou ideia. Na cultura norte-americana, unidades como tio, cidade, *blue* (deprimido), mixórdia, palpite, a ideia de progresso, esperança e arte são unidades culturais." (N. da T.)

OS PERCURSOS DO SENTIDO 17

durante séculos em torno de uma afirmação desse tipo ou de sua negação. Evidentemente isso aconteceu porque tal mensagem transmitia significados precisos que *existiam* como unidades culturais no interior de uma civilização. Existindo, tornavam-se eles os suportes para desenvolvimentos conotativos e abriam uma escala de reações semânticas tais que coenvolviam reações comportamentais. Mas não são necessárias as reações comportamentais para estabelecer-se que a mensagem tem um significado: a própria civilização a que ela se refere elaborava uma série de definições e explicações dos termos em jogo (*pessoa, natureza* etc.). Cada definição era uma nova mensagem linguística (ou visual), a qual, por sua vez, devia ser esclarecida nos seus próprios significados graças a outras mensagens linguísticas que definiriam as unidades culturais trazidas pela mensagem precedente. A série dos esclarecimentos que circunscrevem num movimento sem fim as unidades culturais de uma sociedade (as quais sempre se manifestam sob forma de significantes que as denotam) é a cadeia do que Peirce chamava de *interpretantes* (5 470 e ss).

III. O INTERPRETANTE

III.1. Numa forma que lembra o triângulo richardsiano, Peirce entendia o signo – "something which stands to somebody for something in some respect or capacity"* (2228) – como uma estrutura triádica tendo na base o símbolo ou *representamen*, posto em relação com um *objeto* por ele representado; do vértice do triângulo, o signo tem o *interpretante*, que muitos são levados a identificar com o significado ou a referência. Em todo o caso, o *interpretante não é o intérprete*, isto é, aquele que recebe o signo (embora por vezes, em Peirce, se gere uma confusão desse tipo). O interpretante é aquilo que garante a validade do signo ainda que na ausência do intérprete.

Poderia ser entendido como o significado porque é definido como *aquilo que o signo produz na quase-mente que é o intérprete*; mas também foi visto como a definição do *representamen* (e, portanto, a conotação-intensão). Todavia a hipótese aparentemente mais fecunda é a que vê o *interpretante como outra representação que se "refere ao mesmo objeto*. Em outros termos, para se estabelecer que seja o interpretante de um signo, cumpre nomeá-lo mediante outro signo, o qual possui, por sua vez, outro interpretante nomeável por outro signo, e assim por diante. Abrir-se-ia, a esta

---

* "algo que está para alguém em lugar de alguma coisa com relação a algum aspecto ou alguma qualidade." (N. da T.)

altura, um processo de *semiose ilimitada*, que, embora paradoxal, é a garantia única para a fundação de um sistema semiológico capaz de justificar-se a si mesmo e unicamente com seus próprios meios. *A linguagem seria então um sistema que se esclarece por si, mediante sucessivos sistemas de convenções que se explicam reciprocamente.*

O que é um signo para Peirce? "Anything which determines something else (its *interpretant*) to refer to an object to which itself refers (its *object*) in the same way the interpretant becoming in turn a sign, and so on *ad infinitum*"* (2300).

A própria definição de signo implica o processo de semiose ilimitada (v. Bosco, 1959).

III.2. Não foi por acaso que a noção de interpretante assustou muitos estudiosos que se apressaram em exorcizá-la tomando-a por outra coisa (interpretante = intérprete ou destinatário da mensagem). A ideia de interpretante resolve a Semiótica em ciência rigorosa dos fenômenos culturais desancorando-a das metafísicas do referente.

O interpretante pode assumir diversas formas:

(*a*) pode ser o signo equivalente (ou aparentemente equivalente) em outro sistema comunicacional. P. ex., à palavra /*cão*/ *faço* corresponder o desenho de um cão;

(*b*) pode ser o indicador apontado para o objeto isolado, talvez subentendendo um elemento de quantificação universal ("todos os objetos como este");

(*c*) pode ser uma definição científica (ou ingênua) nos termos do próprio sistema de comunicação. Ex.: /*sal*/ significa "cloreto de sódio";

(*d*) pode ser uma associação emotiva que adquire valor de conotação fixa: /*cão*/ significa "fidelidade" (e vice-versa);

(*e*) pode ser a simples tradução do termo em outra língua.

A noção de interpretante, com sua riqueza e impressão, é fecunda porque nos mostra como a 'comunicação, através de um sistema de comutações contínuas, remetendo de signo para signo, circunscreve de modo assintótico, fazendo permanecerem "intocáveis", aquelas unidades culturais continuamente tidas como objeto da comunicação. Essa contínua circularidade pode parecer desesperante mas é a condição normal da comunicação, condição que

---

* "Tudo aquilo que determina que alguma outra coisa (seu *interpretante*) se refira a um objeto ao qual ele próprio, signo, de igual maneira se refere (seu *objeto*), tornando--se o interpretante, por sua vez, um signo, e assim por diante, *ad infinitum*." (N. da T.)

OS PERCURSOS DO SENTIDO 19

deve ser analisada, e não negada recorrendo-se a uma metafísica do referente.[3]

III.3. Além do mais, a noção de interpretante nos demonstra, ainda uma vez, que na vida da cultura toda entidade pode aspirar a tornar-se independentemente significante e significado. "Sal" é o interpretante de /NaCl/ mas "NaCl" é o interpretante de /sal/. Numa dada situação, um punhado de sal pode tornar-se o interpretante de /sal/, bem como o signo gestual e fisionômico que imita quem distribui pitadas de substância salgada sobre a ponta da língua (numa relação intercultural entre antropólogo e informador indígena).

A noção de interpretante pode ser retraduzida da seguinte maneira: *o interpretante é o significado de um significante, entendido na sua natureza de unidade cultural ostentada através de outro significante para mostrar sua independência (como unidade cultural) em relação ao primeiro significante.*

Quanto a sabermos se os vários significantes, que como interpretantes circunscrevem o significado como unidade cultural, constituem análises intensionais ou equivalentes extensionais, esse é um problema que examinaremos melhor em VII.

O que por ora deveria ficar claro é que a noção de interpretante é mais rica e problemática (e justamente por isso mais fecunda) do que a noção de "sinônimo" com a qual muitos estudiosos de Semântica procuram definir o significado (v., p. ex., Carnap, 1955; Quine, 1953).

III.4. Por outro lado, toda vez que o funcionamento das línguas naturais é levado em consideração pela lógica formal, vem à tona a ideia de uma cadeia de interpretantes e de seu estudo rigoroso, embora não se faça qualquer referência a Peirce. Veja-se, por exemplo, o ensaio *Meaning and Synonymy in Natural Languages,* (Significado e Sinonímia nas Línguas Naturais) de Carnap (1955), onde se procuram estabelecer as possibilidades científicas de determinar as intensões de uma expressão. Visto que para Carnap

---

3. Adotando um critério semiótico e não estritamente linguístico, poderemos até mesmo dizer que é possível considerarmos como unidades semânticas (praticamente equivalentes a lexemas) também aquelas expressões *já feitas,* aquelas "locuções" que a língua nos entrega já confeccionadas (e que têm, quando muito, puro valor de contato) e que possuem institucionalmente um significado unitário. Tais expressões (que alhures Lyons (1963) atribui a um fator de "recall" no aprendizado e uso da linguagem) vão desde o /how do you do?! até o /allons donc/. Greimas (1966) chama de "paralexemas" as expressões que, embora constituindo um sintagma formado por vários lexemas, transmitem convencionalmente um significado percebido como unitário: por exemplo /figo-da-Índia/.

20 AS FORMAS DO CONTEÚDO

estabelecer a extensão de um termo significa encontrar a classe das situações fatuais a que se refere uma dada expressão (trata-se, com algumas diferenças, da *Bedeutung* de Frege), estabelecer a intensão significa enfocar aquelas propriedades que constituem as componentes cognitivas ou designativas do significado da própria expressão (excluídas as intensões emotivas por razões de praticidade). Carnap sustenta igualmente (1947) que só a determinação da intensão de um termo (o seu *meaning*) nos pode permitir em seguida estabelecer "to which locations, if any, the expression applies in the actual state of the world"* (§45). Como se vê, o problema do significado torna-se aqui independente das condições empíricas de verdade do enunciado, isto é, da existência ou inexistência do referente.

Lembra Carnap que ao adscrever certas intensões a um predicado, "there are more than one and possibly infinitely many properties whose extension within the given region is just the extension determined for the predicate"** (Carnap, 1955, 3). Isso significa duas coisas: de um lado, que a descrição semiótica de uma expressão se faz mediante o apelo a vários interpretantes que são outras entidades linguísticas cujo significado deve ser determinado; de outro, que para determinar a natureza das novas expressões designativas das propriedades, recorre-se aqui a uma determinação do referente, isto é, da sua coextensionalidade em relação à expressão interpretada. Mas tal procedimento, aparentemente o mais cômodo a nível da comunicação cotidiana, não é essencial. Demonstra-o o próprio Carnap que levanta o problema de como instruir um robô para que compreenda uma série de expressões e emita opiniões, dando-lhe uma descrição intensional das várias expressões. Visto que geralmente "the tests concerning intensions are independent of questions of existence"*** , o robô pode receber até mesmo instruções sobre as intensões de expressões como /*unicórnio*/. O robô pode prescindir do apelo ao referente.

Como pode ser instruído um robô? Através: (*a*) de imagens visuais do objeto descrito, (*b*) de suas descrições verbais, (*c*) de predicados do próprio objeto. Como se vê, o robô é alimentado, em termos peircianos, por meio de interpretantes, interpretantes que não são meros sinônimos.

---

* "a que situações se é que existe alguma, a expressão se refere no estado real do mundo." (N. da T.)

** "existe mais de uma e possivelmente existirá uma quantidade infinita de propriedades cuja extensão, dentro da região dada, é apenas a extensão determinada para o predicado." (N. da T.)

*** "os testes concernentes às intensões independem de questões de existência." (N. da T.)

OS PERCURSOS DO SENTIDO 21

Como observa Carnap em conclusão a esse seu estudo, e referindo-se igualmente a Bar-Hillel, é possível para o linguista construir uma teoria do significado que prescinda tanto do referente quanto da hipótese de experiências psíquicas (o significado como evento mental, imagem, conceito etc.). Diremos que dentro de uma perspectiva semiótica peirciana, a teoria do interpretante nos permite identificar os significados como unidades culturais, expressas, todas elas, através de formas significantes.

III.5. Deve-se aqui abrir um parênteses para eliminar (por enquanto) uma série de discussões de efeito paralisante sobre o que seja uma unidade lexical. Uma palavra? Um morfema? /*Unacceptable*/ é uma palavra mas compõe-se de três morfemas (/*un*/ / *accept*/ e /*able*/), cada um dos quais portador de um significado, tanto que pode entrar em combinações diferentes. Mas uma discussão sobre a unidade de significação pode levar a inúteis bizantinismos. É indubitável que na palavra italiana /*pane*/ posso distinguir dois morfemas (/*pan*/ e /*e*/: Martinet (1960) falaria, no segundo caso, de "morfema" e no primeiro, de "lexema", reservando para o composto o nome de "monema"). Mas o morfema /*pan*/ pode ser entendido também como o prefixo que acrescenta o significado de "omnia" a outros termos (*pan-americanismo*). Julgamos que na fase atual da pesquisa semântica é necessário tomarmos como unidade lexemática tudo aquilo que possua um significado diferencial: não só /*pan*/ como equivalente de "omnia" é uma unidade distinta de /*pan*/ como raiz de /*pane*/, mas /*pane*/ (singular) é unidade semântica distinta de /*pani*/ (plural). Como veremos em termos de análise componencial, /*pane*/ e /*pani*/ recebem duas marcas gramaticais e semânticas diferentes (de singularidade e pluralidade), e devem, portanto, ser consideradas como duas entidades semânticas distintas com numerosas componentes semânticas iguais. Não importa saber que o /*able*/ de /*unacceptable*/ tem um significado autônomo, quando, individuando-o no interior dessa palavra, eu o trato como desinência de um termo que recebe uma definição própria e ocupa uma posição fixa num campo semântico, opondo-se a /*acceptable*/ sob um ponto de vista, e a – por exemplo – /*desirable*/, sob outro.[4]

---

4. A pesquisa que vem a seguir foi discutida com todos os participantes do seminário, mas foi elaborada com especial participação dos arquitetos Andrés Garcia, Mariana Uzielli e Evelia Peralta, da Universidade de Tucumán. Em todo o caso, agradeço aqui à Professora Marina Waisman, presidente do Instituto Interuniversitário que organizou o seminário de La Plata e tornou possível as discussões que deram origem à pesquisa.

IV. A SEMIOTIZAÇÃO DO REFERENTE

IV.1. Riscado do universo semiótico como condição de verificação do significado de um signo, o referente, porém, volta a ele de três modos. Um, aquele pelo qual o referente, como presença das coisas, da realidade concreta, acompanha o processo comunicacional como circunstância de comunicação (dele falaremos em XIII). O outro é um fenômeno que chamaremos de *semiotização do referente*.

O terceiro é o fenômeno graças ao qual os eventos físicos (objeto da percepção) se nos apresentam como signos.

Ocupemo-nos destes dois últimos casos.

Os estudos mais recentes de Cinésica (v., p. ex., Ekman e Friesen, 1969) põem em evidência signos gestuais não de todo arbitrários (como o signo convencional do sim e do não) mas fundamentados numa certa semelhança com o objeto representado. Estes seriam *signos* icônicos, e já em *A Estrutura Ausente* (seção B) desenvolvemos a crítica da noção de iconicidade. Digamos, em todo o caso, que um signo cinésico icônico poderia ser o de um menino que aponta o indicador da mão direita para representar um cano de revólver e move o polegar para representar o detonador (acompanhando o gesto de um signo onomatopaico que representa o disparo). Mas existem outros signos não diretamente icônicos que Ekman e Friesen chamam de "intrinsically coded acts" (atos intrinsecamente codificados). Voltemos ao exemplo do revólver: o menino também o representa movendo o indicador dobrado como se estivesse apertando o gatilho, enquanto os outros dedos se cerram em punho como se apertassem a coronha. Neste caso, não se imita o revólver. É nem mesmo o ato de disparar. O ato de disparar é denotado através de um significante gestual que nada mais é que *uma parte, fisicamente presente, do referente suposto* (não existe o revólver, mas existe a mão que o segura; e o gesto significado é exatamente "mão que segura um revólver").

Os autores citados não aprofundam suficientemente o problema, mas está claro que *temos aqui uma parte do referente empregada como significante*. A parte é usada pelo todo. Tem-se, portanto, um *emprego metonímico do referente*.

Signos desse tipo são bastante consuetos na prática cotidiana. Um barbeiro pode expor um cilindro de listras vermelhas, brancas e azuis, para denotar sua presença, e temos um "símbolo", no sentido de Peirce, um signo arbitrário; pode exibir uma tabuleta onde esteja desenhada uma navalha, e temos um "ícone"; mas também pode, como faziam certos barbeiros de antigamente, expor a baciazinha

OS PERCURSOS DO SENTIDO   23

usada para ensaboar o freguês (o elmo de Mambrino de Dom Quixote...). Neste caso, uma parte do complexo de objetos denotado pelo significante torna-se – por metonímia – o próprio significante. Uma parte do referente é semiotizada e passa arbitrariamente a simbolizar todo o complexo ao qual se refere.

Nesse sentido dizemos que o referente foi semiotizado: não tomado como *token*, como indivíduo, mas arbitrariamente transformado no *type* de uma série mais vasta de objetos, *de um dos quais ele fazia parte*. Em termos lógicos, se um significante está para os seus significados como expoente de um conjunto normal, o referente semiotizado está para aquilo que significa como expoente de um conjunto não normal.

Seria o caso de ver se muitos fenômenos que julgamos icônicos não pertencem a essa categoria; como por exemplo as onomatopeias, na linguagem verbal. E se a condição típica da mensagem estética, onde a própria substância da expressão se torna objeto sígnico, também não será a de arvorar em significantes todos aqueles aspectos da matéria de que é composta e que ela, como mensagem autorreflexiva (na acepção de Jakobson, 1960), significa[5]. Não será, enfim, inútil observarmos que a utopia de uma significação baseada apenas em referentes semiotizados foi tratada por Swift ao falar dos sábios de Laputa que, para significarem, traziam consigo, num saco, os objetos a que queriam referir-se, e os mostravam como símbolos desses mesmos objetos.

IV.2. Há, enfim, um breve trecho de Peirce (5480) que sugere todo um novo modo de entender os objetos reais. Diante da experiência, diz-nos ele, tentamos elaborar, para conhecê-la, ideias. "These ideas are the *first logical interpretants* of the phenomena that suggest them, and which, as suggesting them, are signs, of which they are the... interpretants"*. Esse trecho nos reporta ao vasto problema da *percepção como "interpretação"* de dados sensoriais ainda não ligados e levados à unidade perceptiva por uma proposta cognoscitiva operada com base em experiências precedentes (v. Piaget, 1961). Imaginemos que, andando por uma rua escura, percebemos confusamente uma forma imprecisa na calçada. Enquanto eu não a houver reconhecido, perguntarei "o que é?". Mas este "o que é" quer dizer também (e às vezes se diz assim) "o que significa"? Ajustada minha atenção, melhor avaliados os dados sensoriais, sobrevém

---

5. Quando estas páginas já estavam escritas, tivemos ocasião de ler o importante ensaio de Eliseo Verón (1970), *L'analogique et le contigu*. O analógico e o contíguo (1), onde, com outro método e outras perspectivas, se esclarece o mesmo fenômeno.

* "Essas ideias são os *primeiros interpretantes lógicos* dos fenômenos que as sugerem e que, sugerindo-as, são signos, dos quais elas são os... interpretantes." (N. da T.)

enfim o reconhecimento: é um gato. Reconheço-o porque já vi outros gatos. Aplico, portanto, a um campo impreciso de estímulos sensoriais a unidade cultural "gato". Posso até mesmo traduzir a experiência num interpretante verbal ("vi um gato"). Por conseguinte, o campo de estímulos se me apresentava como o significante de um significado possível que eu já possuía antes daquela ocorrência perceptiva.

Goodenough (1957) observa que uma casa é o ícone da forma cultural de que ela é a expressão material: e que uma árvore não é apenas o objeto de estudo para um botânico, mas o ícone que significa uma forma cultural, a mesma significada também pela palavra /árvore/. "Todo objeto, evento ou outra coisa tem valor de estímulo para os membros de uma sociedade apenas na medida em que é um signo icônico que significa alguma forma correspondente na cultura deles."

Está claro que essa posição, sob um ponto de vista antropológico, remete ao problema da possibilidade que tem todo objeto de tornar-se signo no âmbito de uma dada cultura; e está claro que a teoria aqui exposta encontra muitos motivos de concordância com as ideias sugeridas por Peirce. Por outro lado, valeria a pena verificar até que ponto a noção de "significado", nas fenomenologias da percepção, se solda com a noção semiótica de unidade cultural. Uma releitura nesse sentido dos debates sobre o significado nas *Logische Untersuchungen* (Investigações Lógicas), de Edmund Husserl, talvez nos levasse a afirmar que o significado semiótico nada mais é que a codificação socializada de uma experiência perceptiva que a *epoché** fenomenológica deveria restituir-nos em sua forma original. E o significado da percepção cotidiana (antes que intervenha a *epoché* para reviçá-la) nada mais é que a atribuição de uma unidade cultural ao campo dos estímulos perceptivos, como dissemos acima. A fenomenologia incumbir-se-ia de refundar, do início, aquelas condições da formação de unidades culturais que a Semiótica aceita, ao contrário, como dadas, porque com base nelas funciona a comunicação. A *epoché fenomenológica* reportaria, por conseguinte, a percepção a uma fase de interrogação dos referentes não mais como mensagens descodificáveis, mas como mensagens altamente ambíguas, afins com as mensagens estéticas (ver, para as relações entre método fenomenológico e método estruturalista, Paci, 1963).

Não é este o local indicado para se aprofundar o problema. Basta, por ora, termos indicado outro limite e confim da Semiótica,

---

** Recusa em pronunciar-se sobre os problemas de existência e as realidades substanciais. (V. Armand Cuviller, *Pequeno Vocabulário da Língua Filosófica*. S. Paulo, Cia. Edit. Nacional.) (N. da T.)

OS PERCURSOS DO SENTIDO

sobre o qual valerá, porém, a pena levar avante algumas pesquisas concernentes à gênese da relação de significação.

V. O SISTEMA SEMÂNTICO

V.1. Porém, mesmo que aquelas unidades culturais, que são os significados, só pudessem ser identificadas através do processo de semiose ilimitada (mediante o qual os interpretantes se sucedem ao infinito, traduzindo-se um pelo outro), ainda assim não poderíamos dizer se e como a atribuição de significado ao significante ocorre com base em códigos. E de fato, Peirce, ao resolver o problema da significação no da interpretação, dava aos processos de significação uma explicação que ainda fica a meio caminho entre o empírico e o metafísico. Na realidade, uma unidade cultural não se individua apenas através da fuga dos interpretantes, mas define-se enquanto "posto" num sistema de outras unidades culturais que se opõem e a circunscrevem. Uma unidade cultural subsiste e é reconhecida na medida em que existe outra dotada de valor diverso. É a relação entre os vários termos de um sistema de unidades culturais que subtrai a cada um dos termos isolados tudo quanto ele aproveitou dos demais.

Esta tradução do significado no valor posicional do signo surge muito clara num exemplo clássico de Hjelmslev (1957, p. 104), onde se vê que a palavra francesa /*arbre*/ cobre o mesmo âmbito de significados da alemã "Baum", ao passo que a palavra /*bois*/ serve, seja para indicar em português, por exemplo, o que chamamos de "madeira", seja o que chamamos de "bosque", entregando a /*forêt*/ a designação de uma sequência de árvores mais vasta e densa. Ao contrário, a palavra alemã /*Holz*/ indica "madeira" mas não "bosque" e deixa os significados "bosque" e "floresta" sob a denominação geral de /*Wald*/.

Numa tabela desse tipo já não lidamos mais com "ideias" ou entidades psíquicas e muito menos com referentes como objetos: *lidamos com valores emanantes do sistema*. Os valores correspondem a unidades culturais mas são definíveis e controláveis como puras diferenças: não se definem pelo conteúdo (e, portanto, pela possibilidade de análise intensional), mas pelo modo com que se opõem a outros elementos do sistema, e pela posição que aí ocupam. Como no caso dos fonemas no sistema fonológico, temos uma série de escolhas diferenciais que podem ser descritas com métodos binários.

26 AS FORMAS DO CONTEÚDO

Como numa partida de xadrez, cada peça assume seu valor pela posição que tem em relação às outras peças, e toda perturbação do sistema muda o sistema das outras peças em correlação.

V.2. Se aceitarmos a distinção de Hjelmslev entre o *plano da expressão* e o *plano do conteúdo*, cada um dos quais dividido em *substância* e *forma*, perceberemos que o esforço realizado pela Linguística Estrutural nestes últimos anos consistiu em descrever com extrema precisão a forma da expressão. O número restrito de fonemas que atuam em toda e qualquer língua permitiu à Fonologia Estrutural construir modelos da forma da expressão extremamente circunstanciados (Trubetskoi, 1939; Schane, 1967).

Pesquisas como as da Paralinguística não fazem hoje outra coisa senão acrescentar à forma da expressão fenômenos até há pouco considerados como substância da expressão (Trager, 1964; *Approaches to Semiotics*, Tentativas de Introdução à Semiótica, 1964). Todas as pesquisas sobre as estruturas sintáticas, quando se limitam às estruturas superficiais e à descrição fonológica das sequências, formalizam sempre com mais apuro o universo da forma da expressão (Chomsky, 1957; 1965, A; Schane, 1967; Ruwet, 1969).

Mas o problema da forma do conteúdo permanecia de tal modo impreciso que se era levado a pensar que a Linguística (e portanto a Semiótica em geral) não pudesse tratar do problema do significado, dizendo ele respeito mais ao universo dos referentes objetivos, ao universo dos eventos psíquicos, ou ao universo social dos costumes (Antal, 1964).

As *Philosophische Untersuchungen* (Pesquisas Filosóficas) de Wittgenstein, no fundo, representam a tentativa mais rigorosa (e fecunda de sugestões) para liquidar com toda e qualquer disciplina formalizada do significado.

A Semântica Estrutural retoma agora a tarefa ambiciosa de elaborar um sistema geral da forma do conteúdo. O conteúdo comunicado pelos signos não é uma nebulosa. É um universo que a cultura estrutura em *subsistemas, campos* e *eixos* (v. Guiraud, 1955; Greimas, 1966; Todorov, 1966 C; Ullmann, 1962).

V.3. Que todo e qualquer termo da língua pudesse suscitar séries associativas, isso já de há muito fora demonstrado. Saussure dera o exemplo de um termo como /*enseignement*/ que de um lado evocava a série/*enseigner, enseignons*/ e do outro, a série /*apprentissage, éducation* etc./ e ainda do outro, /*changement, armement* etc./ e por fim, /*clément, justement* etc./.

Sobre esse tipo de associação falaremos, porém, quando tratarmos dos mecanismos de conotação. Não se trata aqui de um

OS PERCURSOS DO SENTIDO

campo estruturado mas da capacidade que tem um termo de associar-se, por pura analogia fônica, por homologia de classificação cultural, pela combinabilidade de diferentes morfemas, ao lexema como radical (no sentido de Martinet). Esforço mais coerente foi o realizado por Trier com a construção de campos semânticos estruturados, onde o valor de um conceito decorre dos limites que lhe são estabelecidos por conceitos vizinhos, como ocorre com termos como *Wisheit* (sabedoria), *Kunst* (arte) e *List* (artifício), no século XIII (v. Guiraud, 1955; Ullmann, 1962; Lyons, 1963, 1968; Todorov, 1966). O trabalho dos lexicógrafos uniu-se, portanto, ao dos antropólogos, os quais individuaram sistemas de unidades culturais extremamente estruturados, como os campos das cores, dos termos de parentesco etc. (v. Conklin, 1955; Goodenough, 1956).

V.4. Naturalmente uma Semântica Estrutural só pode aspirar a constituir o Sistema Semântico (como forma do conteúdo, no sentido hjelmsleviano) em toda a sua globalidade. Mas essa tendência, que pode constituir a hipótese reguladora da pesquisa, choca-se contra dois obstáculos: um empírico e outro constitutivo do processo semiótico. O primeiro reside no fato de até agora as pesquisas realizadas não nos terem dado senão uma estruturação de subsistemas muito restritos, como por exemplo o das cores, das classificações botânicas, dos termos meteorológicos etc. Seremos portanto, obrigados, por ora, a exemplificar examinando porções restritas do Sistema Semântico, a que chamaremos "campos". O segundo obstáculo (que examinaremos melhor em VI) deve-se ao fato de ser a vida dos campos semânticos mais breve do que a dos sistemas fonológicos, onde os modelos estruturais aspiram a descrever formas que se mantêm longo tempo inalteradas no decorrer da história de uma língua. Visto que os campos semânticos enformam as unidades de uma dada cultura e constituem porções da visão do mundo própria dessa cultura, bastam movimentos de aculturação, choques de culturas diferentes, revisões críticas do saber, para desorganizar totalmente um campo semântico. Se for exata a metáfora saussuriana do tabuleiro de xadrez, bastará o deslocamento de uma peça para alterar todas as relações do sistema. Basta, portanto, que, com o desenvolvimento da cultura, ao termo /*Kunst*/ sejam atribuídas áreas de aplicação mais vastas que as de hábito, para que se altere o sistema de relações estudado por Trier no século XIII e se torne destituído de valor o termo /*List*/.

28 AS FORMAS DO CONTEÚDO

V.5. Em que sentido um campo semântico manifesta a visão do mundo própria de uma cultura? Recorramos a um dos exemplos canônicos da teoria dos campos e examinemos o modo pelo qual uma civilização europeia analisa o espectro das cores atribuindo nomes (e portanto constituindo em unidades culturais) a diferentes comprimentos de onda expressos em milimicrons.

a.	VERMELHO	800-650 μμ
b.	LARANJA	640-590 μμ
c.	AMARELO	580-550 μμ
d.	VERDE	540-490 μμ
e.	AZUL	480-460 μμ
f.	ANIL	450-440 μμ
g.	VIOLETA	430-390 μμ

Numa primeira interpretação ingênua, poder-se-ia afirmar que o espectro dividido em comprimentos de onda constitui o referente, o objeto de experiência a que se referem os nomes das cores. Mas sabemos que a cor é nomeada com base numa experiência visual (que o falante ingênuo definiria como "a realidade perceptiva") que só a experiência científica traduz em comprimentos de onda. Mas ainda assim, assumamos que, num controle científico, o absolutamente real seja o comprimento de onda. Não há nenhuma dificuldade em afirmar que o *continuum* indiferenciado dos comprimentos de onda constitui "a realidade". Todavia, a ciência conhece essa realidade depois de tê-la *pertinenciado*. No *continuum* foram recortadas porções (que, como veremos, são arbitrárias) graças às quais o comprimento de onda *d.* (que vai de 540 a 490 milimicrons) constitui uma unidade cultural a que se atribui um nome. Sabemos também que a ciência recortou daquele modo o *continuum* para justificar, em termos de comprimento de onda, uma unidade que a experiência ingênua já recortara por conta própria, atribuindo-lhe o nome de /*verde*/.

A escolha realizada pela experiência ingênua não foi arbitrária, no sentido de que provavelmente exigências de sobrevivência biológica impuseram que se julgasse pertinente aquela unidade em lugar de outra (assim como o fato de que os esquimós recortem no *continuum* da experiência quatro unidades culturais em lugar daquela a que chamamos /*neve*/ se deve ao fato de que o relacionamento vital com a neve lhes impõe distinções que podemos desprezar sem danos dignos de nota). Mas foi arbitrária no sentido de que outra cultura recortou o mesmo *continuum* de modo diferente. Os exemplos não faltam: para a porção de *continuum e.*, (AZUL), a cultura russa tem duas unidades culturais diferentes

(/*goluboj*/ e /*sinij*/), ao passo que a civilização greco-romana tinha provavelmente uma só unidade cultural com vários nomes (/*glaucus*/, /*caerulus*/) para indicar a porção *d.-e.*, e o hindi reúne sob um único termo (uma única unidade cultural) a porção *a.-b.*

Podemos, por conseguinte, dizer que uma dada cultura recortou o *continuum* da experiência (e não importa que esse *continuum* seja visto em termos de experiência perceptiva ou definido mediante oscilógrafos e espectrógrafos) tornando pertinentes certas unidades e entendendo as demais como puras variantes, alofones. Destarte, individuar uma tinta como /*azul-claro*/ e outra como /*azul-escuro*/ constitui, para a linguagem corrente, individuar uma variante facultativa, não diversamente do que ocorre quando se individuam duas pronúncias idiossincráticas de um fonema que, sob o ponto de vista "êmico"*, é considerado unidade pertinente do sistema fonológico.

V.6. Isso tudo deixa incólume uma questão que ganhará maior relevo ao se compararem as unidades de dois campos semânticos diferentes em duas línguas distintas, que podemos assim traduzir: "à palavra latina /*mus*/ correspondem duas coisas diferentes que chamaremos de X_1 e X_2". Já que a existência de X_1 e X_2 só se evidencia na comparação dos dois sistemas semióticos, poderemos dizer que X_1 e X_2 existem independentemente dos nomes que uma língua lhes atribui e que os constituem em unidades culturais e, portanto, "significados" de determinado significante?

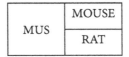

Se voltarmos às cores, a resposta é simples. Não há razão alguma para que deva existir uma entidade física que tenha início a partir do comprimento de onda de 640 μμ e termine no comprimento de onda de 590 μμ. De fato, na cultura hindi, a segmentação do *continuum* detém-se nos 550 μμ. Mas por que não individuar uma unidade cultural (e de experiência) que vá de 610 μμ a 660 μμ? E de

---

* O aspecto "êmico" é o que se pode chamar de aspecto funcional da linguagem, isto é, diretamente ligado ao significado. Difere do "ético" que é o aspecto substancial do significante. (N. da T.)

30   AS FORMAS DO CONTEÚDO

fato um pintor dotado de extrema sensibilidade às cores e de um sistema de denominações mais perfeito responder-nos-ia que tal unidade existe e está presente em seu código especialíssimo, no qual àquela porção de comprimentos de onda corresponde um nome específico.

É diferente o problema a propósito de /mus/. O zoólogo dir- -nos-ia que os x_1 e x_2, que correspondem ao inglês /mouse/ e /rat/, existem como objetos específicos, tanto que podem ser analisados em termos de propriedades e funções. Mas bastaria o que escreveu Foucault (1966) sobre as *epistemes* das épocas dadas e sobre o variar da segmentação delas do universo; bastaria o que escreveu Lévi-Strauss (1962) sobre as taxonomias dos povos primitivos, para nos darmos conta de que também sob esse ponto de vista é lícito proceder com cautela. Enfim, visto que não compete à Semiótica interessar-se por X_1 e X_2, por serem referentes (da alçada das Ciências Naturais), bastar-lhe-á, portanto, estabelecer que no inglês existe um campo semântico relativo aos roedores mais analítico que o latino, e que, consequentemente, para o falante inglês existem duas unidades culturais onde, para o falante latino, existia apenas uma.[6]

V.7. Tudo quanto se disse reporta o problema dos campos semânticos à chamada hipótese Sapir-Whorf e à questão de saber se a forma dos sistemas de comunicação determina a visão do mundo própria de uma certa civilização. Nesta fase não nos parece oportuno enfrentar tal questão: basta-nos assumir que (pelo menos a nível da segmentação da substância do conteúdo em forma do conteúdo) existe uma interação bastante estreita entre a visão do mundo de uma civilização e o modo pelo qual ela pertinência suas próprias unidades semânticas. Sendo os elementos em jogo: y (condições materiais de vida), x (unidades de experiência percebidas), u (unidades culturais correspondentes) e s (formas significantes que as denotam) – não é necessário saber aqui se y determina x,

---

6. Quem já estudou estética grega e medieval sabe das dificuldades que intervém quando se trata de definir o alcance de termos como *techne* e *ars*, que cobrem uma zona muito mais ampla do que os nossos *técnica* e *arte*. Em grego, *techne* cobre, por aproximação, também os significados de *ars* latina e vice-versa. Em seguida, ambos os termos cobrem os significados de *arte* e *técnica* nas línguas europeias contemporâneas; mas até certo ponto. Na Itália, um livro de linguística como o de Hocket, *The State of the art* só poderia ser traduzido substituindo-se /art/ por /disciplina/ ou outro termo, visto que / arte/ não possui também, em italiano, aquela acepção que o Webster atribui a /arte/, qual seja "any of certain branches of academic learning" ("qualquer um de certos ramos do ensino acadêmico" e exemplifica: literatura, música e matemática. N. da T.) O italiano / arte/ cede (no âmbito de seu campo semântico) parte de seu significado a um termo como /matéria/, o qual, ao contrário, também se carrega de unidades culturais como "assunto de ensino escolar".

OS PERCURSOS DO SENTIDO 31

o qual dá lugar a *u*, atribuindo-lhe o nome *s*; se *y* compele a elaborar nomes *s* para segmentar a experiência em *x* a que correspondem os *u*; ou se uma atividade semiótica profunda leva o homem a pensar com base nos *s*, os quais dão lugar não só aos *u* e aos *x*, mas justamente dispõem o ser humano a experimentar as exigências *y*; e assim por diante. Esses são já problemas extrassemióticos.

V.8. Mais interessante, sob o ponto de vista semiótico, seria compreendermos em que civilizações funciona um campo semântico e em que ponto começa a dissolver-se para ser substituído por outro; e como numa mesma civilização podem coexistir dois ou mais campos semânticos, ainda que em oposição, quando se verificam sobreposições de culturas. Exemplo típico temos na série de definições que Aulo Gellio, no século II d.C, dá das cores, em suas *Noctes Atticae* (Noites Áticas II, 26): ele associa, por exemplo, o termo /*rufus*/ (que traduziríamos por "vermelho") ao fogo, ao sangue, ao ouro e ao açafrão. Afirma que o termo /*xanthós*/ = "cor do ouro" é uma variante da cor vermelha; assim como /*kirrós*/ (que, na cadeia dos interpretantes que a Filologia Latina reconstrói, deveria entender-se como equivalente a um nosso "amarelo-laranja"). Ademais, entende, como outras tantas denominações da cor vermelha, seja /*flavus*/ (que estamos habituados a ver associado também ao ouro, ao trigo e à água do rio Tibre) seja /*fulvus*/ (que é habitualmente a cor da juba do leão). Mas Aulo Gellio diz /*fulva*/ também para a águia, o topázio, a areia, o ouro, ao passo que define /*flavus*/ como um "misto de vermelho, verde e branco", associando-a à cor do mar e das frondes da oliveira. Finalmente, afirma que, Virgílio, para definir o "esverdeado" de um cavalo, serve-se do termo /*caerulus*/, comumente associado à cor do céu. A extrema confusão que nos abate em meio a essa página latina decorre provavelmente não só do fato de que o campo das cores de Aulo Gellio difere do nosso, mas também de que, no século II depois de Cristo, conviviam, na cultura latina, campos cromáticos alternativos, era virtude da influência de outras culturas. Daí a perplexidade de Aulo Gellio, que não consegue constituir em campo rigoroso um material por ele extraído das citações de escritores de diferentes épocas. Como vemos, a experiência "real" que o autor podia fruir face ao céu, ao mar ou a um cavalo é aqui mediada pelo recurso a unidades culturais dadas, e sua visão do mundo, determinada (de modo bastante incoerente) pelas unidades culturais (com os respectivos nomes) que ele tem à sua disposição.

V.9. Poderíamos, portanto, afirmar que: (a) *numa dada cultura podem existir campos semânticos contraditórios*: ocorrência cultural aberrante que cumpre à Semiótica levar em consideração sem tentar eliminar; (b) *uma mesma unidade cultural pode* – dentro de uma mesma cultura – *passar a jazer parte de campos semânticos complementares*. Carnap (1947, 89) dá o exemplo de uma dupla classificação pela qual os animais são divididos, de um lado, em aquáticos, aéreos e terrestres, e de outro, em peixes, pássaros e outros. Uma unidade cultural como /baleia/ poderia, por conseguinte, ocupar diferentes posições em ambos os campos semânticos, sem que as duas classificações sejam incompatíveis. Será preciso, então, admitir que o usuário de uma língua possui em sua *competence** a possibilidade de combinar, com um sistema de significantes, diferentes sistemas de significados, como veremos em VIII-X; (c) numa mesma cultura, *um campo semântico pode desmanchar-se com extrema rapidez e reestruturar-se num novo campo*. Se no plano das cores ou dos termos de parentesco tal reestruturação ocorre de maneira bastante lenta (daí poder-se falar em sistemas e códigos "fortes") existem, contudo, sistemas e códigos muito mais "débeis", suscetíveis de mudar à mínima pressão externa. Exemplo curioso, e ainda difícil de formalizar, nos é dado por um fenômeno evidenciado na opinião pública norte-americana durante o inverno de 1969. Uma inesperada pesquisa científica revelou que os ciclamatos, substância química usada para adoçar os alimentos dietéticos, provocavam o câncer. Tiveram, assim, que ser retirados do comércio todos os alimentos dietéticos que, para sublinharem a ausência do açúcar, ostentavam a presença de ciclamatos. O terror pelos ciclamatos foi tão rápido e intenso junto aos consumidores, que os novos alimentos tinham que ostentar – no pacote ou na publicidade – a frase *with sugar added*.

À primeira vista, a solução pode parecer paradoxal. É absolutamente estúpido apresentar um alimento que não deve engordar afirmando-se que contém açúcar, que, como todos sabem, engorda. Mas a nova publicidade foi aceita pelos consumidores. Nela /açúcar/, evidentemente, não mais se opunha a /ciclamato/ mas a /câncer/. Por isso, era aceito como elemento positivo.

Podemos formular a seguinte hipótese: a cultura aceitara uma série de eixos semânticos α, β, γ, δ, deste modo:

---

* Ou seja: "patrimônio de conhecimento". (N. da T.)

	– A		+ B
α.	açúcar	vs	ciclamato
	↓		↓
β.	gordo	vs	magro
	↓		↓
γ.	possível enfarte	vs	não enfarte
	↓		↓
δ.	morte	vs	vida

Cabe pensar que se tenham constituído subcódigos conotativos (A e B) que tornavam as unidades de um eixo equivalentes às do outro, conforme assinala a seta. As unidades do eixo α tornavam-se os significantes dos quais as unidades do eixo β eram os significados; mas as unidades de β tornavam-se, por sua vez, os significantes de γ, e assim por diante. Constituíam-se, portanto, cadeias conotativas do tipo:

A. Açúcar = gordo = possível enfarte = morte
    (donde, açúcar = morte)   (–)

B. Ciclamato = magro = não enfarte = vida
    (donde, ciclamato = vida)   (+)

Naturalmente, subcódigos e eixos valiam apenas para os usos a que os falantes os destinavam e podiam coexistir na sua *competence* com outros subcódigos e eixos em que as mesmas unidades culturais ocupassem outras posições.

Repentinamente uma nova mensagem (que concerne à experiência "real" e não à situação dos códigos: ver em XIV a diferença entre juízos fatuais e juízos semióticos) estabelece violentamente a equação *ciclamato = câncer*. O subcódigo B reestrutura-se, consequentemente, da seguinte maneira:

B. Ciclamato = câncer = (lugar vazio) = morte (–).

Destarte, os quatro eixos semânticos α, β, γ, δ, reestruturam-se da seguinte maneira:

	− A		+ B
α.	açúcar	vs	ciclamato
	↓		↓
β.	gordo	vs	câncer
	↓		↓
γ.	possível enfarte	vs	(câncer perto)
	↓		↓
δ.	morte	vs	morte certa

Está claro que enquanto anteriormente a coluna A assumia o signo − e a B, o signo +, agora acontece o contrário. Os signos − e + constituem, definitivamente, uma espécie de *hiperconotação axiológica* das duas cadeias conotativas. E eis por que a citação do açúcar nos pacotes dos novos alimentos assumiu conotação positiva.

Assistiu-se, no caso, à reestruturação de um campo semântico por efeito de mensagens emitidas sobre situações de fato que indiretamente funcionavam como mensagens de crítica dos subcódigos conotativos e que, como resultado último, obtinham a reestruturação do campo semântico. Temos, portanto, o exemplo de uma mensagem que reestrutura um código e que, por contragolpe, reestrutura os sistemas que esse código emparelhava. Da mesma forma que uma mensagem que afirme /o ouro não tem a mesma cor do mar/ põe em crise o sistema das cores, tais como surgem em Aulo Gellio.

V.10. O exemplo citado abre uma série de problemas sobre a deperecibilidade dos códigos que será retomada em XIII. Por enquanto, permitiu-nos ver que a existência dos campos semânticos implica também a estruturação de eixos semânticos, entendidos como cópias de oposições ou de antônimos. O estudo destas oposições de significado ocupa lugar vasto, por exemplo, na Semântica Estrutural de Greimas (1966). Lyons (1969) classifica-os em três tipos: *antônimos complementares*, como *macho* vs *fêmea* (onde a negação de um implica a asserção do outro); *antônimos propriamente ditos*, como *pequeno* vs *grande* (onde a predicação de cada um pode ser relativa: somos pequenos em relação a uma coisa e grandes em relação a outra; e, portanto, devem ser considerados como formas de gradação); e finalmente, *antônimos por contrariedade*, como, por exemplo, *comprar* vs *vender* (que implicam transformações sintáticas quando mutuamente substituídos). Não aprofundaremos tais características e limitar-nos-emos por ora a

OS PERCURSOS DO SENTIDO 35

registrar a presença desses três tipos de eixos, os quais, como se instauram na *competence* de um falante, permitem-lhe ligar um significante e seu significado num tipo particular de cadeia conotativa que examinaremos em IX.

V.11. Os estudos mais recentes e aprofundados de Semântica Estrutural permitem-nos, além disso, afirmar que se podem construir eixos e campos semânticos também para aquelas unidades semânticas que não correspondem aos nomes de objetos. Consequentemente, o "significado" como "unidade cultural" torna-se aplicável não só aos termos que os antigos chamavam de categoremáticos mas também aos termos sincategoremáticos.

A Semântica Estrutural das origens colocava em relação estrutural nomes de qualidades intelectuais, nomes de cores, termos parentais. Recentemente, Apresjian (1962) aponta para campos que constituem em oposições os pronomes (pronomes que designam *animados* vs pronomes que designam *inanimados*; e é caso de pensarmos no lugar ora ocupado pelo /*you*/ inglês em comparação com os lugares ocupados por /*tu*/, /*lei*/, /*voi*/ em italiano) ou então nos campos de verbos que designam operações diferentes que, no entanto, pertencem à mesma esfera de operações (por exemplo, *to advise, to assure, to convince, to inform* etc., reunidos na esfera "transmissão de informação"). Como veremos em VI, isso nos permitirá definir o problema da possível denotação e conotação dos termos sincategoremáticos ou dos chamados "monemas funcionais"; operação que permaneceu impossível enquanto o significado foi ancorado no referente, visto que é impossível definir-se o referente de /*il*/ ou de /*à*/ ou de /*todavia*/.

V.12. Uma última observação a respeito dos campos semânticos: seria extremamente prejudicial a uma investigação semiótica perguntar se eles existem "verdadeiramente". O que equivaleria a perguntar: "existe na mente de quem compreende expressões significativas algo que corresponde a um campo semântico?"

Responderemos, em contrapartida, que, (*a*) postula-se que o significado é uma unidade cultural; (*b*) essa unidade cultural pode ser individuada graças à cadeia dos seus interpretantes como se manifesta numa dada cultura; (*c*) o estudo dos signos numa cultura permite-nos definir o valor dos interpretantes vendo-os num sistema de posições e oposições; (*d*) postular tais problemas permite explicar como surge o significado; (*e*) seguindo-se um método do gênero seria possível construir em teoria um robô que possua um sortimento de campos semânticos e os regule para emparelhá-los com sistemas de formas significantes; (*f*) na ausência da descrição do Sistema Semântico Global (da enformação da visão do mundo própria de uma cultura; operação impossível porque essa visão do mundo, em suas interconexões e manifestações periféricas, muda continuamente), os campos semânticos são *postulados* como instrumentos úteis para explicar as oposições significantes aos fins dos estudos de um dado grupo de mensagens. Quando Greimas (1966) elabora um sistema de oposições de significado para explicar as estruturas narrativas de Bernanos, põe, indubitavelmente, em evidência, oposições encontráveis no texto a nível de determinada hipótese de leitura; mas nada exclui que outro leitor, usando aquele texto de outra maneira, nele não invidide outra chave de leitura, reduzindo-o, assim, a outras oposições de valores. A mensagem estética, por exemplo, possui qualidades de ambiguidade e abertura de leitura tais que justificam muitas escolhas possíveis. Essas observações visam a negar – ao menos por ora – à Semântica Estrutural a tarefa de colocar em evidência, subitamente *&* sem discussão, as estruturas imutáveis do significado. E explicam por que o título deste livro – ao invés de inspirar-se hjelmslevianamente na Forma do Conteúdo – fala em *Formas* do Conteúdo.

V.13. A conclusão mais cautelosa nos parece a introdução que Greimas (1970) apunha ao seu ensaio "La Structure sémantique": "Por estrutura semântica deve-se entender a forma geral da organização de diferentes unidades semânticas – dadas ou simplesmente possíveis – de natureza social ou individual (culturas ou personalidades). A questão de saber se a estrutura semântica subtende o universo semântico ou se não passa de uma construção metalinguística que explica o universo dado, pode ser considerada como não pertinente" (p. 39).

VI. A DENOTAÇÃO DENTRO DE UMA PERSPECTIVA SEMIÓTICA

VI.1. Podemos, a esta altura, definir melhor a denotação como modalidade elementar de uma significação desligada do referente. Cumpre unicamente precisar que por ora se fala na denotação do significante isolado (que em Linguística pode chamar-se *lexema*). É verdade que também existe o problema do significado contextual, e os exemplos já clássicos da gramática gerativa, do tipo /*they are flying planes*/ (frase onde os vários lexemas assumem sentido só com base numa particular acepção conferida ao contexto) levantam esse problema de maneira evidente. Mas também existem instrumentos chamados dicionários, onde a cultura tenta, ainda que de modo

OS PERCURSOS DO SENTIDO   37

rudimentar, estabelecer o significado do lexema isolado. E existem as pesquisas de *análise componencial* (v. VIII) que fazem o significado contextual nascer de um amálgama de componentes semânticos dos termos isolados.

Levantemos, portanto, o problema da denotação do lexema: isto é, de como o lexema – como entidade morfológica – reporta a uma unidade cultural, que só depois, examinando-se a noção de conotação, veremos como unidade semântica analisável, isto é, como *semema*.

VI.2. Um modo cômodo de definir a denotação sem recorrer ao referente seria entendê-la como a invariante nos processos de tradução (Shannon). Mas à parte o fato de que essa definição implica uma *petitio principii** (na verdade se define como o significado de um significante aquilo que permanece como significado se se mudar o significante), ela é impossível de aplicar ao lexema isolado. Seria, de fato, necessário que os campos semânticos de diferentes culturais fossem isomorfos. Assim o equivalente de /*bois*/ seria *Wald* – o que não acontece[7].

Se, em seguida, por invariante nos processos de tradução entendêssemos uma definição que faz corresponder a /*bois*/ a acepção exata em outra língua, teríamos então um significado definicional que, como veremos, já deve ser entendido como uma conotação (visto que é a especificação intensional de propriedades semânticas daquele termo). Por denotação pretenderíamos, ao contrário, entender a referência imediata que um termo provoca no destinatário da mensagem. E visto que não se quer recorrer a soluções mentalistas, denotação deveria ser *a referência imediata que o código atribui ao termo numa dada cultura*.

A única solução possível é, por conseguinte, esta: *O lexema isolado denota uma posição no sistema semântico*. O lexema /*Baum*/ denota, em alemão, aquele espaço, aquela valência semântica que faz de *Baum* (no sistema semântico da cultura alemã e na suposta *competence* do falante) aquilo que se opõe a *Holz* e a *Wald*. Note-se que uma solução desse tipo permitiria entender também o que significa denotação para um robô provido de um sistema semântico de valências que tenham, em seguida, especificadas as respectivas intensões. Note-se, outrossim, que tal solução é aplicável a outros

---

* *petição de princípio*. Segundo Cuvillier, *op. cit.*: "Paralogismo no qual se toma por princípio aquilo que está para ser demonstrado". (N. da T.)

7. Portanto, um dicionário francês-alemão só é um código em sentido muito lato. Na medida em que equipara um termo a outro, é apenas um artifício para facilitar a tradução, com vistas à qual fornece exemplos contextuais e acumula – de modo não sistemático – definições intensionais.

sistemas comunicacionais diferentes do verbal. Por exemplo: uma forma significante arquitetônica denota uma função, e uma função nada mais é que uma posição num campo estruturado de funções (v. o capítulo "Para uma Análise Semântica dos Signos Arquitetônicos").

VI.3. Cabe agora perguntar se essa noção de denotação equivale à de extensão. A resposta é afirmativa só no sentido de que o termo, ao invés de uma classe de objetos reais, denota a classe daquelas unidades culturais que ocupam uma dada posição dentro de um campo semântico. Só que essa classe é uma classe de um só membro.

Seríamos tentados a estender a equivalência neste sentido: o lexema denota a classe de todas aquelas unidades culturais que em diferentes campos semânticos, pertencentes a diferentes culturas, ocupam a mesma posição no campo respectivo. Mas isso suporia ainda que os campos fossem isomorfos. Não o sendo, as unidades de um campo devem ser comparadas às unidades de outro campo mediante provas de comutação (prova-se se, mudando o significante, muda o significado contextual) ou provas de substituição (prova-se se, mudando o significante, o significado não muda). Mas uma operação desse tipo comporta uma análise do lexema inserido no contexto; e para provarmos que o significado mudou ou não, cumpre-nos traduzir o lexema mediante outros interpretantes carregando-o de intensões. Portanto, é preciso aceitar em todos os seus limites a definição mais cauta que ainda é: *o denotatum de um lexema é sua valência semântica num dado campo*. Esse significado denotativo é o que certos autores (v., p. ex., Lyons, 1968, 9.4.2.) chamam de *sense*: "by the sense of a word we mean its place in a system of relationships which it contracts with other words in the vocabulary"*.

VI.4. Dissemos, contudo, que um lexema pode tomar posição em campos semânticos diferentes e complementares. Veja-se, por exemplo, (em português), o termo /*terra*/ que, oposto a /*mar*/ significa "terra firme", oposto a /*sol*/ significa "terceiro planeta do sistema solar", e oposto a /*céu*/ significa uma série de unidades culturais bastante variadas que podem compreender até mesmo a conotação "situação do homem enquanto ser material e mortal". Surge aqui o problema de sabermos se se trata de termos puramente homônimos, ou se sobre uma denotação primeira se apoiam

---

* "por sentido de uma palavra entendemos seu lugar num sistema de relações por ela contraídas com outras palavras no vocabulário." (N. da T.)

OS PERCURSOS DO SENTIDO 39

séries de conotações fixadas por subcódigos. Em todo o caso o significado só pode ser individuado através do contexto e com o auxílio da circunstância de comunicação. Quando o gaveiro de Colombo grita "Terra!" é apenas a circunstância em que a palavra é pronunciada que induz os destinatários a individuarem sem demora aquela posição no campo semântico que impõe o eixo /terra/ vs /mar/.

VI.5. Nossa definição de denotação deve também poder ser aplicada a três categorias de significantes que suscitam de hábito uma série de aporias semânticas (*a*) os termos sincategoremáticos; (*b*) os nomes próprios; (*c*) os significantes de sistemas semióticos puramente sintáticos, sem espessura semântica, como por exemplo os significantes musicais ou os significantes da notação musical.

No que respeita aos sincategoremáticos, a resposta já está implícita no fato de que é possível constituir-se um campo semântico de termos que não se refiram a objetos externos mas que, ao contrário, assumam funções gramaticais (v. V.11). Termos como /il/, /por/ ou /todavia/ denotam sua posição num campo de funções gramaticais possíveis. Em tal sentido, denotam uma unidade cultural precisa. O mesmo problema terá pela frente a constituição semiótica de signos arquitetônicos que denotam funções; essas funções podem ser encaradas como organizadas num sistema que ocasionalmente se torna equivalente a outros sistemas, como sejam os sistemas de relações espaciais ou de comportamentos.

VI.6. Quanto ao problema dos nomes próprios, ele é também afim com o problema de signos icônicos, que se referem provavelmente a alguém sem que um código preciso estabeleça quem seja esse alguém (por exemplo: fotografias de pessoas). Procuremos compreender, antes de mais nada, o que acontece no caso de nome próprio referido a personagem histórica célebre. Veremos, posteriormente, que os outros casos não são estruturalmente diferentes. A expressão /Napoleão/ denota uma unidade cultural bem definida que encontra lugar num campo semântico de entidades históricas. Esse campo é comum a muitas culturas diferentes; quando muito, poderão variar as conotações que diferentes culturas atribuem a entidade cultural "Napoleão".

Imaginemos agora que o autor deste livro receba a mensagem /Stefano/. O autor possui uma *competence*, partilhada com muitas pessoas do seu próprio *entourage*, que abarca um campo de unidades culturais abrangendo seus parentes e amigos, e o significante /Stefano/ lhe denota imediatamente seu próprio filho. Isto é, ele autor, individua uma posição dentro de um sistema. Em tal caso, estamos diante de um código extremamente mais restrito do que aquele à luz do qual foi decodificada a mensagem /Napoleão/, mas o mecanismo semiótico não se modificou. Podem existir línguas faladas por pouquíssimos falantes (idioletos).

A objeção possível é que /Stefano/ também pode denotar outros indivíduos. Mas estamos aqui simplesmente diante de um caso de homonímia. A homonímia repete-se com frequência no uso da língua, intervindo situações contextuais para precisarem se um termo /x/, que pode referir-se a um significado "x_1" tanto quanto a um significado "x_2", deva ser entendido de uma ou de outra maneira. O universo dos nomes próprios é simplesmente um universo linguisticamente bastante pobre, onde abundam os casos de homonímia. Mas o universo semântico das unidades culturais coligadas (os seres nomeados) é, ao contrário, bastante rico, sendo aí cada unidade individuada por sistemas de oposições bem precisas.

No mesmo sentido, também os sincategoremáticos são homônimos. O /a/ de /dar o livro a Pedro/ não é o mesmo de /ir a Roma/ (para o inglês: o /to/ de /to be/ não é o mesmo de /to you/). Todavia Ullmann (1962, p. 122) afirma que um nome próprio fora do contexto não denota nada, ao passo que um substantivo comum, fora do contexto, sempre tem um significado lexemático. Mas, antes de mais nada, todo significante só denota se for reportado (também, é fato, com base no contexto) a um código específico, onde ele surge, primordialmente, como elemento de um dicionário, ou seja de um repertório de significantes. O significante gráfico /cane/, se me for comunicado fora do contexto e sem indicação de código, pode ser tanto um imperativo latino, quanto um substantivo comum italiano, ou ainda um substantivo comum inglês.

De qualquer forma sempre é necessária, destarte, a indicação de código com a referência a um vocabulário preciso. E de um vocabulário também pode fazer parte um repertório onomástico que me diga que um significante ainda impreciso como, /Tom/, por exemplo, é um nome próprio e conota, portanto, "ser humano de sexo masculino".

No caso de *nomes próprios de pessoas desconhecidas*, dever--se-ia, porém, admitir que eles conotam mas não denotam[8] – der-

---

8. No mesmo sentido, poder-se-ia dizer que a imagem icônica (a fotografia, p. ex.) de Tom é destituída de denotações (quem é esse aí?) mas rica de conotações (usa óculos, tem nariz grande, bigodes, sorriso triste etc.).

rubando a opinião de J. S. Mill, segundo a qual eles denotariam e não conotariam.

Pode-se aceitar esta delimitação: os nomes próprios de pessoas desconhecidas são significantes de denotação aberta[9], e são decodificados assim como se decodifica o termo científico abstruso, que jamais se ouviu mas que, estamos certos, deve corresponder a algo de preciso. Não há, pois, muita diferença entre receber a mensagem /*ácido ascórbico*/ e intuir que deva tratar-se de um composto químico (conotação imprecisa), sem saber qual (denotação nula) – e receber a mensagem /*Tom*/ e saber que deve tratar-se de um homem (conotação imprecisa), sem saber de quem (denotação nula). São dois casos de posse imperfeita dos códigos de um grupo. No primeiro, interrogo um químico, no segundo, peço que me apresentem Tom[10].

VI.7. Existe, finalmente, o problema dos signos dos sistemas semióticos puramente sintáticos e sem aparente espessura semântica. Caso típico da música. Notem bem que não se trata de definir qual o significado do signo gráfico.

Esse significante denota "nota dó", na escala central do piano; denota uma posição do sistema das notas; denota uma classe de eventos sonoros que têm como interpretante valores matemáticos e medidas oscilográficas ou espectrográficas.

O problema, ao contrário, é *o que* denota e *se* denota o significante /"nota dó"/ tal qual poderia ser emitido agora por uma trompa. A esse respeito, deve-se dizer que os significantes dos sistemas sintáticos têm denotações na medida em que deles se possam individuar os seus interpretantes. Assim a nota dó da oitava central ou a emitida pela trompa denotam uma posição do sistema musical tal como é ela mantida através das várias transposições. Pode-se dizer que o sinal físico /"nota dó"/ denota a posição no sistema musical que permanece invariante, quer seja interpretado

---

9. Corresponderiam ao que os lógicos chamam de "um x não quantificado" num *enunciado aberto*.

10. Isso, porém, implicaria um apelo ao referente. Quando basta que me seja indicada sua posição no campo das pessoas conhecidas: "é o primo de John e marido de Mary".

pelo signo 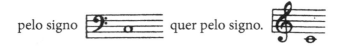 quer pelo signo.

Tanto isso é verdade que, excetuados raros casos de ouvido chamado "absoluto", o musicista, para reconhecer a /"nota dó"/ deve ouvi-la em relação com alguma outra nota e, portanto, em posição no sistema.

VII. A CONOTAÇÃO DENTRO DE UMA PERSPECTIVA SEMIÓTICA

VII.1. Assim definida, a denotação surge apenas como uma definição bastante teórica do significado de um lexema. Compreende-se que toda a sequência dos interpretantes, através da qual o processo de semiose faz viver o lexema e o torna praticável, repouse sobre a conotação. Mas por "conotação" podem-se entender inúmeros fenômenos. Tal como o empregaremos, o termo "conotação" cobre todos esses fenômenos. Como se verá, preferimos ignorar a distinção comum a muitos autores entre *cognitive* e *emotive meaning* porque nos parece que o funcionamento de um significante no processo de semiose torna igualmente importantes essas duas formas de significado. Rejeitando-se a segunda, num universo de que a Semântica não poderia falar (v. Carnap), pode-se estudar com certa exatidão a função referencial da linguagem mas perde-se a riqueza do processo de comunicação. A Semiótica não deve aceitar semelhantes formas de castração, ainda que com risco de imprecisão. Antes de tornar-se uma disciplina que trate com rigor seu campo de investigação, deve tornar-se uma disciplina que tenha a coragem de subsumir dentro desse campo tudo quanto a ela diz respeito.

Diremos, portanto, a fim de justificar a lista que se segue, que a conotação é o conjunto de todas as unidades culturais que uma definição intensional do significante pode pôr em jogo; e é, por conseguinte, a soma de todas as unidades culturais que o significante pode revocar institucionalmente à mente do destinatário. Onde o "pode" não alude a nenhuma possibilidade psíquica, mas a uma disponibilidade cultural. Numa cultura, a sequência dos interpretantes de um termo demonstra que esse termo pode ligar-se a todos os outros signos que de alguma forma a ele foram reportados.

(a) *conotação como significado definicional*: todo lexema conota as propriedades atribuídas à unidade cultural denotada pela

OS PERCURSOS DO SENTIDO 43

definição intensional que a ela é comumente aplicada. Essa definição pode ser ingênua (a /estrela da manhã/ é "aquilo a que chamamos Vênus") ou científica (a /estrela da manhã/ será então definida em termos astronômicos rigorosos). Visto que numa cultura existem ambas as formas de definição – e outras intermédias – a posse de uma ou de outra constitui o patrimônio cultural do destinatário;

(b) *conotação das unidades semânticas componentes do significado*: algumas dessas componentes semânticas (como veremos em VIII) fazem parte da definição da unidade cultural, outras não. Uma unidade nomeada pode conotar também sua própria marca gramatical (ex., /sol/ – em português – conota "masculino" em oposição a outro lexema como /lua/ que conota "feminino"). Numa fábula em que os objetos se tornam animados, conotações desse tipo têm valor semântico. Na língua alemã, acontece o inverso;

(c) *definições "ideológicas"*: em outro capítulo, especificaremos o que se entende por "ideologia". Por ora, basta dizer que se entendem por definições ideológicas definições incompletas que enfocam a unidade cultural ou um complexo de unidades culturais sob um único de seus perfis possíveis. Em tal sentido, podem ser entendidas como o *Sinn* de Frege, isto é, o modo particular pelo qual o objeto é significado. Por exemplo: /Napoleão/ pode ser definido como "o vencedor de Marengo" ou como "o derrotado de Waterloo". Está claro que uma das duas conotações abre caminho para outras conotações de cunho emotivo (que serão examinadas no item seguinte) pelo qual, num caso, salta uma conotação superior de "admiração", e no outro, de "piedade";

(d) *conotações emotivas*: se o *emotive meaning* é, conforme a definição do Stevenson (1944), "a meaning in which the response (from the hearer's point of view) or the stimulus (from the speaker's point of view) is a range of emotion"*, caberia pensar que a conotação emotiva é um fato absolutamente idiossincrático, fora do alcance da análise semiótica. Mas se para Androclo a conotação de "afeto", conexa ao estímulo /leão/, era indubitavelmente um fato idiossincrático, já a conotação de "ferocidade" e "fereza", que acompanha o mesmo estímulo no âmbito de nossa cultura, é indubitavelmente um fato codificado. O exemplo, porém, referia-se a uma mensagem estética, e é próprio dessas mensagens instituírem novas conotações e transformarem as próprias denotações em conotações. Assim em *Androclo e o Leão*, de G. B. Shaw, institucionaliza-se, den-

---

* "um significado no qual a resposta (sob o ângulo do ouvinte) ou o estímulo (sob o ângulo do falante) é um tipo específico de emoção." (N. da T.)

tro da obra, a conotação de "afeto" com relação ao estímulo-denotação /leão/. A mensagem estética, portanto, – também a nível do conteúdo – institui códigos pessoais, isto é, institui um *idioleto estético*.

Tão logo se institucionaliza, a conotação emotiva deixa de ser o que Frege chamava de uma *Vorstellung*, imagem pessoal decorrente de experiências precedentes, influenciada pelos sentimentos: as experiências precedentes, socializadas, fazem-se elemento de código. Será, portanto, legítimo para vastos grupos humanos, associar uma série de conotações emotivas, justificadas por uma vasta série de interpretantes, à denotação /campo de concentração/ ou /câmaras de gás/. O *measurement of meaning* posto em prática por Osgood (1957) será, portanto, um modo empírico de podermos evidenciar o grau de institucionalização das conotações emotivas associadas a um termo-estímulo[11];

(e) *conotações por hiponímia, hiperonímia e antonímia*: se bem que em certo sentido possam elas fazer parte do significado definicional, assumamos como casos particulares de conotação aquilo que faz com que /tulipa/ conote a classe "flor" a que pertence (hiponímia), enquanto que por conta própria conota propriedades específicas (decorrentes de seu significado definicional) que /flor/ não conota. Destarte, /flor/ pode conotar suas próprias subespécies, entre as quais /tulipa/, por hiperonímia. Da mesma forma, um termo (por exemplo: /mulher/) pode conotar seu próprio antônimo (/marido/) (v. Lyons, 1968, 10.3-4; Jakobson, 1956, 2);

(f) *conotações por tradução em outro sistema semiótico*: um lexema pode conotar sua tradução em outra língua. Mas mais ainda, pode evocar a imagem do objeto designado (assim como a imagem de um objeto conota seu nome). Não é preciso perguntarmos o que é uma imagem mental. Basta assumirmos que a palavra /cão/ conota outros ícones de cães vistos anteriormente. As análises semânticas não levam, de hábito, em consideração, o fato de que a redução da comunicação a língua verbal é uma simplificação dos linguistas, e que nosso funcionamento mental (e cultural) comporta o uso indiscriminado e frequentemente confuso dos

---

11. Nessa categoria não se incluem as associações do tipo estudado por Saussure, para quem /enseignement/ evoca /armement/ por pura associação fônica. É um caso de associação casual (ainda que estatisticamente frequente) por analogia de substância da expressão. Poder-se-ia, ao contrário, incluir na categoria (a) a conotação /enseignement/ – /éducation/. As associações por analogia de substância da expressão, estudadas na Psicolinguística, podem ser amplamente empregadas no uso poético da linguagem. Como acontece com a rima e as assonâncias (v. Jakobson, 1960). Muitos dos *puns* de Joyce no *Finnegans Wake* são do mesmo tipo. Nesse caso, a mensagem poética pode impor a convencionalização da associação. Consulte-se, a propósito, os ensaios "Semântica da Metáfora" e "Geração de Mensagens Estéticas numa Língua Edênica").

OS PERCURSOS DO SENTIDO 45

mais diferentes códigos. Quem disse que palavras só evocam palavras?

(g) *conotações por artifício retórico*: a Retórica oferece-nos esquemas para realizarmos relações de inexpectatividade (a metáfora, por exemplo, que apresenta uma comparação inesperada e elide o primeiro termo da comparação). Diante de uma metáfora bem feita, o destinatário empreende a decifração de uma relação inesperada, decifração que, se coroada de êxito, imporá uma relação conotativa entre *veículo* e *teor* da metáfora (no sentido de Richards, 1936);

(h) *conotações retórico-estilísticas*: certa forma da mensagem pode conotar seja a corrente estilística à qual deve ser atribuída, seja a visão ideológica que se vale daquela forma retórica para exprimir-se;

(i) *conotações axiológicas globais*: uma cadeia de conotações pode assumir para o destinatário valor positivo ou negativo. Por exemplo, a citada cadeia *ciclamato = magro = não enfarte = vida* assumia valor positivo, ao passo que a cadeia *ciclamato = câncer = morte* assumia valor negativo. Essas *marcas axiológicas terminais*, que são conotações finais das conotações, ligam-se ao problema da ideologia que será examinado num ensaio à parte.

A presente lista não pretende esgotar o assunto. Quer apenas mostrar quais e quantos são os modos pelos quais o par formado por um significante e seu significado denotado (o que Saussure chamava de "o signo em sua unidade") pode remeter a outras unidades culturais que, por sua vez, a cultura exprime mediante outros signos. Todos esses modos, desde que funcionem, são legítimos, e a Semiótica deve procurar defini-los. Todos esses funcionamentos apoiam-se em códigos, que a Semiótica deve postular em princípio e, na ocorrência da análise de uma mensagem, deve procurar explicitar a fim de mostrar como e quanto a mensagem comunica.

VII.2. Em si, o *denotatum*, como posição no campo semântico é *puro paradigma*. Para que possa inserir-se no sintagma e dar lugar a expressões dotadas de sentido, deve ter componentes conotativas.

Daí por que a pergunta feita por Carnap (1955, 3) nestes termos: "granted that the linguistic can determine the extension of a given predicate, how can he go beyond this and determine also its intensions?"* deve ser assim reformulada: visto que o linguista pode dar uma definição bastante restritiva da denotação, a Semiótica deve ir além e estabelecer da melhor maneira possível a mecânica da conotação. Reparem bem que uma pesquisa sobre as conotações que pode assumir um lexema inserido num contexto ainda não é uma *semiótica da mensagem* oposta a uma *semiótica do código*. Indubitavelmente uma semiótica voltada para a riqueza dos sentidos contextuais estabelece as bases para uma semiótica ou linguística da "fala" (*parole*) (v. Bally, 1950; Segre, 1963). Mas para que uma semiótica da *parole* possa desenvolver-se é necessária uma semiótica das condições de realização da riqueza conotativa da *parole*, ou seja, uma semiótica dos códigos conotativos.

VII.3. Um significante pode conotar diferentes significados (que melhor chamaremos de "sentidos", dando a "significado" o sentido da classe em todos os sentidos de um semema; v. VIII-X), às vezes em oposição recíproca. Saber qual deles o significante conota, num dado contexto, significa saber qual a escolha feita pelo remetente ou pelo destinatário. A escolha consiste em identificar posições diferentes e complementares dentro de vários campos semânticos. /Mus/ pode conotar "ser animado", referindo-se a um eixo *animado* vs *inanimado*, pode conotar "roedor", referindo-se a um campo zoológico, pode conotar "animal nocivo", referindo-se ao eixo *nocivo* vs *não nocivo*, ou *não domesticável* vs. *domesticável*, e assim por diante, até os mais complexos significados definicionais, às conotações fabulísticas e lendárias. Em outros termos, um significante *s* não só denota uma posição α, num dado campo semântico $C\alpha$, mas pode conotar a posição β_1 no campo semântico $C\beta$, a posição γ_1 no $C\gamma$ etc. Isso significa que *s* implanta uma série de ramificações em posições de diferentes campos semânticos.

Falando dos campos semânticos, era-nos possível pensar no código de um falante como numa *competence* que compreendesse uma série bastante vasta de campos semânticos capazes de deslizar de vários modos, emparelhando-se de maneiras distintas, e para os quais, no esquema que se segue, teríamos apenas um destes possíveis emparelhamentos:

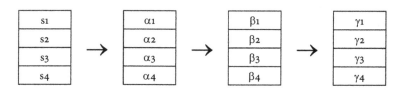

* "Admitindo-se que o linguista possa determinar a extensão de um dado predicado, como pode ir ele mais longe e determinar igualmente suas intensões?" (N. da T.)

onde a série dos s é um sistema sintático de unidades significantes, as séries α, β, γ são eixos semânticos, enquanto que a sequência s3 ... γ3 é uma cadeia de conotações.

Agora, ao contrário, delineia-se uma forma complementar de *competence*, intercisa pela precedente, e que diz respeito às possíveis componentes de um lexema isolado ou às suas capacidades de combinação com outros lexemas.

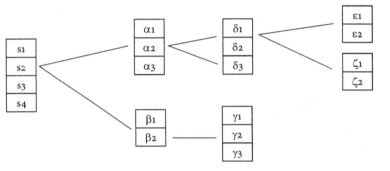

O que equivale a dizer, com Greimas (1966, p. 38), que "le lexème est le lieu de manifestation et de rencontre de sèmes provenant souvent de catégories et de systèmes sémiques différents et entretenant entre eux des relations hiérarchiques, c'est-à-dire hypotaxiques"*.

VII.4. Num esquema como o que apresentamos (que se pressupõe faça parte do código de uma comunidade) os terminais das ramificações isoladas do significante são considerados suas *componentes semânticas* (ou "semas", ou *semantic markers*, conforme os autores). Como veremos, essas componentes não são necessariamente as mesmas que o dicionário associa a um dado lexema, ou as que a este poderia associar uma definição científica por gênero e espécie.

VIII. AS COMPONENTES SEMÂNTICAS

VIII.1. Indubitavelmente um item lexical num dicionário ou uma definição científica estabelecem, para o lexema, terminais em alguns campos semânticos; mas não lhe exaurem as possibilidades

---

* "o lexema é o lugar de manifestação e encontro de semas amiúde provenientes de categorias e sistemas sêmicos diferentes, e que mantêm entre si relações hierárquicas, isto é, hipotáxicas." (N. da T.)

de ramificação. Do contrário se teria realizado o voto de Hjelmslev (1943, 14) que entrevia "a possibilidade de explicar e descrever um número ilimitado de signos, também sob o ponto de vista de seu conteúdo, valendo-se de um número limitado de figuras". Examinando algumas tentativas de análise componencial, veremos que é exatamente a especificação unívoca dessas componentes que se revela bastante difícil. E mostraremos como essa dificuldade é inerente à própria complexidade e mobilidade do Universo Semântico Global – devendo, portanto, dar lugar, ao menos por ora, a atitudes mais empíricas que utilizem, sem absolutizar, esses procedimentos da descrição estrutural. Para Hjelmslev o problema consistia em analisarem-se entidades que entram em inventários ilimitados (os conteúdos possíveis de todas as palavras possíveis) em entidades que façam parte de inventários limitados. Dados / carneiro/ e /ovelha/ de um lado, e /porco/ e /porca/ do outro, entrevia ele a possibilidade de analisar o significado dos quatro termos aplicando duas únicas componentes semânticas (*macho* vs *fêmea*) a duas únicas unidades léxicas (/ovino/ e /suíno/).

VIII.2. O problema agora é ver se tais componentes são realmente em número limitado e universais. Em Chomsky (1965), esses componentes afiguram-se facilmente individuáveis quando são *subcategorisation rules* que permitem a concatenação gramatical de uma frase. Assim a subcategorização dos verbos em Transitivo ou Intransitivo, ou os equivalentes para os adjetivos, explicam por que uma frase como /*John found sad*/ é inaceitável gramaticalmente (ou, quando mais não seja, bizarra). No que concerne às *selectional rules* estabelecem elas a compatibilidade ou incompatibilidade de *selectional features* que compõem o significado de um termo e tornam, portanto, inaceitável a famosa frase /*colorless green ideas sleep furiously*/. Afirmar, por conseguinte, que "the very notion 'lexical entry' presupposes some sort of fixed, universal vocabulary in terms of which these objects are characterized, just as the notion of 'phonetic representation' presupposes some sort of universal phonetic theory"* e dizer que é apenas o estágio atual do nosso conhecimento que não nos permite falar numa estrutura *a priori* do sistema dos conceitos, pode ser verdade no que diz respeito às marcas que estão entre as marcas gramaticais e certas marcas semânticas elementares como *Abstrato, Animado, Singular* etc. Tais marcas estabelecem compatibilidades e incompatibilidades recí-

---

* "a própria noção de 'entrada lexical' pressupõe uma espécie de vocabulário fixo, universal, em termos do qual tais objetos são caracterizados, tanto quanto a noção de 'representação fonética' pressupõe uma espécie de teoria fonética universal." (N. da T.)

OS PERCURSOS DO SENTIDO 49

procas entre diferentes lexemas e tornam incompreensíveis ou inaceitáveis frases como /o trem é vermelha/ ou /John found sad/. Mas a propósito de /colorless green ideas/ ficou amplamente demonstrado que muitos são os contextos e as circunstâncias de comunicação onde uma frase do gênero surge densa de significados: basta associarmos a um termo como /furiously/ componentes conotativas que o tornem adaptável a um sono agitado ou intenso ou teimosamente buscado por meio de drogas e tranquilizantes (v. Jakobson, 1959). Em termos de *selectional features* – que para Chomsky são *universais* e *limitadas* – indubitavelmente uma expressão como /language speaks noam/ não deveria significar nada: mas se existem universais inatos da linguagem, então existe um contexto filosófico onde essa metáfora apareça, plena de sentido.

Seríamos, consequentemente, levados a concordar com De Mauro (1968, 3.4.19.1 e 3.4.27) quando afirma que, enquanto um sistema fonológico é composto de elementos pertinentes, os sistemas de noemas (que ele chama "noemas léxicos", decomponíveis em unidades significantes menores como os "hipossemas", equivalentes aos nossos lexemas) não têm componentes semióticas *pertinentes*, exceto em casos específicos (como os sistemas científicos), onde se instituem regras seletivas muito precisas e acepções unívocas do termo, pormenorizadas em cada uma de suas mínimas componentes.

VIII.3. Quanto ao resto, a individuação das componentes semânticas parece variar de autor para autor, segundo a hipótese analítica assumida.

Quando Pottier individua no lexema /fauteuil/ os semas *pour s'asseoir, sur pied (s), pour 1 persone, avec dossier* e *avec bras*, enquanto que o lexema /canapé/ possui apenas os dois primeiros semas, não tem o terceiro (é para mais de uma pessoa) e pode ter ou não os dois últimos, e o lexema /chaise/ não tem o último – percebemos que os semas de Pottier não são do mesmo tipo das componentes chomskianas, sendo antes contrações de definições intensionais de cunho amplamente descritivo (que Katz e Fodor iriam preferir chamar de *distinguishers* – ou diferenciadores; v. mais adiante).

Mas já quando Greimas, (1966, p. 45) analisa o semema /cabeça/ no seu *noyau sémique*, aí individuando, por aproximações e ajustamentos sucessivos, núcleos como "extremidade" e "esferoidade", parece pôr em evidência unidades de definição mais elementares que as de Pottier. Em todo o caso, seja em Pottier seja em Greimas, não se buscam componentes universais derivantes de categorias gramaticais, mas *núcleos conceptuais* baseados de

50 AS FORMAS DO CONTEÚDO

preferência nos usos que determinada cultura faz de determinado lexema e na visão pré-científica ou científica que tal cultura tem da unidade cultural a que o lexema se refere. Nesse sentido, seus semas acham-se mais próximos daqueles que o cientista chamaria de "propriedades" do objeto investigado e por ele descrito justamente através de uma hierarquia de propriedades, algumas das quais essenciais e outras inessenciais. Não se pode, por exemplo, dizer razoavelmente que /o limão é um mineral/ mas, em certas circunstâncias, pode-se dizer /o limão é verde/ ou mesmo /o limão é azul/ (num quadro impressionista, ou por uma curiosa operação de enxerto botânico), ainda que um dos semas de /limão/ seja indubitavelmente a marca "amarelo".

Em outros autores, que colocam o problema em termos operacionais (construção de máquinas pensantes), a classificação e hierarquia das componentes semânticas não tem, enfim, quaisquer veleidades de classificação absoluta, mas depende de uma escolha empírica. Vemos, assim, que Bertram Raphael (em Minsky [ed.], 1968) pode descrever a classe /cats/ com marcas do tipo: "Sound Mew, Color (Black, White, Yellow, Brown), Leggedness,..."*

IX. A ÁRVORE KF

IX.1. Nossa classificação dos diversos tipos de conotação pode permitir-nos definir melhor a tentativa realizada por Katz e Fodor (1963) para delinear a estrutura de uma teoria semântica. O exemplo do lexema /bachelor/** dado por esses autores foi em seguida objeto de numerosas discussões e revisões, não nos restando mais que reproduzi-lo na sua forma mais elaborada (v. Katz e Postal, 1964).

No diagrama (que doravante chamaremos de *Árvore KF*) existem *marcas sintáticas*, fora dos parênteses, que podem incluir categorias como Animado, Contável (*Count*), Substantivo Comum etc. Entre parênteses, acham-se as *marcas sintáticas*, muito parecidas com o que os outros autores chamam de semas e que podem indubitavelmente ser em número limitado, como queria Hjelmslev. Entre colchetes estão o que os autores chamam de *diferenciadores*, e que lembram os tipos de conotação que em V chamamos de

---

* "*Som*: Miado. *Cor* (Preto, Branco, Amarelo, Pardo), Número de Pernas, 4..." (N. da T.)

** Lembramos aqui as cinco diferentes acepções desse lexema: 1. homem solteiro; 2. bacharel; 3. cavaleiro novel que servia sob a bandeira de outrem; 4. espécie de lobo marinho ou foca; 5. perca (pequeno peixe de rio). Note-se que a quinta acepção não foi considerada pela árvore KF. (N. da T.)

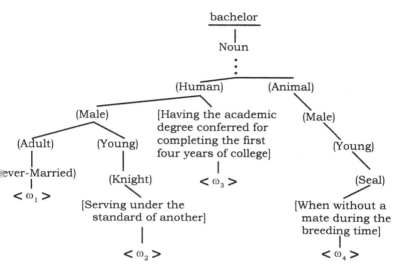

"significado definicional", podendo também abarcar as conotações por hiperonímia ou hiponímia. Surgem, enfim, as *seleções restritivas*, aqui simbolizadas por letras gregas entre aspas simples. Entende-se por seleções restritivas "a formally expressed necessary and sufficient condition for that reading to combine with others"* (Katz e Postal, p. 15). Um *reading* é a escolha de um *path*, isto é, de um *sentido de marcha*. Conforme o contexto, as várias componentes semânticas combinam-se com as dos outros lexemas presentes, para tornarem plausível ou não uma frase como /*a married man is no more a bachelor*/ ou então /*my husband is a Bachelor of Arts*/.

A possibilidade de combinarmos um lexema no texto é dada por uma série de *regras de projeção* amplamente analisadas em Katz e Fodor[12], segundo os quais ante a frase /*the man hits the colorfull ball*/, uma vez atribuídas a cada lexema as componentes semânticas que lhe são próprias, é possível construir-se uma série

---

* "uma condição necessária e suficiente, formalmente expressa para que determinada leitura combine com outras." (N. da T.)

12. A posição de Katz e Fodor foi amplamente discutida por Weinreich (1965) que propõe uma formalização mais complexa tanto das componentes semânticas quanto das regras de projeção. A tese de Weinreich é muito convincente em vários pontos e constitui um aprofundamento da árvore KF. Não acreditamos ser oportuno aprofundar aqui o problema, visto que a árvore KF nos basta para indicar uma direção de trabalho examinada mais pelo prisma teórico do que pelo da aplicabilidade prática.

de diferentes leituras da oração em pauta. De fato, /colorfull/ tem duas marcas semânticas (*Color* e *Evaluative*), dois diferenciadores (*Abounding in contrast or variety of bright colors* e *Having distinctive character, vividness or picturesqueness*), e de um lado, tem relações restritivas como (*Physical object*) vs (*Social Activity*) e, do outro, como (*Aesthetic object*) vs (*Social Activity*).

Só depois de ficar estabelecido com que componentes semânticas de /*ball*/ esse adjetivo deve entrar em contato, saber-se-á quais os *amalgamated paths* que levam a interpretar o sintagma /*colorfull ball*/ como: (*a*) "atividade social dedicada à dança, abundante em cores"; (*b*) "objeto de forma esférica rico em cores"; (*c*) "míssil sólido projetado por armas de guerra, rico em cores"; (*d*) "atividade social dedicada à dança, vivaz e pitoresca". E assim por diante, até a multíplice leitura que abranja a frase inteira.

IX.2. Katz e Fodor especificam que as componentes semânticas devem depender, para serem interpretadas, da situação ou circunstância (que eles chamam de *setting*) em que a frase é pronunciada. Como vemos, eles de fato indicam diferentes leituras possíveis, mas sua teoria semântica não quer estabelecer quando, como e por que a frase deve ser aplicada (empregada) num sentido e quando em outro. A teoria está apta a explicar se e por que uma frase tem muitos sentidos mas não em que circunstâncias deve ela perder a ambiguidade que lhe é própria, nem em que sentido. Essa posição se presta a numerosas observações críticas que faremos, mas por ora nos permite uma primeira definição de "sentido".

IX.3. Define-se aqui o *sentido* como uma *escolha binária* que o destinatário da frase (e o remetente quando pensava em como devia ela ser interpretada) realiza entre as várias possíveis ramificações componenciais dos lexemas. Se o significado do lexema era o conjunto da sua denotação e das suas conotações, já o sentido que se lhe atribui é um percurso seletivo (que procede por sim e não). Sobre esse aspecto do sentido como escolha, que aparenta também os níveis superiores da Semiótica com o nível da análise informacional do sinal, voltaremos em XIII.5.

No entanto, para que uma Semiótica Geral possa especificar as condições de escolha do sentido de um lexema (e por derivação, de um enunciado) cumpre que a uma teoria gramatical da frase se acrescente uma teoria dos *settings*, ou uma teoria da *circunstância de comunicação*, muito embora de forma geral, tal como a enunciaremos em XIII.4.

OS PERCURSOS DO SENTIDO 53

IX.4. A esta altura cumpre-nos considerar três limites da formalização de Katz e Fodor.

(*a*) parar nos diferenciadores não dá a medida de todas as possíveis conotações do lexema (v. IX.5.);

(*b*) tanto as marcas semânticas quanto os diferenciadores são signos ou grupos de signos usados para interpretar o signo inicial; levanta-se o problema da sua interpretação (v. IX.6.);

(*c*) a árvore KF reconhece as intensões estabelecidas habitualmente por um dicionário; o código identifica-se, portanto, com o dicionário; não se leva em consideração a existência de convenções e códigos particulares que propõem outras ramificações, nem o fato de que numa mesma comunidade possam coexistir diversas formas de ramificação aceitas como complementares pelos usuários de um dado sistema semiótico (no caso particular, da língua) (v. IX.7.).

Examinemos esses três pontos.

IX.5. Se voltarmos à lista dos tipos de conotação estabelecida em VII. 1., veremos que o gráfico por nós chamado de *árvore KF* não leva em conta uma infinidade de ramificações (ou sentidos) possíveis. Podem existir subcódigos em que /*bachelor*/ conota "dissoluto", ou então "jovem desejável", ou ainda "libertino com *garçonnière*" (definições "ideológicas"). Por conseguinte (por exemplo, no universo da *pochade de boulevard**), a ele se acrescentam conotações emotivas de simpatia ou antipatia e conotações axiológicas globais. /*Bachelor*/ (sempre entendido unicamente como "a man who has never married") também conota antonimicamente "matrimônio". Devem, ademais, ser consideradas as séries de interpretantes conotadas pelo lexema e que não pertencem ao sistema semiótico inicial. O lexema /*cão*/ frequentemente – como já dissemos – conota a imagem de um cão. Negar a existência e natureza de tais conotações significa limitar a análise intensional do lexema unicamente ao âmbito linguístico. Quando, pelo contrário, não só no âmbito do círculo cultural dos interpretantes, mas também no presumível âmbito mental do destinatário, a associação de um estímulo verbal com seu interpretante visual está entre as mais espontâneas e naturais. É mentalismo entendê-la como uma imagem mental não melhor especificada, mas é tomada de consciência semiótica reconhecer que a imagem pode derivar da cultura e favorecer a análise intensional dos sentidos do lexema, ou a escolha de um percurso. No caso de /*bachelor*/, a imagem convencional do jovem estudante que recebe o diploma de fim de ano ou a do pajem do cavaleiro medieval po-

---

* Comédia ligeira, beirando a nossa chanchada. (N. da T.)

dem substituir os diferenciadores como definição verbal. Uma vez aceito o modelo da árvore KF, deve-se admitir que entre seus ramos pode encontrar abrigo toda a imensa família dos interpretantes de um termo.

Se essa família se dispuser em toda a variedade das suas ramificações, então se tornará difícil atribuir (como fazem Katz e Fodor) a responsabilidade das relações semânticas unicamente às marcas semânticas, entendendo-se os diferenciadores como as terminações a que conduzem as relações semânticas. É preciso, ao contrário, admitir que a amálgama de um percurso pode produzir-se em qualquer um dos nós da árvore. Por exemplo /cadeira/ traz a marca de *inanimado*, que torna impossíveis, sob o ponto de vista sêmico, frases como /a cadeira gerou/. Mas no contexto adequado, torna-se possível formar uma frase do tipo /a cadeira de São Pedro gerou uma encíclica, iluminada pelo Espírito Santo/. Estamos aqui a nível das figuras retóricas. Mas é a convenção retórica que atribui ao termo /cadeira/ (ainda que no contexto do sintagma /cadeira de São Pedro/) um significado conotativo "Pontífice". Eis que então se torna possível, graças a essa ramificação, atribuir a marca de possível *Animação* a /cadeira/. Ademais, a evocação do Espírito Santo cria uma *pressuposição* que remete ao parto da Virgem. Por causa disso, /cadeira/ (que já tem marca gramatical de feminilidade) adquire a marca semântica de feminilidade que lhe permite associar-se ao verbo /gerar/. Nossa análise não explica o jogo sutil de deslocamentos provocados pelo contexto: mostra, em todo o caso, como /cadeira/, em um de seus nós, conota "Pontífice" e como a correlação assim estabelecida anula a marca de *Inanimado* sem que seja afastada (ou permitindo que seja acrescentada com base no contexto) a marca *Feminino*. Como vemos, é a correlação entre os nós periféricos da árvore que determina os deslocamentos e compatibilidades dos nós da raiz. Uma *competence* que não leve em conta também possibilidades convencionadas de uso retórico do lexema não permite nenhum uso articulado e rico da linguagem. A árvore KF está condenada a complicar-se, mesmo que possa ser simplificada por razões experimentais.

IX.6. Multiplicados os interpretantes, nasce o problema da sua interpretação. Ou as marcas semânticas são construções lógicas que apenas por comodidade se exprimem através de formas linguísticas (Katz e Fodor, 1963), ou então são formas linguísticas. De qualquer maneira, são unidades culturais que explicam outra unidade cultural, e cada uma delas deve tornar-se a origem da qual sai outra árvore KF que lhe dê as intensões. E isso, mesmo que se trate de operações lógicas, visto que se decidiu aplicar a mecânica denotação-conotação não só aos signos que indicam objetos mas também aos que exprimem funções gramaticais ou ações. Quanto a esse item, v. X. e a proposta do "Modelo Q".

IX.7. Último ponto, as componentes indicadas são as indicadas pelo dicionário. Devemos, contudo, levar em conta outras possibilidades:

(*a*) *caso de código incompleto*: o usuário possui apenas alguns percursos e ignora outros;

(*b*) *caso de definição científica*: ele escolhe uma só das acepções dos diferenciadores do lexema e daí extrai um novo tipo de ramificação, com marcas que representam propriedades "objetivas" ou pelo menos unidades culturais reconhecidas por uma taxonomia precisa. Com o mudar histórico ou etnográfico do tipo de taxonomia, as propriedades do objeto mudam. Numa possível árvore da Idade Média, /baleia/ teria recebido uma propriedade *Peixe* (conotação por hiperonímia), ao passo que hoje receberia a marca classificadora *Mamífero*. Mas o código a que hoje recorre um leitor da Bíblia ou de outras obras poéticas deve prever também uma marca *Peixe* para todas as vezes em que encontrar /baleia/ citada como tal.

Melhor ainda: é mister reter que existem duas formas de árvore, ambas adquiridas por uma cultura como aspectos de subcódigos específicos. Uma é a árvore *científica*, onde os vários *markers* e *distinguishers* são entendidos (acompanhando escolhas de *epistemes*, no sentido de Foucault) como propriedades do objeto designado, e organizados numa hierarquia que vai das propriedades genéricas essenciais às especificações mais analíticas. Isso terá a seguinte forma:

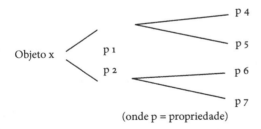

(onde p = propriedade)

A outra árvore (ou a série das outras árvores que podem coexistir como soluções complementares) é a árvore *comum*, que alinha conotações possíveis sem hierarquizá-las, ou com hierarquizações muito empíricas, e que ao contrário assumirá esta forma:

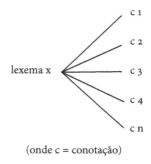

(onde c = conotação)

Para o objeto (unidade cultural) /*limão*/ a árvore científica compreenderá, como já se disse, propriedades essenciais como "vegetal" e inessenciais, como "amarelo", ao passo que a árvore comum compreenderá, em ordem dispersa, também conotações como "condimento para salada", "Sul" e "chineses" ou "icterícia".

Seguindo-se essa ordem de ideias, parece mais rendoso o modelo proposto por M. Ross Quillian, em seu escrito "Semantic Memory" (em Minsky [ed.], 1968), onde propõe um modelo de memória humana realizável mecanicamente. O que Quillian chama de "memória" constitui a base essencial para a organização de um código ou sistema de subcódigos conotativos (veremos depois em que sentido ainda não é um modelo de código).

X. O MODELO Q

X.1. O modelo Quillian (modelo Q) baseia-se numa massa de nódulos interligados por diversos tipos de liames associativos. Para cada significado de lexema deveria existir na memória nódulo que previsse como núcleo o termo a ser definido, aqui denominado (com terminologia peirciana) *type*. A definição de um *type* A prevê o emprego, como seus interpretantes, de uma série de outros significantes subsumidos como *tokens* (e que no modelo são outros lexemas).

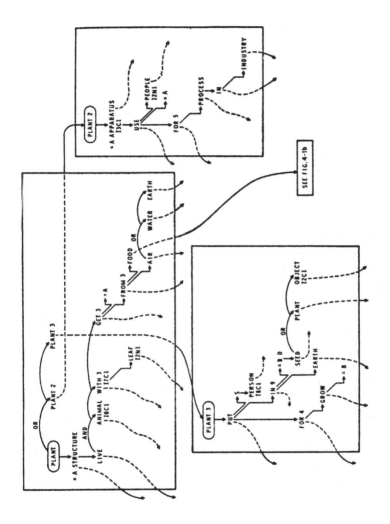

M. Ross Quillian, "Semantic Memory", em M. Minsky (ed.), *Semantic Information Processing.*

A configuração do significado do lexema é dada pela multiplicidade de seus liames com vários *tokens*, cada um dos quais se torna, porém, por sua vez, o *type* B, núcleo de uma nova configuração que abrange como *tokens* muitos outros lexemas, alguns dos quais eram também *tokens* do *type* A, e que podem incluir como *token* o próprio *type* A. Citemos aqui um exemplo: a definição de /*plant*/, dada em forma de gráfico no esquema reproduzido na p. 57.

Como se vê nesse esquema, um *token* como /*grow*/ pode tornar-se o *type* de uma nova ramificação (ou *plane*) que compreende entre os seus *tokens* muitos daqueles de /*plant*/ (como por exemplo, /*air*/ ou /*water*/) e até mesmo o próprio /*plant*/.

"The over-all structure of the complete memory forms an enormous aggregation of planes, each consisting entirely of token nodes except for its 'head' node"[*] (p. 237).

Como vemos, esse modelo prevê a definição de cada signo graças à interconexão com o universo de todos os outros signos em função de interpretantes, cada um deles pronto a tornar-se o signo interpretado por todos os demais: o modelo na sua complexidade baseia-se num processo de *semiose ilimitada*. Partindo-se de um signo tomado como *type*, é possível repercorrer, do centro à periferia mais extrema, todo o universo das unidades culturais, cada uma das quais pode tornar-se, por sua vez, centro, e gerar infinitas periferias.

X.2. Semelhante modelo pode ainda receber uma configuração gráfica bidimensional quando parcialmente examinado (e é compreensível que na sua simulação mecânica, graças ao número limitado de *tokens* assumidos, seja possível conferir-lhe uma estrutura descritível). Mas na verdade *nenhum gráfico está à altura de representá-lo em sua complexidade*. Deveria ele surgir como uma espécie de rede polidimensional, dotada de propriedades topológicas, onde os percursos se encurtam e alongam, e cada termo adquire vizinhanças com outros, através de atalhos e contatos imediatos, permanecendo, nesse ínterim, ligado a todos os demais, segundo relações sempre mutáveis.

Poderíamos imaginar as unidades culturais isoladas como um número altíssimo de bolinhas fechadas numa caixa: agitando-se a caixa, verificam-se diferentes configurações, vizinhanças e conexões entre as bolinhas. Essa caixa constituiria uma fonte infor-

---

[*] "A estrutura global da memória completa forma um enorme agregado de planos, todos eles inteiramente constituídos de nódulos-*token*, salvo no que diz respeito ao nódulo nuclear." (N. da T.)

OS PERCURSOS DO SENTIDO   59

macional dotada de alta entropia, e constituiria o modelo abstrato das associações semânticas em estado livre. Conforme o humor, o conhecimento precedente às próprias idiossincrasias, cada indivíduo poderia ser capaz de chegar, partindo do lexema /centauro/ à unidade "Bomba atômica", ou então a "Mickey Mouse".

X.3. Mas estamos em busca de um modelo semiótico que explique conotações convencionalmente atribuídas a um lexema. E portanto, deveríamos convencionalmente pensar nas bolinhas magnetizadas, que estabelecem um *sistema de atrações e repulsões*, de forma que algumas se aproximam e outras não. Semelhante magnetização reduziria as possibilidades de inter-relação. *Constituiria um código.*

Ainda melhor: poderíamos pensar que toda unidade cultural neste Universo Semântico Global emite determinados comprimentos de onda que a põem em sintonia com um número limitado (embora amplíssimo) de outras unidades. Também aqui teríamos o modelo de um código. Só que seria mister admitir (como melhor se verá em XIV) que os comprimentos de onda podem mudar por força das novas mensagens emitidas e que, portanto, as possibilidades de atração e repulsão modificam-se no tempo; em outras palavras, que a árvore KF pode mudar e enriquecer seus *markers* e *distinguishers*, comprovando a hipótese de De Mauro (1970), para quem as componentes do significado não são em número fechado, nem estão paralisadas num sistema de unidades pertinentes, como ocorre com as unidades significantes, mas constituem uma série aberta.

Com efeito, o modelo Q admite que o código possa ser alimentado com novas informações (Quillian, p. 246) e que de dados incompletos se possam inferir outros (p. 251).

X.4. *O modelo Q é um modelo da criatividade linguística.* Além disso, proporciona uma imagem que abrange até mesmo as discussões wittgensteinianas sobre o significado. Quando Wittgenstein (1953, I, 67) cita a existência de "semelhanças de família", dá o exemplo do /jogo/. A ideia de jogo refere-se a uma família de atividades diversíssimas, que vão desde o xadrez até o jogo de bola e que podem ter componentes em comum (entre xadrez e jogo de bola com duas pessoas, há a ideia de vitória e derrota) e podem estar separados por dessemelhanças radicais (jogo de xadrez e jogo solitário do menino que atira a bola contra um muro, ou então, jogo de xadrez e roda de crianças jogando bola). Conclui Wittgenstein que "algo percorre todo o fio – isto é, o ininterrupto sobrepor-se dessas fibras" (*es lauft ein Etwas durch den ganzen Fadennämlich das lückenlose Übergreifen dieser Fasern*). Essa imagem de uma contínua sobreposição de correlações revoca à mente a figura do modelo Q: o modelo Q já é, na fase em que Quillian o apresenta, uma porção de Universo Semântico em que o código interveio para instituir atrações e repulsões.

A esta altura, resta dizer como se deve entender, à luz de tudo quanto foi dito, seja a noção de significado contextual seja a de código.

XI. O CONTEXTO COMO ESTRUTURA SINTÁTICA

XI.1. É sabido que toda uma corrente da Gramática Transformacional reconhece à estrutura sintática a tarefa de estabelecer a interpretação semântica do enunciado e, portanto, de estabelecer as condições da escolha dos percursos que uma análise componencial põe em evidência.[13]

It is clear, as Katz and Fodor have emphasized, that the meaning of a sentence is based on the meaning of its elementary parts and the manner of their combination. It is also clear that the manner of combination provided by the surface (immediate constituent) structure is in general almost totally irrelevant to semantic interpretation, whereas the grammatical relations expressed in the abstract deep structures are, in many cases, just those that determine the meaning of the sentence* (Chomsky, 1965, p. 162).

Dessas posições iniciais, Chomsky chegou a uma posição mais articulada (já anunciada em *Aspects*, p. 163), através de discussões relatadas no ensaio *Deep Structure, Surface Structure and Semantic Interpretation*, de 1969, e onde coloca a interpretação semântica a igual distância entre estrutura profunda e superficial, sem mais fazê-la depender unicamente da estrutura profunda e sem vê-la como

---

13. Autores como Prieto (1964) e De Mauro (1965) entendem, sem dúvida, por "signo" não o lexema (ou *hipossema*) mas o enunciado, ao qual corresponderia aquela unidade de significado que é o *noema*. Por outro lado, a polêmica sobre se o significado nasce no contexto ou remonta à unidade semântica elementar, atravessa toda a história da Semântica. A análise componencial parece ter revigorado a segunda hipótese ainda que, como vimos, a escolha dos percursos do sentido seja determinada pelo contexto. De qualquer forma, se o sentido é o enunciado, então é válida a definição de significado come invariante nas operações de tradução.

* "Está claro, como enfatizaram Katz e Fodor, que o significado de uma oração se baseia no significado de suas partes elementares e na maneira de estas se combinarem. Também está claro que a forma de combinação dada pela estrutura superficial (constituinte imediato) em geral é quase totalmente irrelevante para a interpretação semântica, ao passo que as relações gramaticais expressas nas estruturas profundas abstratas são, em muitos casos, apenas aquelas que determinam o significado da oração." (N. da T.)

OS PERCURSOS DO SENTIDO   61

um estrato profundo mais remoto na origem e que geraria a própria estrutura profunda. Outros autores, como Lakoff (1969) tentam constituir uma Semântica Gerativa que mostraria uma estreita conexão entre fenômenos sintáticos e fenômenos semânticos. Já Quillian, no ensaio citado, veria sua construção de modelo semântico como a negação de uma semântica gerativa baseada na sintaxe (ou pelo menos, distinguiria o modelo de explicação de *produção* das frases do modelo de *interpretação*). Em todo o caso, está claro que se uma análise componencial tivesse êxito em também incluir, entre as componentes semânticas de um lexema, precisas seleções de contexto (no interior do enunciado), ou de circunstância (fora do enunciado), ter-se-ia uma teoria semântica capaz de abarcar precisas situações sintáticas. Ao mesmo tempo, o enunciado, na sua dimensão sintática, surgiria como função dos significados das unidades que o compõem. Examinaremos esse ponto a propósito da "circunstância" de comunicação (XIII) e a ele voltaremos, fornecendo um exemplo aplicativo, no ensaio sobre a análise semântica da Arquitetura, onde justamente os vários significados da /coluna/ são vistos também em relação com suas possíveis (e previsíveis) interseções contextuais.

XI.2. O estado dessa discussão é hoje de tal maneira fluido que seria difícil tomar-se uma posição a nível de teoria semiótica geral. Mesmo só a nível de análise da língua, a Semântica Gerativa é hoje obrigada a construir um número tamanho de regras e sub-regras para explicar o funcionamento dos seus modelos, que está impossibilitada de oferecer soluções mais simples às teorias semânticas apoiadas na análise componencial. Já não parece tão promissora, como quando surgiu, a afirmação de Chomsky segundo a qual "as syntactic descriptions becomes deeper, what appear to be semantic questions fall increasingly within its scope"* (1962, 2.3).

Basta-nos por ora estabelecer que indubitavelmente a estrutura profunda instala constrições que determinam a escolha dos percursos do sentido propostos por um lexema, e será prudente não estabelecermos nenhuma prioridade de qualquer um dos dois momentos, instituindo que um dos fins da pesquisa semiótica é aprofundar uma situação que por ora se apresenta como dialética e circular, e que provavelmente deverá ser aceita dentro dessa sua circularidade. Mesmo porque, como veremos em XIII, tal circularidade se complica com a presença da circunstância de comunicação que intervém, juntamente com o contexto da mensagem, para determinar as escolhas dos percursos de sentido.

---

* "à medida que as descrições sintáticas se aprofundam, o que parece ser questão semântica cairá cada vez mais dentro de seu escopo." (N. da T.)

XII. A COMPLEXIDADE DO CÓDIGO

XII.1. Tudo quanto se disse nos obriga a rever a noção de código. Em Semiótica e na Teoria da Informação, o termo "código" é assumido com pelo menos duas acepções. Imaginemos uma fonte qualquer de informação em alta entropia e onde queiramos introduzir uma regra ordenadora para reduzir o número dos eventos esperáveis e a possibilidade de suas combinações. Qualquer sistema que arvore alguns eventos em "unidades pertinentes" do sistema e lhes estabeleça a combinalidade, é chamado "código". Nesse sentido, é código o que os linguistas chamam de "código fonológico" (que estabelece um sistema de oposições significantes, aquém de todo significado que lhes possa ser atribuído ou que possam elas contribuir para gerar). Nesse caso, o que chamamos "código" é antes um *sistema codificante*, ao qual *falta* a característica comum a outros "códigos" (como o Morse, por exemplo) que consiste na presença de dois sistemas cujas unidades isoladas tenham suas correspondências estabelecidas com absoluta precisão.

Quando ocorre este segundo caso, temos ainda um "código", mas em sentido mais próprio. Os elementos de um sistema tornam-se os significantes dos elementos do outro; o código tem a função de *chave semântica*. No primeiro caso, poderíamos falar de código puramente *sintático* e, no segundo, de *código semântico*.

Todavia, também no primeiro caso existe uma dimensão semântica implícita. De fato, se numa fonte em alta entropia foram escolhidos alguns elementos como pertinentes, isso se fez pensando numa sua utilização semântica.

A diferença está mais no modo pelo qual um sistema codificante e um código semântico são estudados. Isto é, cumpre-nos distinguir entre informação *física* e informação *semântica* (v. XIII.5.). A Teoria da Informação estuda, por exemplo, apenas sistemas codificantes e lhes computa quantitativamente as unidades, entendendo-as como *sinais*, e não como *signos*. Em tal caso, aplica a esse cômputo um método de seleção e cálculo binário usado em sentido próprio.[14]

Em Semântica, ao contrário, estamos diante de códigos que surgem, no mínimo, como dois sistemas. Quando os elementos dos dois sistemas são em número finito e todos conhecidos (e conhecidas e exatamente definidas são as correspondências termo a termo) é sempre possível aplicar aos fenômenos comunicacionais um método binário para computar de modo matematicamente exato a quantidade de informação transmitida. Mas a qualidade,

---

14. V. *A Estrutura Ausente*, A.l ("O Universo dos Sinais")

OS PERCURSOS DO SENTIDO   63

a natureza da informação transmitida jamais é dada pelo cômputo, e sim pela preexistência do próprio código que estabelece *o que* significam aqueles sinais-significantes de que a Teoria da Informação comuta a cota informativa (que nada tem a ver com o significado transmitido, mas, quando muito, com sua imprevisibilidade).

Ora, o que acontece quando se passa a falar de "código" a propósito de sistemas complexos como a língua, que põem em jogo, sobre a vertente do significado transmissível, todo o Campo Semântico Global, do qual não se conhece nem a extensão nem a estrutura definitiva e que, portanto, não é passível de uma correspondência termo a termo (e de modo estável e definitivo) com unidades de um sistema codificante empregado como repertório de significantes?

O estudo dos campos semânticos mostrou-nos que (quando se fala numa *langue* como "código") é preciso pensar numa vasta série de pequenos sistemas (ou campos) semânticos que de modo vário se emparelham com as unidades do sistema significante. A esta altura o código começava a delinear-se como: (*a*) o sistema das unidades significantes e de suas regras de combinação[15]; (*b*) o sistema dos sistemas semânticos e das regras de combinação semântica das várias unidades (contradistintas de suas componentes semânticas e tornadas mutuamente compatíveis ou incompatíveis); (*c*) o sistema dos seus emparelhamentos possíveis e as regras de transformação de um no outro; (*d*) um repertório de regras circunstanciais que prevê diferentes circunstâncias de comunicação correspondentes a diferentes interpretações (v. XIII)[16].

XII.2. Mas o fato de os emparelhamentos considerados em (*c*) serem múltiplos e complementares permite que para cada lexema também devam existir várias árvores KF que o coliguem contemporaneamente a diferentes posições dos campos semânticos. Portanto, o sistema dos campos semânticos, coenvoltos em deslizamentos múltiplos, é atravessado (ao longo de outra dimensão que nenhum gráfico seria capaz de homogeneizar com a precedente) pelos vários percursos de cada semema. A soma desses cruzamentos comporia o modelo Q.

15. Mesmo que fosse lícito pensar que as regras de combinação outra coisa não sejam senão o significado dos termos sincategoremáticos.

16. Poder-se-ia também dizer que fazem parte do código: (*a*) os sistemas morfológicos; (*b*) as regras gramaticais; (*c*) os sistemas semânticos; (*d*) as regras de emparelhamento e deslizamento entre sistemas morfológicos e semânticos; (*e*) as regras de projeção semântica.

Um código como *langue* deve, portanto, ser entendido como uma soma de noções – que por razões de compreensibilidade se pode indicar como *competence* do falante, mas que na realidade representa aquela soma das *competences* individuais que constituem o código como convenção coletiva. O código como *langue* é, portanto, antes uma complexa retícula de subcódigos e regras combinatórias que vai muito além de noções, embora abrangentes, como a de "gramática". É um hipercódigo – assim como existe o hipercubo – que coliga subcódigos diferentes, alguns fortes e estáveis como os emparelhamentos denotativos, outros débeis e transitórios como os emparelhamentos conotativos periféricos.

XII.3. Mas essa dificuldade de definir todas as regras que formam o código, em suas características e em seu número, não decorre apenas do fato de estar a pesquisa numa fase ainda primitiva. E sim de que *presumivelmente o código não é uma condição natural do Universo Semântico Global nem uma estrutura subjacente, de modo estável, ao complexo de liames e ramificações que constitui o funcionamento de toda associação sígnica.*

Voltemos à metáfora da caixa com as bolinhas. Já dissemos que, se as bolinhas em liberdade representam um modelo de fonte informacional em alta entropia, o código é a regra que magnetiza as bolinhas segundo um sistema de atrações e repulsões. Ora, sustentar (como fazem muitos autores) que existe uma estrutura do Espírito Humano, que é a própria estrutura de toda comunicação, significa que a magnetização *inere* às bolinhas como uma propriedade delas. Se, ao contrário, o código é uma convenção social suscetível de mudar no tempo e no espaço, a magnetização é uma condição transitória do sistema. Rejeitar (como se fez em *A Estrutura Ausente*) o estruturalismo chamado "ontológico" significa, justamente, entender as magnetizações como fenômenos culturais e ver a caixa-fonte, quando muito, como *o lugar de uma combinatória*, de um jogo altamente indeterminado que não interessa à Semiótica antes que intervenha a magnetização. Se isso for verdade, cumprir-nos-á também admitir que o que chamamos de subcódigos (por exemplo, um certo tipo, mais que outro, complementar, de associação conotativa entre os elementos de dois campos semânticos) são fenômenos bastante transitórios que nos deveria ser impossível, salvo casos de magnetização *forte* e duradoura (as definições científicas), instituir e descrever como estruturas estáveis. Ademais, o fato de que todo elemento do jogo possa manter relações contemporaneamente com numerosos outros elementos, torna difícil simplificar os casos de substituição simples, como por exemplo o

OS PERCURSOS DO SENTIDO 65

emparelhamento de dois campos semânticos isolados, elemento por elemento, ou a constituição de gráficos explicativos mas simplificadores como uma árvore KF.

Embora seja possível, para explicar certa mensagem (digamos no caso do discurso sobre os ciclamatos ou de uma frase como / *the man hits the colorfull ball/*), constituir um emparelhamento de sistemas ou uma árvore KF que *para a ocasião* se tornam explicativos.

XII.4. Isso significa que, para os sistemas de significantes, ou sistemas sintáticos (exemplo de códigos fortes: o código fonológico resiste numa cultura durante séculos), é possível desenhar o sistema em toda a sua inteireza (graças também ao número limitado dos elementos em jogo). Já para os sistemas semânticos, a constituição de um código completo *deve permanecer somente como hipótese reguladora*; no momento em que um código desse tipo fosse inteiramente descrito já estaria mudado e não só pela influência dos vários fatores históricos mas pela própria erosão crítica que a análise feita teria realizado em relação a ele.

Deverá, portanto, constituir um princípio metodológico da pesquisa semiótica o fato de que a delineação de campos e eixos semânticos quase sempre só pode ser realizada *por ocasião do estudo das condições comunicacionais de uma dada mensagem.*

O que equivale a dizer que *uma semiótica do código é um instrumento operacional que serve para uma semiótica da mensagem.* Do momento em que se afirma que é possível fazer uma semiótica do código reconhece-se a contínua parcialidade e revisibilidade dessa semiótica; e deve-se admitir que ela só tem oportunidade de constituir-se quando a existência de uma mensagem a *postula* como sua condição explicativa. A Semiótica deve continuar a individuar estruturas coligadas *como se* existisse uma Estrutura geral definitiva; mas para poder fazê-lo deve assumir que essa Estrutura é uma pura hipótese reguladora e que *toda vez que uma estrutura é descrita, algo ocorreu no universo das comunicações tornando-a já não de todo esperável.* Essa condição de difícil equilíbrio e aparente falta de suporte não é, porém, uma contradição da Semiótica: é uma condição metodológica que a coloca ao lado de outras disciplinas como a Física, regidas por critérios de método, como o princípio de indeterminação ou o princípio de complementaridade. *Só se adquirir a consciência dos próprios limites sem aspirar a ser um saber absoluto, poderá a Semiótica aspirar a ser uma disciplina científica.*

XII.5. A Semiótica pode afirmar que existe uma forma da expressão que segmentou a substância de modo isomorfo àquele pelo qual atualmente, no interior de um dado modelo cultural, é considerada a forma do conteúdo que segmentou a substância do conteúdo. Qual das segmentações terá acontecido primeiro, isso já é decisão metafísica. A cultura existe justamente porque se torna recognoscível naquela língua e em sistemas semióticos do mesmo tipo. Quando muito se pode dizer que a uma unidade de forma da expressão correspondem diferentes unidades de forma do conteúdo (o que dá origem a modelos como a árvore KF ou o modelo Q).

Essa complexidade, que dificilmente pode ser representada por um modelo sincrônico expresso por um gráfico bidimensional, induz-nos a manter, também nas seções seguintes, a noção de código como uma espécie de termo-guarda-chuva que cobre uma realidade muito articulada. Dizer, face a uma mensagem, que existe um código, não constituirá, porém, expressão metafórica ou alusiva. Regulando a produção e interpretação da mensagem existem, sem dúvida alguma, sistemas de regras; só que de tal maneira complexos que por enquanto não há outra solução senão chamá-los a todos e complexivamente de "código"[17].

XII.6. Acrescente-se que por ora é legítimo supor (e assumir) que algumas dessas regras são de caráter *binário-discreto* (p. ex., estrutura dos campos semânticos), ao passo que outras ainda seriam de caráter *analógico* (ou não diferentemente representáveis – no estado atual dos nossos conhecimentos – senão através de modelos analógicos). Em *A Estrutura Ausente* – a propósito dos signos icônicos – procuramos mostrar que também os modelos analógicos *podem* ser reduzidos a modelos discretos; mas também dissemos que, toda vez que se possa tornar útil, convirá adotar um *princípio de complementaridade*, e explicar com modelos analógicos os fenômenos que não puderem ser explicados com modelos digitais dis-

---

17. "Assuming the rough accuracy of conclusions that seem tenable today, it is reasonable to suppose that a generative grammar is a system of many hundreds of rules of several different types organized in accordance with certain fixed principles of ordering and applicability and containing a certain fixed substructure, which, along with the general principles of organization is common to all languages." (Chomsky, 1968). A mesma hesitação deve existir a propósito da noção de código.

(Assim traduzimos a citação de Chomsky: "Assumindo a tosca precisão de conclusões hoje aparentemente sustentáveis, é razoável supor que uma gramática gerativa seja um sistema de muitas centenas de regras de vários tipos diferentes, organizadas segundo certos princípios fixos de ordenação e aplicabilidade, e contendo uma certa subestrutura fixa, a qual, juntamente com os princípios gerais de organização, é comum a toda e qualquer língua". – N. da T.)

OS PERCURSOS DO SENTIDO

cretos. Mesmo na definição de código como sistema de regras presentes numa cultura, será oportuno por enquanto manter certa flexibilidade.

XIII. A MULTIPLICIDADE DOS CÓDIGOS, A CIRCUNSTÂNCIA E A MENSAGEM COMO FONTE

XIII.1. A multiplicidade dos subcódigos que atravessam uma cultura mostra-nos que a mesma mensagem pode ser decodificada sob pontos de vista diferentes e recorrendo a diferentes sistemas de convenções. De um significante pode ser colhida a denotação fundamental tal como a entendia o remetente, mas podem ser-lhe atribuídas conotações diversas, simplesmente porque o destinatário segue um percurso, na árvore KF a que se refere, que *não existia* na árvore KF a que se referia o remetente (sendo ambas as árvores legitimamente aceitas pela cultura em que remetente e destinatário vivem).

XIII.2. Enfim, existe a possibilidade extrema de que o mesmo código denotativo de base seja diferente para remetente e destinatário e que todavia a mensagem se preste a transmitir um sentido completo em ambos os casos. Já citamos alhures um exemplo paradoxal dessa possibilidade, dado pela frase /I *Vitelli Dei Romani Sono Belli*/ que pode ser lida seja em referência ao código-língua italiana seja ao código-língua latina.

Mas se o exemplo parece *demasiado* paradoxal, podem bastar situações mais normais como a citada por Katz e Fodor, em que / *He follows Marx*/ pode ser lido seja como "ele segue as pegadas de Groucho" seja como "ele é um discípulo de Karl".

Tais exemplos nos reportam a duas séries de problemas fundamentais: (*a*) existem condições ou ocasiões extrassemiótica que permitem orientar a descodificação de preferência num sentido, e não em outro; (*b*) a mensagem é afetada por certa indeterminação ou "abertura" que a transforma, por sua vez, em fonte de possível informação.

XIII.3. Alguns fatores podem orientar-nos na leitura de /*He follows Marx*/.

1) A referência ao *universo de discurso*. Uma série de mensagens precedentes ou pressupostas, que nos indique que se está falando da história do movimento operário, permite-nos atribuir a /*Marx*/ a denotação desejada pelo remetente. Mas ainda resta

68 AS FORMAS DO CONTEÚDO

estabelecer se a frase significa "é discípulo de Karl" ou "vem depois de Karl".

2) A referência a uma *ideologia*. Definiremos "ideologia" em outro ensaio deste livro. Entendamo-la, por ora, como uma dada forma assumida pelos conhecimentos precedentes do destinatário, um sistema de opiniões e prevenções, uma perspectiva sobre o universo. Neste sentido é claro que, conforme as prevenções, o destinatário atribuirá determinada conotação a /*follows*/; a pessoa designada surgirá como um fiel discípulo de Marx ou então um epígono que falou tarde demais, depois dele.

3) *A circunstância de comunicação.* Sem sombra de dúvida, se a frase for dita por Brezhnev durante uma cerimônia pública na Praça Vermelha, seu significado é denotativo e os vários sentidos conotativos são individuáveis sem sombra de dúvida. Uma série de circunstâncias orienta os destinatários para inferirem a ideologia do remetente e, por conseguinte, os subcódigos a que pode ter feito referência (resta o fato de que um particular destinatário da ideologia anticomunista pode colher exatamente a denotação "Karl", colher as várias conotações do tipo "fiel discípulo" e no entanto carregar essa cadeia conotativa com signo negativo, como conotação axiológica global – assim recebendo, em definitivo, uma mensagem diferente da que recebem os demais presentes).

A indicação do universo de discurso sempre faz parte, de alguma maneira, do contexto (imediato ou remoto, ex.: encontrar a palavra /*signo*/ nas páginas do *Curso* de Saussure, ou então receber a mensagem /*o signo, como o entende Saussure...*/), ao passo que a circunstância parece escapar ao controle semiótico.

XIII.4. Sob um ponto de vista filosófico, a circunstância, em certo sentido, traz bruscamente de volta, ao quadro da Semiótica, o referente que dele fora expulso. Embora se tenha estabelecido que os signos não denotam diretamente os objetos reais, *a circunstância se apresenta como o conjunto da realidade que condiciona as escolhas de códigos e subcódigos ancorando a descodificação na sua presença.* Destarte, o processo da comunicação, embora sem indicar referentes, parece desenvolver-se *no referente.* A circunstância é o complexo dos condicionamentos materiais, econômicos, biológicos, físicos, em cujo quadro comunicamos. Se alguém diz /*eu me vou*/ no leito de morte, é a morte – fato extrassemiótico que com sua presença atribui ao verbo em forma pronominal /*ir-se*/ o seu sentido. O destinatário pode, quando muito, estar de posse de algumas regras que lhe

OS PERCURSOS DO SENTIDO 69

permitam saber que *naquela circunstância* aquele verbo assume aquele sentido.

Mas isso nos leva à *teoria dos settings* que Katz e Fodor julgavam estranha a uma teoria semântica. Indubitavelmente tinham eles razão ao sustentar que "since... the readings that a speaker gives a sentence in setting are a selection from those the sentence has in isolation, a theory of semantic interpretation is logically prior to a theory of the selective effect of setting"* (1963, p. 488). Continuam tendo razão quando afirmam que uma verdadeira e completa teoria dos *settings* pressuporia uma recensão total de todos os conhecimentos que os falantes têm a respeito do mundo (e, acrescentaremos, de todas as situações possíveis em que se venham a encontrar). Por conseguinte, uma teoria dos *settings*, ou da circunstância, transformaria a Semiótica numa ciência universal que classifica e prevê todo o saber possível. Mesmo porque para todo enunciado é possível prever uma situação de tal modo bizarra que lhe atribua o mais inverossímil dos sentidos, assim como do enunciado mais ambíguo é possível prever a circunstância que lhe atribua o sentido mais óbvio e tranquilo. Mas um código intervém justamente para limitar e classificar algumas e não outras possibilidades de comunicação. Deve-se supor, portanto, que uma cultura classifique uma série de circunstâncias recorrentes em que um lexema ou uma frase adquiram um significado possível. E deve-se presumir que também façam parte do código, como *competence* do falante, *regras circunstanciais* deste tipo: "quando se te apresentar o significante s1, na circunstância Y, lê o mesmo seguindo o percurso α1, β2, γ1, δ4, e não segundo o percurso α2, β1, γ4, δ3," (v. o esquema em VII.3.). O problema de uma formalização das circunstâncias ainda está por resolver. Mas seria inútil que, só por não estar ele resolvido de modo formalmente elegante, negasse a Semiótica o enorme impacto que tem a circunstância sobre a comunicação.

O jogo cruzado das circunstâncias e dos pressupostos ideológicos, ao lado da multiplicidade dos códigos e subcódigos, permitem que toda mensagem, ao invés de tornar-se o ponto terminal da cadeia comunicacional, se apresente como *uma forma vazia à qual podem ser atribuídos vários sentidos possíveis.*

---

* "visto que... as leituras que um falante dá de uma oração, dentro de uma situação, são uma seleção das que a oração possui quando isolada, uma teoria de interpretação semântica é. consequentemente, anterior a uma teoria do efeito seletivo da situação." (N. da T.)

XIII.5. Só nos cabe, portanto, repetir -- neste parágrafo – o que já disséramos em *A Estrutura Ausente*. A mensagem como forma significante, que devia constituir uma redução da informação (e, como sinal físico, constitui tal redução) – visto que representa uma escolha de alguns e não outros entre os vários símbolos equiprováveis (ainda que em relação ao código como sistema de probabilidades) – de fato se repropõe, tal como sai do canal e é traduzida pelo receptor numa forma física reconhecível pelo destinatário, *como fonte de mensagens-sentidos possíveis*. Possui ela, por conseguinte, a mesma característica (não o mesmo grau) de desordem, ambiguidade e equiprobabilidade próprias da fonte. *E em tal sentido pode-se falar de informação, como valor que consiste na riqueza de escolhas possíveis, individualizante como da mensagem-significante*; informação que só se reduz quando a mensagem-significante, reportada a certos subcódigos, se torna mensagem-sentido, e portanto, *escolha definitiva realizada pelo destinatário*.

Essa informação da mensagem não é o mesmo tipo de informação da fonte: aquela era *informação física*, computável quantitativamente, e esta, *informação semiótica*, não computável quantitativamente, mas definível através da série de significados que pode gerar, uma vez posta em contato com os códigos. Aquela era equiprobabilidade estatística, esta é leque de probabilidades bastante amplo mas não indeterminado. Aquela era reduzida pelo sistema, como correção em termos probabilísticos (e mesmo assim sempre abertos para possíveis saídas); esta é reduzida definitivamente pela interpretação, pela escolha de uma mensagem--sentido.

Ambas, porém, são definíveis como *estado de desordem em relação a uma ordem subsequente*; como *situação ambígua em relação a uma desambiguação ulterior*; como *possibilidade de escolhas alternativas, escolha a ser realizada, em relação a um sistema de escolhas realizadas daí decorrente*.

Uma vez estabelecido que a informação semiótica não é do mesmo grau que a física, não será, contudo, inoportuno nem ilegítimo denominar a ambas "informação", já que ambas consistem num estado de liberdade em relação a determinações ulteriores.

XIV. JUÍZOS FATUAIS E JUÍZOS SEMIÓTICOS

XIV.1. A mensagem aberta à semioticidade dos códigos surge como forma vazia de sentido: já, porém, sob o ponto de vista da lógica dos significantes ela é dotada de uma organização precisa. Essa sua organização orienta a descodificação e a escolha dos sentidos, tanto quanto o fazem a ideologia, as circunstâncias e outros eventuais fatores extrassemióticos.

Em *A Estrutura Ausente*, para exemplificarmos os conceitos de informação e código, propuséramos um modelo comunicacional muito elementar (inspirado em De Mauro, 1966), que pressupunha uma represa ligada a um sistema sinalético tal que pudesse continuamente informar o destinatário a respeito do nível da água. O reservatório era graduado conforme uma escala acima e abaixo de zero, compreendendo sete posições entendidas como *pertinentes*, podendo, cada uma delas ser significada por sintagmas sinaléticos realizáveis através da diferente combinação de quatro pequenas lâmpadas A, B, C e D.

Estabelecia-se, destarte, um código semântico do tipo:

nível	significante
− 3	AB
− 2	BC
− 1	CD
0	ABC
+ 1	AC
+ 2	BD
+ 3	AD

Por conseguinte, mensagens do tipo /AB/ ou /BC/ significavam situações de seca. Mensagens como /ABC/ significavam uma situação de normalidade. Mensagens como /AD/ significavam situações de perigo extremo.

Digamos agora, retornando àquele modelo, que o destinatário, ao invés de um dos sinais previstos pelo código (isto é, sinais como /AB/ ou /BD/) receba do remetente o sinal /AAAABAAC/. Se o destinatário for máquina, ela não responde (considera a mensagem como ruído) ou quebra-se na tentativa de descodificá-la. Se, porém, for um ser humano, que sabe que o remetente é outro ser humano, surge uma interrogação sobre a natureza ambígua da mensagem. Interrogação que é, para nós, uma introdução ao problema da mensagem estética que examinaremos no ensaio "Geração de Mensagens Estéticas". Trata-se de uma mensagem que questiona o código porque mostra um modo imprevisto de combinar-lhe os sinais.

Mas pode ser um tipo de mensagem que, embora seguindo as regras do código, enriquece-lhe as possibilidades, torna-o mais dúctil. Vejamos a mensagem /AB/ – *pausa* – AD/. Se consultarmos a tabela, veremos que tal mensagem significa "passagem repentina do nível mais baixo ao nível mais alto". Na represa, portanto, a água está oscilando violentamente da cota mínima à cota máxima. Se o destinatário for máquina, destinada a regular o defluxo ou o afluxo da água, ela reage de acordo, mudando alternativamente seu comportamento. Se for homem, este suscita problemas em torno do conteúdo. A mensagem comunica-lhe uma informação sobre *um fato* (oscilação da água) não previsto pelo seu sistema de expectativas; sistema de expectativas fielmente reproduzido pelo código, que admitia, como formalmente possível mas como *distribucionalmente irrelevante*, uma mensagem como /AB – *pausa* – AD/. A nova informação (dada segundo as leis que normalmente regulam a articulação dos significantes previstos pelo código) permite-lhe enriquecer o código com um novo significado possível (um novo comportamento *fatual* da água).

XIV.2. Isso nos permite voltar a uma velha distinção filosófica, amplamente discutida pela Lógica e pela análise da linguagem: a distinção entre *juízos analíticos* e *juízos sintéticos*.

Considerada sob o ponto de vista de uma semântica do referente, tal distinção se presta às mais amplas críticas. Cabe, então, perguntarmos (v. White, 1950) por que nunca, aos olhos dos filósofos tradicionais, /*todos os homens são animais racionais*/ é um juízo analítico e /*todos os homens são bípedes*/, um juízo sintético. Com efeito, se pensarmos numa predicação de propriedades "objetivas", verificáveis em termos de Verdadeiro e Falso, não há por que distinguir os dois tipos de juízo. Mas a esse problema já respondera Cassirer em *Das Erkenntnisproblem in der Philosophie und Wissenschaft der neueren Zeit*, (O Problema do Conhecimento na Filosofia e na Ciência dos Novos Tempos) II, 8, 11. O juízo analítico é aquele em que o predicado está contido implicitamente no conceito do sujeito, e o juízo sintético, aquele em que o predicado se acrescenta ao sujeito como um atributo inteiramente novo, decorrente de uma síntese realizada entre os dados da experiência, de uma "nova marca impressa" do pensamento. Por que, então, para Kant /*todos os corpos são extensos*/ é analítico e /*todos os corpos são pesados*/ é sintético? Mas sim-

OS PERCURSOS DO SENTIDO 73

plesmente porque Kant se referia ao "patrimônio do pensamento" que presumia conhecido dos contemporâneos. Vale dizer que /corpo/ para ele, não era um referente mas, antes de tudo, uma unidade cultural. E a essa unidade cultural se atribuía, de Descartes a Newton e aos Enciclopedistas, a extensão como uma qualidade essencial, que passava a fazer parte da sua definição, ao passo que o peso era uma qualidade acessória, contingente, que não entrava em sua definição. *Os juízos são analíticos ou sintéticos em relação aos códigos existentes e não a supostas propriedades naturais dos objetos.*

Kant diz explicitamente na primeira *Crítica* que "a atividade da nossa razão consiste em grande parte... na análise dos conceitos que nós mesmos já temos em relação aos objetos".

Um juízo analítico é, portanto, um *juízo semiótico*, no sentido de que constitui a enunciação das intensões que um código atribui a uma unidade cultural. Portanto /todo homem não casado é um homem solteiro/ é um juízo analítico unicamente porque existe um código convencional, orientado para uma árvore KF que possui entre suas ramificações o *distinguisher* "a man who has never married". Ao contrário, /Luís é solteiro/ é indubitavelmente um juízo sintético. No dia 5 de maio de 1821 /Napoleão morreu em Santa Helena/ constituía um juízo sintético (que daqui em diante chamaremos de *fatual*). Mas daí em diante, o mesmo enunciado constitui um juízo analítico (que daqui em diante chamaremos *semiótico*), porque o código fixou na árvore KF de /Napoleão/ a conotação definicional "falecido em Santa Helena". Com acerto, portanto, White, ao criticar a distinção analítico-sintética, afirma que um juízo é analítico com base numa convenção e que, mudada a convenção, os juízos outrora analíticos podem tornar-se sintéticos, e vice-versa. Mas essa limitação, que ele entende como uma limitação da distinção lógica analítico-sintética, é, pelo contrário, a condição de validade da distinção semiótica entre juízos fatuais e juízos semióticos.

Aceitando-se um exemplo de Carnap, /Australia is large/ é um juízo semiótico (ele diria "lógico") que significa que o lexema /Austrália/ conota, segundo as convenções geográficas existentes, "vastidão". Seria, ao contrário, sintético se, pronunciado nos tempos do Capitão Cook, soasse: a Austrália está sendo agora – pela primeira vez – descoberta como um continente "vasto", no sentido em que "vasto" é usualmente empregado. Portanto, os códigos correntes deverão daqui em diante integrar ao lexema /Austrália/ a conotação "vasta".

XIV.3. Obviamente (como também afirmaram Quine, 1953, 2; Austin, 1961; Katz e Postal, 1964, 2.2.), um juízo será analítico (ou semiótico) quando sua condição de verdade depender de seu significado (como *Sinn*, ou intensão, no sentido dos lógicos); e será sintético (ou fatual) quando seu significado depender de uma condição de verdade que é dada por uma comparação com o referente empírico (/*Napoleão morreu em Santa Helena*/ é logicamente verdadeiro se e unicamente se Napoleão tiver *de fato* morrido em Santa Helena). Mas esse aspecto do problema não reintroduz o referente no universo semiótico. Um juízo fatual só terá relevo semiótico se for assumido como verdadeiro, independentemente de sua verificação e do fato de ser uma mentira. Na medida em que é aceito como verdadeiro, enriquece o código e o alimenta com novas conotações. A afirmação /*os marcianos comem crianças*/ tem importância para a astroantropologia só se existirem marcianos e se estes verdadeiramente comerem crianças; mas tem importância para a Semiótica se uma sociedade a acolher como verdadeira e daquele momento em diante associar ao lexema /*marcianos*/ uma conotação de "canibalismo".

Para concluir: *um juízo semiótico diz aquilo que o código prevê. Um juízo fatual diz aquilo que o código não prevê, e por isso mesmo enriquece o código.* Devemos, portanto, pensar na vida dos códigos como num contínuo enriquecimento de sentidos que se edifica sobre uma base de leis sintáticas menos mutáveis do que as semânticas e que justamente permite a articulação de mensagens portadoras de sentidos inéditos.

XIV.4. Essa dialética entre códigos e mensagens, pela qual os códigos governam a emissão das mensagens, mas novas mensagens podem reestruturar os códigos (lembremos o exemplo dado em V.9 sobre a mudada conotação do par *açúcar* vs *ciclamato*), constitui a base para uma discussão sobre a criatividade da linguagem, no sentido de Humboldt, retomado por Chomsky (1962), e de uma dialética entre "rule-governed creativity" (criatividade regida por regras) e "rule-changing creativity" (criatividade modificadora das regras). Poderíamos entender o juízo fatual, tal como habitualmente se emite nas mensagens comuns, como um exemplo de criatividade permitida pelas regras do código: as regras sintáticas permitem articular mensagens que enriquecem de sentidos as várias unidades semânticas. Uma dimensão diacrônica insere-se na dimensão sincrônica do código como sistema de subcódigos e altera-lhe a estrutura, mas seguindo-lhe as possibilidades dinâmicas, e a capacidade combinatória – como se o código pedisse, por sua própria natureza, para ser continuamente reconstituído num estágio superior; como uma partida

OS PERCURSOS DO SENTIDO

de xadrez pede os deslocamentos das peças para reencontrar sua unidade de sistema a um nível diferente.

XIV.5. Resta definir a possibilidade de mensagens que, emitidas em parte obedecendo às regras do código, na verdade as transgridem e se estruturam como mensagens ambíguas. Mensagens que, porém, agindo no interior de uma cultura, concorram para modificar radicalmente os códigos: não para reestruturá-los a outro nível, obedecendo-lhes as regras, mas para mudar tais regras radicalmente. É o problema de como os códigos podem de dentro de si mesmos gerar uma posição dialética que os nega, e segundo o qual "une structure, une fois construite, on en nie l'un des caractères qui paraissait essentiel ou au moins nécessaire... Dans le domaine des structures logico-mathématiques c'est presque devenu une méthode que, une structure étant donnée, de chercher par un système de négations à construire les systèmes complémentaires ou différents que l'on pourra ensuite réunir en une structure complexe totale" (Piaget, 1968, p. 104).*

Como são possíveis mensagens que neguem os códigos? A análise da mensagem retórica e da mensagem estética poderá responder a essa pergunta e servir-nos de introdução para as dimensões criativas de todo e qualquer sistema semiótico.

---

* "uma vez construída uma estrutura, nega-se um de seus caracteres aparentemente essencial ou pelo menos necessário... No domínio das estruturas lógico-matemáticas, tornou-se quase um método o fato de, sendo dada uma estrutura, procurar-se mediante um sistema de negações, construir os sistemas complementares ou diferentes que poderão em seguida ser reunidos numa estrutura complexa total." (N. da T.)

3. Semântica da Metáfora

PREMISSA

Se a um código fosse dado apenas gerar juízos semióticos, todo sistema linguístico serviria para enunciar sempre e unicamente aquilo que o sistema já estatuiu convencionalmente: vale dizer, todo enunciado seria, ainda que através de uma fieira de mediações, tautológico. Em vez disso, os códigos permitem-nos enunciar seja eventos não previstos pelo código seja juízos *metassemióticos*, os quais põem em dúvida a própria legitimidade do código.

Se todos os códigos fossem simples e unívocos como o código Morse, não existiria o problema. É verdade que com o código Morse podem-se dizer muitas coisas que o código não podia prever: e é verdade que também se podem transmitir em Morse instruções para a modificação do próprio código. Mas isso acontece porque os significantes do Morse têm, como significados, significantes alfabéticos, os quais, por sua vez, remetem ao complexo sistema que é a língua – entendendo-se, no caso, por língua, a inteira *competence* de um falante e, portanto, também o sistema dos sistemas semânticos, vale dizer, a forma toda do conteúdo. Entretanto, é justamente essa espécie de *competence* não completamente analisável que decidimos igualmente chamar, não por pura analogia mas simplesmente por ampliação intencional do termo, de "código". Como se explica então que esse código, que tendencialmente deveria ter estruturado o sistema inteiro dos conhecimentos do falante, possa gerar mensagens fatuais referentes a experiências inéditas e sobretudo gerar mensagens que ponham em dúvida a própria estrutura do código? O fato de que, referindo-se a unidades culturais já previstas, possa o código permitir atribuírem-se a elas novas marcas semânticas, pertence àquela característica do código já anteriormente denominada "criatividade regida pelas regras". Mesmo o fato de que o código permita juízos fatuais não apresenta problemas: sua própria natureza arbitrária explica como, manipulando os significantes, pode ele referir-se a novos significados gerados em resposta a novas experiências; e explica por que, uma vez emitido o juízo fatual, pode este ser integrado no código, criando novas possibilidades de juízo semiótico. Mas como funciona uma "criatividade modificadora das regras"?

O primeiro exemplo de tal criatividade, no uso comum da linguagem cotidiana, nos é dado pelo emprego de translações de vários tipos e, portanto, de figuras retóricas (antes mesmo do que pelo uso especificamente estético da linguagem). Uma série de questões sobre os mecanismos retóricos permitir-nos-á, portanto, responder a essas perguntas. No presente caso, propor-nos-íamos, agora, o problema da interação dos mecanismos metafóricos e mecanismos metonímicos, aos quais provavelmente pode ser reduzida toda a série dos tropos, das figuras de discurso e das figuras de pensamento (v. Lausberg, 1960; Fontanier, 1969).

O fim do presente discurso é mostrar, coerentemente com tudo quanto se disse no ensaio precedente (v. em particular § X), que toda metáfora pode ser reduzida a uma cadeia subjacente de conexões metonímicas que constituem a ossatura mesma do código e pelas quais se rege a constituição de todo campo semântico parcial ou (em teoria) global.

A presente investigação parte de uma substituição metafórica particular identificada no *Finnegans Wake*, e cuja explicação só é possível se evidenciada, por sob a relação metafórica, a existência de uma cadeia metonímica.

Uma segunda amostragem sobre um típico *mot-valise* joyciano (que assume, pela variedade e polivalência das conotações, valor metafórico) mostrará também aqui uma rede mais vasta e articulada de metonímias ocultas ou reveladas em outro local da obra.

O *Finnegans Wake* apresenta-se, a esta altura, como um excelente modelo de Sistema Semântico Global (dado que pretende explicitamente colocar-se como Ersatz do universo histórico da linguagem) e nos põe diante de uma exigência metodológica idêntica à que iremos encontrar em todo e qualquer estudo de Semântica Geral que pretenda esclarecer de que modo a linguagem pode gerar metáforas.

SEMÂNTICA DA METÁFORA 79

A conclusão é que o mecanismo da metáfora, reduzido ao da metonímia, repousa sobre a existência (ou sobre a assunção da hipótese de uma existência) de campos semânticos parciais, os quais permitem dois tipos de relação metonímica: (*a*) a relação metonímica *codificada*, inferível da própria estrutura do campo semântico; (*b*) a relação metonímica *codificante*, que nasce no momento em que a estrutura de um campo semântico é culturalmente sentida como débil e se reassesta para dar vida a outra estrutura. As relações de tipo (*a*) subentendem *juízos semióticos*, ao passo que as relações de tipo (*b*) subentendem *juízos fatuais* (v. "Os Percursos do Sentido", XIV).

A utilidade de um trabalho que reduza toda substituição metafórica a uma cadeia metonímica fundada em campos semânticos codificados é a seguinte: toda explicação que reduza a linguagem à metáfora ou mostre que no âmbito da linguagem é possível inventar metáforas, reporta a uma explicação analógica (e, portanto, metafórica) da linguagem, e supõe uma doutrina da criatividade linguística de tipo idealista. Se se puder, ao contrário, apoiar a explicação da criatividade da linguagem (suposta pela existência de metáforas) em cadeias metonímicas, fundadas, por sua vez, em estruturas semânticas identificáveis, então será possível reduzir o problema da criatividade a uma descrição da linguagem, fundada num modelo passível de tradução em termos binários. Em outras palavras (embora a título experimental e para porções reduzidas do sistema semântico global), será possível construir um autômato capaz de gerar e de entender metáforas.

Uma última especificação importante. Este estudo não versa sobre a metáfora poética e sim, sobre a metáfora em geral. A maioria de nossas mensagens, da vida cotidiana à filosofia acadêmica, estão tecidas de metáforas. O problema da criatividade da linguagem não emerge apenas no âmbito privilegiado do discurso poético, mas toda vez que a linguagem – para indicar algo que a cultura ainda não assimilou (e esse algo pode ser externo ou interno em relação ao círculo da semiose) – deve *inventar* possibilidades combinatórias ou emparelhamentos semânticos não previstos pelo código.

Nesse sentido, a metáfora surge como um emparelhamento semântico novo, não precedido de qualquer estipulação de código (mas que gera uma nova estipulação de código). Sendo assim, como veremos, assume valor comunicacional e – mediatamente – cognoscitivo. Trata-se aqui de definir o peculiar estatuto da sua função cognoscitiva.

Este estudo versa, portanto, sobre o aspecto semântico da metáfora. O aspecto semântico – e, portanto, *referencial* – não explica

80   AS FORMAS DO CONTEÚDO

como a metáfora possa ter também função estética. A esteticidade de uma metáfora é dada também por elementos contextuais ou pela articulação de traços suprassegmentais. Em outras palavras, nosso estudo considera a metáfora como modo de segmentar diferentemente a substância do conteúdo, mas não explica com que segmentações da substância da expressão uma metáfora obtém efeito estético. Em outras palavras, interessa-nos saber em que sentido dizer que os olhos de Sílvia são /*fuggitivi*/ aumenta, legitimando a operação, as possibilidades adjetivais da língua italiana. Não nos compete aqui estabelecer se e como a posição de /*fuggitivi*/ depois de /*ridenti*/ ou o uso de /*fuggitivi*/ em lugar de /*fuggenti*/ ou /*fuggiaschi*/ dá à metáfora leopardiana o impacto estético que lhe é comumente reconhecido.*

Não foi por acaso que se escolheu como campo de investigação o *Finnegans Wake*: obra literária, elabora metáforas suficientemente violentas, sem interrupções nem pudores; mas ao mesmo tempo, propondo-se como modelo da linguagem em geral, permite-nos uma atenção específica para os valores semânticos. Em outros termos, o *FW*, sendo ele próprio uma metáfora do processo de semiose ilimitada, foi escolhido como campo de investigação a título metafórico para mais rapidamente percorrermos alguns trajetos cognoscitivos. Feito tal exame, poder-se-á passar a um discurso mais técnico sobre os mecanismos linguísticos reais, fora do texto-piloto.

MANDRAKE FAZ UM GESTO

Na parte III, Capítulo 3, de *FW*, Shaun, sob o avatar de Yawn, responde a um processo no decorrer do qual os Quatro Velhos o metralham de perguntas. Na página 486 (edição Faber & Faber, 1957), os Velhos dizem a Shaun:
"Now, fix on the little fellow on my eye, Minucius Mandrake, and follow my little psychosinology, poor armer in slingslang".

James Atherthon[1], que identificou uma imensa mole de referências bibliográficas ocultas no *FW*, reconhece claramente aí uma

---

* Trata-se do poema "A Silvia", de Giaccomo Leopardi. Mais exatamente, o 21º de seus *Canti*, onde se lê:
> "Silvia, rimembri ancora
> quel tempo della tua vita mortale,
> quando beltà splendea
> negli occhi tuoi ridenti e fuggitivi,
> e tu, lieta e pensosa, il limitare
> di gioventù salivi?" (N. da T.)

1. *The Books of the Wake*. New York, Viking Press, 1960.

SEMÂNTICA DA METÁFORA 81

referência ao Padre da Igreja Minucio Felice (em latim: Minucius Felix; e o inglês mantém esta dicção), autor que Joyce devia ter conhecido de algum modo.[2] Mas quanto ao /Mandrake/ faz *forfait*: "não compreendo a alusão." Em inglês, /*mandrake*/ significa "mandrágora", mas essa pista não leva, com efeito, a explicação alguma.

Atherthon provavelmente não tinha presente o mundo das *comic strips* (que Joyce, e isso o sabemos desde Richard Ellmann, conhecia e acompanhava muito bem através das tiras cotidianas dos jornais da época); do contrário, teria pensado que Mandrake podia ser "Mandrake the Magician", o popular personagem de Lee Falk e Phil Davis. Joyce, que em *FW* recorre a personagens das histórias em quadrinhos, como por exemplo Mutt e Jeff, não podia ignorar esse característico personagem. Assumamos a hipótese de que o Mandrake do texto seja o Mandrake das histórias em quadrinhos e vejamos o que daí decorre.

Mandrake é um mestre da prestidigitação, um hipnotizador e ilusionista. Com um simples gesto (a frase recorrente é "Mandrake makes a gesture"), fixando o adversário nos olhos, ele o obriga a ver situações inexistentes, a trocar o revólver que empunha por uma banana, a ouvir os objetos falarem... Mandrake the Magician é um mestre da persuasão, um mestre em artifícios diabólicos (embora empregue sua magia "branca" a serviço do bem): é, portanto, um "advogado do diabo". A esta altura é curioso observarmos que também Minucio Felice era um advogado, profissionalmente falando (o *Octavius* é uma arenga em favor do Cristianismo), e era um padre apologista, cuja função histórica consistia em persuadir os gentios da verdade da fé cristã.

A esta altura, a relação entre as duas personagens, no interior do contexto joyciano, esclarece-se plenamente. No trecho em exame, trata-se da luta entre a velha igreja irlandesa e a igreja católica, e os Quatro Velhos perguntam justamente a Shaun se ele é católico romano. Todavia, com um característico *pun* joyciano, perguntam-lhe se é "roman cawthrick". Ora, /*to caw*/ é a voz da gralha; e deixando-se de lado a questão de saber se Joyce em Trieste ficara conhecendo o costume anticlerical de chamar os padres de "gralha", resta o problema daquele /*thrick*/ que deforma (para fazer ecoar um dos fonemas de *catholico*) o verbo *to trick*. Que Minucius Mandrake (aliás, Shaun) seja um *trickster*, isso se repete muitas vezes no contexto: por exemplo, na página 487, diz-se /*mr. Trickpat*/.

---

2. Destaque curioso: O *Octavius* de Minucio Felice começa como o *Ulysses*. Um grupo de jovens intelectuais fala de Cristo enquanto passeiam na praia; o mar é descrito em seu movimento contínuo, enquanto, longe, brincam crianças. A analogia pode ser casual, mas não será mau suspeitar-se de um enésimo pasticho-reminiscência deste voraz leitor que foi Joyce.

82 AS FORMAS DO CONTEÚDO

Aqui também abandonamos outro apaixonante filão, o que nos reconduziria à figura do "burlão" de muitas sagas primitivas, o Schelm ou Trickster God (do qual não sabemos se Joyce tinha notícia), e reconduziria Shaun aos arquétipos do diabrete burlão como Till Eulenspiegel. Assumamos, sem mais problemas, que Shaun seja acusado de ser *trickster*. No momento em que é chamado de /*Minucius Mandrake*/ (e veremos depois por quê) ele – padre católico perito em truques e persuasões mais ou menos ocultas, astuto argumentador, mestre da chicana, – passa a sofrer um típico suplício de Talião à maneira de Dante. Como advogado, submetido a um processo como hipnotizador, é ele convidado a fixar o interrogante nos olhos. Suas artes são assim neutralizadas e voltam-se contra ele. Até mesmo a gesticulação mágica contra ele se volta (o gesto que presumivelmente acompanha a injunção "olhe-me nos olhos"), gesticulação que na página 486 lhe é atribuída: "Again I am deliciated by the picaresqueness[3] of your images" – onde a raiz /*arm*/ (o braço que faz o gesto) se insere na palavra-chave /*image*/, que está na base de toda ilusão. É, portanto, razoável que tanto Minucius quanto Mandrake sejam entendidos como substituição metafórica que está por alguma outra coisa: isto é, a série de atributos e culpas de que Shaun está carregado. Mas a esta altura, cumpre-nos verificar a expectabilidade da interpretação e o mecanismo de tal substituição.

MIAU MAO

A primeira versão do trecho em exame é de 1924. Nessa versão, o nome de "Mandrake" não aparece.[4] A razão parece-nos bastante simples: a personagem dos *comics* surge, pela primeira vez, em 1934. E o trecho em exame foi justamente revisto e ampliado entre 1936 e 1939. Portanto, a origem do "veículo" metafórico é plausível. Mas por que Mandrake se une a Minucius? Em outras palavras, do momento em que eles aparecem de mãos dadas no texto, afiguram-se-nos admiravelmente combinados: mas cumpria ter a ideia de combiná-los. Combinados, parecem realizar um curto-circuito de associações, mas sabemos que em grande parte o curto-circuito surge *a posteriori* e não precede como motivação a combinação. Minucius é como Mandrake: o emparelhamento institui entre os dois uma comparação elidida que gera uma me-

---

3. Outra suspeita: a de que o apelo ao picaresco seja exatamente o apelo ao *Trickster* como diabrete zombeteiro.

4. V. *A First Draft Version of F. W.* (um primeiro esboço interpretativo do *F.W.*), aos cuidados de D. Haymann, Londres, Faber & Faber, 1963.

SEMÂNTICA DA METÁFORA 83

táfora (na qual veículo e teor são excepcionalmente compresentes e intercambiáveis).

Mas por que justamente Minucius e Mandrake? A chave da história em quadrinhos (se exata) permite-nos dar uma nova resposta (que, por sua vez, reforça a hipótese inicial). Minucius também se chama Félix. E Félix é outro típico personagem das histórias em quadrinhos, o famoso Gato Félix, o gato de Pat Sullivan, aparecido nas tiras dos jornais a partir de 1923 e, portanto, provavelmente conhecido por Joyce.

E eis então o mecanismo subjacente à substituição metafórica: Minucius remete por contiguidade a Félix, Félix remete por contiguidade (mesmo universo das histórias em quadrinhos) a Mandrake. Caído o termo médio, permanece um emparelhamento que não parece justificado por contiguidade alguma e se afigura, portanto, metafórico. A substituição sempre possível entre Minucius e Mandrake não é mais atribuída à possibilidade de passarmos de um para outro universo através de uma série de escolhas sucessivas, mas ao fato de que eles parecem ter caracteres "semelhantes" (advogados, persuasores etc.) e, portanto, "análogos".

O exemplo examinado explica-nos, porém, como a metáfora pôde nascer, e não por que funciona. De fato, o leitor colhe as analogias entre Minucius e Mandrake e não se apoia na existência do terceiro termo. Poder-se-ia, porém, dizer que se apoia na existência de uma série enorme de terceiros termos existentes no contexto geral do livro, alguns dos quais examinamos: *trickster, arm, image* etc. Tratar-se-ia, então, de demonstrar que cada metáfora que surge no *FW* é, em última análise, compreensível porque o livro todo, lido em várias direções, fornece de fato as cadeias metonímicas que a justificam.

Essa hipótese pode ser verificada sobre o elemento atômico do *FW*, o *pun*, que é uma forma particular de metáfora fundada em cadeias de metonímias subjacentes.

MORFOLOGIA DO MEANDERTALE

O *pun* constitui uma contiguidade forçada entre duas ou mais palavras: *sang + sans + glorians + Sanglot + riant* dá "Sanglorians". É uma contiguidade feita de elisões recíprocas, cujo resultado é uma deformação ambígua; mas as palavras em relacionamento, embora sob forma de estilhaços, ali estão. Essa *contiguidade coata* libera uma série de leituras possíveis, e portanto, de interpretações que levam a aceitarmos o termo como o veículo metafórico de vários teores. A essa altura, os lexemas (ou os estilhaços lexemá-

84 AS FORMAS DO CONTEÚDO

ticos) inseridos em contiguidade coata, adquirem um parentesco por assim dizer natural, e amiúde se tornam mutuamente substituíveis. A substituição metafórica assume, todavia, no *pun* um estatuto de tipo particular, porque aí não temos veículos na ausência de teores, mas a coexistência dos dois. Este pode ser um exemplo: "Jungfraud messonge": *Jung + Freud + young + fraud + Jungfrau; message + songe + mensonge.*

Os termos compresentes têm um relacionamento de *mútua substituição*. É o caso de "Minucius Mandrake" e o de um *pun* como o último citado: a leitura "jovem mensagem" está para "fraude virginal" e vice-versa; cada termo é veículo e teor ao mesmo tempo, enquanto que o *pun* todo é uma metáfora múltipla. Outras vezes, a coexistência coata não implica constituibilidade; lembremos, por exemplo, o caso de *cawthrick.* Permanece, todavia, uma sombra de predicabilidade, aparecendo um dos termos como qualificante do outro (a gralha é urdidora de enganos), pelo que se poderia dizer que no *pun* se estabelece, apesar de tudo, um destino de futura substituição recíproca que afeta os dois termos coatamente contíguos.

A objeção que se poderia levantar a este nosso discurso é que se Jung e Freud, ou a gralha e o *trickster* foram postos em contiguidade é porque já tinham anteriormente relações de analogia (e portanto, metafóricas). À semelhança da querela entre analógico e digital (Eco, 1968, c) também esta, entre metáfora e metonímia, poderia gerar uma fuga ao infinito, em que um momento serve de base para o outro e vice-versa.[5] Em teoria, poderíamos dividir os *puns* em dois tipos, conforme as razões que decidiram a contiguidade dos termos:

contiguidade por semelhança dos significantes: exemplo, "nightiness" que contém também "mightiness" por analogia fonética "m/n"; "slipping" que contém pelas mesmas razões /sleep/ e /slip/.

contiguidade por semelhança dos significados: "scherzarade" pelas analogias lúdicas entre "scherzo" e "charada" (sememas de que "jogo" seria o arquissemema); mas também é verdade que a origem poderia ser a pura similaridade fonética entre /cha/ e /za/. Caber-nos-ia, portanto, perguntar se a alusão a "Sheerazade" nasce antes da similiaridade fonética ou da similaridade semântica (a história de Xerazade como jogo e enigma etc. etc.).

---

5. Pensando bem não ocorre diferentemente com a relação de epifania (v. o nosso *Le poetiche di Joyce* (As Poéticas de Joyce), 2ª ed. Milão, Bompiani, 1965). É a conexão casual entre um objeto (ou evento) e um estado de espírito que transforma o primeiro em emblema do segundo.

SEMÂNTICA DA METÁFORA 85

Como se vê, os dois tipos remetem-se mutuamente, justamente como a contiguidade parece remeter para a semelhança instituinte e vice-versa.

Porém o fato é que a força do *pun* (como de toda e qualquer metáfora bem realizada e inventiva) consiste exatamente nisto: que antes daquele momento a semelhança não fora captada por ninguém. Antes de /*Jungfraud*/ não havia motivo para supormos uma relação entre Freud, psicanálise, lapso e fraude e mentira. A semelhança emerge como necessária só depois da contiguidade realizada. Ou antes (*FW* é a prova), basta encontrar-se o modo de tornar foneticamente contíguos dois termos, e a semelhança não deixará de impor-se; quando muito, o que precede é a similitude dos significantes (pelo menos num ponto de junção); a similitude dos significados é uma consequência.

A exploração do campo *FW* como modelo reduzido do campo semântico global é útil e ao mesmo tempo derrisória. Útil porque nada como uma leitura do *FW* pode mostrar-nos que mesmo quando o parentesco semântico parece preceder a coação do coexistir no *pun*, na verdade uma rede de contiguidades subjacentes tornava necessária a semelhança supostamente espontânea. Derrisória porque, no texto, já estando tudo dado, fica difícil descobrir os antes e os depois. Mas mesmo assim, tentemos, antes de chegar a conclusões teóricas, uma breve excursão pelo texto com todos os riscos que ela comporta.

Tomemos o lexema /*neanderthal*/ (que não iremos encontrar *ipsis litteris* no texto) e vejamos que mecanismos levaram o autor a modificá-lo para /*meandertale*/. Naturalmente, poder-se-ia seguir o processo inverso: tomar o *pun* que se encontra no texto e reduzi-lo às suas componentes originais. Mas o próprio fato de podermos conceber os dois trajetos nos diz que neste caso (diferentemente do que ocorre com /*Minucius Mandrake*/) os dois momentos coincidem: era possível inventar um *pun* porque é possível lê-lo; a linguagem como fundo cultural deve poder permitir ambas as operações. Note-se ainda que só por convenção operacional partimos de uma das palavras que compõem o *pun*, para dela deduzirmos as demais; poderíamos provavelmente partir de outra. Mas essa é a própria característica de uma linguagem entendida como lugar de uma semiose ilimitada (à Peirce), onde todo termo é explicado por outros termos, e cada um, através de uma cadeia infinita de interpretantes, potencialmente por todos os demais (v. "Os Percursos do Sentido").

Nossa experiência tem antes dois sentidos: primeiramente, o de ver se de um ponto fora do universo linguístico de Joyce pode-se entrar nesse universo; e em seguida, se de um ponto de dentro desse universo pode-se atingir, através de percursos múltiplos e contínuos como num jardim as veredas que se bifurcam, todos os demais pontos.

Trataremos, em seguida, de definir se esse ingresso e essa percorribilidade se fundam em puras relações de contiguidade. Por ora, contudo, procuremos raciocinar em termos não melhor definidos de "associação" (fonética e semântica).

A palavra escolhida foi /Neanderthal/. No esquema ao lado, vejamos como o lexema gera por associação fonética outros três lexemas /meander/, /tal/ (vale, em alemão), e /tale/ (conto), que concorrem para formar o *pun* /mean-derthale/. No trajeto associativo, porém, criam-se modos intermédios dados por termos que aparecem, todos eles, no texto do *FW*. As associações podem ser, a esta altura, tanto de tipo fonético quanto semântico.

Note-se bem que todos os lexemas aqui anotados são só aqueles relacionáveis no texto do *FW*. O próprio teste psicolinguístico teria gerado em outro sujeito outras respostas igualmente plausíveis. Detivemo-nos aqui neste tipo de resposta, não só porque é a joyciana (fosse esse o caso, a experiência serviria apenas para compreendermos como o *pun* nasceu, não como é lido) mas também por razões de economia. E além disso, porque na verdade o leitor do *FW*, controlado pelo contexto, é levado a manipular as associações que o contexto lhe sugere com precedência (o que significa que todo texto, ainda que "aberto", se constitui não como lugar de todas as possibilidades, mas como campo de possibilidades orientadas).

As interconexões mostram, além do mais, que todo lexema poderia, por sua vez, tornar-se o arquétipo de uma série associativa que levaria a agarrar, antes ou depois, os terminais associativos de outro lexema. Todo o diagrama tem valor puramente orientativo, no sentido de que empobrece as associações numérica e dimensionalmente: um gráfico bidimensional não reproduz o jogo de interconexões que se estabelece quando se põem lexemas em contato com os respectivos sememas. Não devemos entender como polidimensional apenas o jogo das interconexões que se estabelece no sistema semântico global da linguagem efetiva, mas também o daquele campo Ersatz que é a obra, o texto (no caso particular, *FW*, mais aberto a interconexões do que muitos outros textos e, portanto, mais apto a levar avante a experiência).

Se do diagrama passarmos ao texto joyciano, veremos como todas as associações foram desenvolvidas. Ou antes: produzem os *puns* que definem o livro. O livro é uma /*slipping beauty*/ (e, portanto, uma bela adormecida que no sono gera lapsos através de escorregões semânticos, lembrada de um falo etc.), um

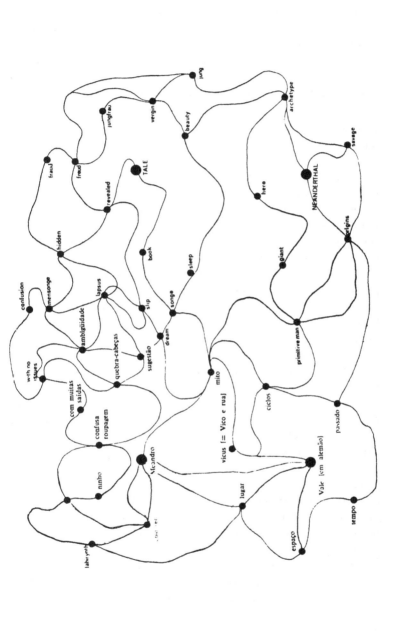

/*jungfraud's messongebook*/ (onde às associações já citadas também se junta a de *message*), um labirinto onde se encontra /*a word as cunningly hidden in its maze of confused drapery as a fieldmouse in a nest of coloured ribbons*/, e é, afinal um /*Meandertale*/. O pun-lexema /*meanderthalltale*/ torna-se, no fim, o substituto metafórico para tudo aquilo que se possa dizer do livro, e que é dito pelas cadeias associativas individuais no diagrama.

BRINCADEIRAS
NO ESPALDAR SUECO

É de prever-se a objeção que ainda uma vez se poderá levantar contra o diagrama em discussão. As sequências associativas, exceto no tocante à primeira quadripartição, são de caráter semântico. Os sememas associam-se a sememas por identidade de sentido. Numa investigação componencial provar-se-ia que cada semema associado apresenta uma série de *semas* e de *diferenciadores* (v. Katz e Fodor, 1964) em comum. Explicar a associação por identidade parcial de sentido significa ainda explicá-la por comparação ou analogia. E portanto o diagrama confirmaria o fato de que na raiz da contiguidade coata do *pun* residem semelhanças precedentes.

Todavia, a teoria semântica no seu desenvolvimento histórico forneceu uma série de explicações que podem novamente pôr de borco esse nosso problema. Se relermos as sequências associativas, veremos que cada uma delas poderia ser construída recorrendo a um "campo nocional" aceito dentro de uma dada cultura, ou a um daqueles típicos *carrefours* linguísticos teorizados por Trier, Matoré e outros.

Vejamos, por exemplo, a sequência gerada por /*Tal*/: *space* e *place* são seus arquissememas codificados pelo próprio dicionário; a relação entre espaço e tempo é uma típica relação antonímica por complementaridade que imaginamos como já adquirida por uma cultura sob forma de eixo semântico (a relação antonímica é a pré-condição estrutural da compreensão do significado de um dos dois lexemas: a oposição *espaço* vs *tempo* precede a constituição semântica dos dois sememas; o antônimo deve ser considerado como uma das possíveis conotações imediatas do lexema e, portanto, como uma de suas mais curiosas marcas semânticas; não é por acaso que um dicionário prudente define um lexema também pelo seu contrário e não apenas pelo seu sinônimo). A relação tempo-passado é a mesma adquirida no interior de um campo nocional muito óbvio, registrável por antecipação.

SEMÂNTICA DA METÁFORA

A relação passado-ciclos viquianos* nasce de uma contiguidade livresca, quase da memória visual de uma página de qualquer supermanuseado vade-mécum. Consequentemente, todas as associações, antes de serem colhidas como identidades ou similaridades de sentido, são colhidas como contiguidades no interior de campos e eixos semânticos ou de um mesmo espectro componencial do lexema que também leve em conta suas conotações.

Isso significa que todas as conexões já estavam culturalizadas antes que o artista as justificasse aparentando instituí-las ou descobri-las. O que nos leva a afirmar que é possível, em teoria, construir um autômato em cuja memória sejam armazenados todos os campos e eixos semânticos de que se tem notícia, tornando-o, portanto, apto a estabelecer as conexões indicadas (ou, querendo, a tentar outras; escrevendo, destarte, um outro *FW* ou lendo o *FW* de maneira diferente da nossa).

O que torna o *pun* criativo não é a série das conexões (que o precede como já culturalizada); é a decisão do curto-circuito chamado metafórico. Porque de fato entre /*messonge*/ e /*songe*/, excetuada a similaridade fonética, não existe contiguidade: para uni-los é necessário um salto através de pontos desconexos do diagrama. Mas os pontos são desconexos porque o diagrama é incompleto. Uma recensão dos campos nocionais adquiridos por uma cultura teria levado rapidamente de /*Freud*/ a /*songe*/, ou de /*fraud*/ a /*Freud*/ (independentemente da similaridade fonética), ou de /*Freud*/ a /*Jung*/.

Isso significa que sob o aparente curto-circuito metafórico (graças ao qual a similaridade entre dois sentidos parece saltar pela primeira vez) está um tecido ininterrupto de contiguidades culturalizadas, que o nosso hipotético autômato poderia percorrer através de uma sequência de escolhas binárias.

Pode-se inventar uma metáfora porque a linguagem, no seu processo de semiose ilimitada, constitui uma rede polidimensional de metonímias, cada uma delas explicada por uma convenção cultural e não por uma semelhança nativa.

Temos assim (a) *metonímia por contiguidade no campo nocional* (só a cultura estabelece que os gigantes viquianos eram "ferozes"); (b) *metonímia por antonímia* (nasce da constituição de eixos semânticos que dividem a substância do conteúdo em valências opostas); (c) *metonímia por diferenciador* (nasce da existência de

---

* Referência ao pensador italiano Giambattista Vico (1688-1744) e à sua quadripartição cíclica da História, tal como ele a apresenta e estuda em *La Scienza Nuova*. Para um completo esclarecimento sobre a presença de Vico na elaboração joyciana do *FW*, ler o belo trabalho de Augusto e Haroldo de Campos, *Panaroma do Finnegans Wake*. São Paulo, Perspectiva. (N. da T.)

significados definicionais: um labirinto é um lugar com nenhuma ou com muitas saídas, ou ainda com uma única saída impossível de achar; os significados definicionais derivam de contratações culturais prévias); etc.

A imaginação seria incapaz de inventar (ou de reconhecer) uma metáfora se a cultura, sob forma de possível estrutura do sistema semântico global, não lhe fornecesse a rede subjacente das contiguidades arbitrariamente estipuladas. A imaginação nada mais é que um raciocínio que percorre apressadamente os atalhos do labirinto semântico, e na pressa perde o sentido da estrutura férrea deles. A imaginação "criativa" realiza exercícios temerários unicamente porque existe um espaldar sueco que a sustenta e lhe sugere os movimentos graças à sua rede de paralelas presas perpendicularmente umas às outras. O espaldar é a "Língua". Em cima dela, a "Fala" (*performing the competence**) brinca.

RETÓRICA DO ESPALDAR SUECO

Pode-se tentar uma explicação semiótica das várias figuras retóricas desenvolvendo-se a teoria dos interpretantes tal como esta se configura no modelo Q (v. "Os Percursos do Sentido", X; Quillian, 1968).

Metáfora e metonímia já foram explicadas por Jakobson (1956) como duas formas de substituição que se efetuam uma sobre o eixo do paradigma e a outra sobre o eixo do sintagma. Essa preciosa indicação pode ser completada se mais uma vez lembrarmos a metáfora da caixa com as bolinhas, proposta no ensaio precedente. Indubitavelmente é pouco consolador explicar a estrutura da metáfora recorrendo-se a uma metáfora, mas lembremo-nos de que a metáfora das bolinhas serviu apenas para esclarecer o modo pelo qual poderia funcionar o modelo Q nos casos em que a elementaridade da sua formalização tornasse impossível descrever, mediante um gráfico bidimensional, toda a complexidade de seu funcionamento. Esta solução (explicar A Metáfora com uma metáfora) sugere-nos a ideia de que as figuras retóricas constituem curtos-circuitos úteis para sugerirem de modo ainda analógico problemas dos quais não se pode dar uma análise suficiente. Voltemos, pois, às nossas bolinhas.

Suponhamos que se forme um código que estabeleça um sistema de relações paradigmáticas deste tipo:

---

* "fazendo atuar a *competence*." (N. da T.)

SEMÂNTICA DA METÁFORA 91

A vs B vs C vs D
↓   ↓   ↓   ↓
X vs Y vs Z vs K

onde as linhas horizontais constituem eixos semânticos e as cor-relações verticais constituem emparelhamentos conotativos fi-xados. Como se vê, esse modelo lembra a forma que assumia o código no caso da análise sobre o açúcar e os cliclamatos ("Os Percursos do Sentido", V.9.)

No momento em que eu queira designar a unidade cultural "A" posso, para surpreender o ouvinte e obrigá-lo a prestar atenção à mensagem, nomear em seu lugar /B/, ou mesmo /K/. Essa substi-tuição constitui um exemplo de metáfora. Uma entidade fica em lugar da outra em virtude de uma semelhança entre ambas. Mas a semelhança decorre do fato de existirem no código relações de subs-tituição já fixadas que de alguma maneira uniam as entidades subs-tituídas às substituidoras.

Quando a conexão é imediata temos uma metáfora fácil (tal é o caso de "A" substituída por /B/ – substituição por antonímia – ou de "A" substituída por /X/ – substituição por *connotation* óbvio). Quando a conexão é mediata (substituição de "A" por /K/), temos a metáfora "ousada", o *Witz*, a "sutileza".

Suponhamos agora que exista uma prática de linguagem pela qual habitualmente se substitui "A" por /B/. Nesse caso, "B" torna-se, por convenção, uma das possíveis conotações de /A/. A metá-fora, tornada usual, passa a fazer parte do código e com o tempo pode cristalizar-se numa *catacrese* ("a boca do forno", "a perna da mesa").

Porém o fato é que a substituição ocorreu porque no código existiam conexões e, portanto, contiguidades. O que nos levaria a dizer que a metáfora repousa sobre uma metonímia. Se o modelo Q se rege por uma semiose ilimitada, todo signo, antes ou depois, adquire conexões com outro e toda substituição deve depender de uma conexão que o código prevê. Podem-se obviamente produzir conexões nas quais ninguém jamais havia pensado. Tem-se, então uma mensagem ambígua. A função estética da linguagem tende a criar conexões ainda não existentes e, por conseguinte, a enrique-cer as possibilidades do código. Também nesse caso a substituição metafórica pode repousar sobre uma prática metonímica. Cabe pensar que na prática de discurso se tenham verificado vizinhan-ças (desta feita sobre o eixo do *sintagma*) pelas quais dois signifi-cantes (e portanto, duas unidades culturais significadas) se tenham posto em conexão. Por exemplo, uma mensagem que afirme pela primeira vez "O primeiro-ministro inglês mora em Downing Street". Desse momento em diante, a conotação "morador de Downing Street" entra por convenção, como *significado definicional*, nos nós de uma árvore KF ou de um modelo Q, do semema "Primeiro-Ministro". Essa *contiguidade sêmica* pode induzir à substituição metonímica /O *comunicado de Downing Street*/ em lugar de "O comunicado do primeiro-ministro". Daquele momento em diante, a substituição é somada à lógica dos interpretantes, e "Downing Street" torna-se uma das conotações de /*Primeiro--Ministro inglês*/ (ou vice-versa). Observações desse tipo devem convidar-nos a reconstituir as definições da retórica tradicional através de um modelo semiótico mais elementar, de matriz gerativa mais simples. Será então interessante estabelecer se outras figuras retóricas tradicionais poderão ser explicadas do mesmo modo e se a explicação estrutural delas deverá ser procurada na estrutura dos campos semânticos, na forma da árvore KF ou no campo global do modelo Q.

A COROA E AS MANGAS DE ALPACA

A esta altura, no entanto, fazem-se necessários alguns esclarecimentos sobre os termos "metáfora" e "metonímia", porque nasce a suspeita de que, até o momento, o segundo tenha sido usado em sentido metafórico.

Toda teoria da metáfora define essa figura como a substituição de um elemento da linguagem por outro (a operação desenvolve--se por inteiro dentro do círculo semiótico) mas *em virtude de uma semelhança dos seus referentes*. É exatamente esse apelo necessário aos referentes (e às suas supostas relações de analogia ou de semelhança) que nos impeliu a criticar a noção de metáfora como algo que não possa receber um fundamento em termos autonomamente semióticos. Agora o risco está em que (reduzindo--se toda metáfora a uma cadeia de metonímias) também elas peçam para serem fundadas num apelo aos referentes. Na realidade, a Retórica nos explica a metonímia apelando para os referentes. Nomeia-se o rei através da coroa unicamente porque existe uma contiguidade *fatual* entre rei e coroa (o fato de que o rei usa a coroa é um fato, não um fenômeno linguístico). Mas, consequentemente, o fato de que ao nomear a coroa forçosamente sou remetido por analogia ao rei, retransforma-me também a explicação metonímica numa explicação fundada na similaridade. Há uma natural semelhança, decorrente do hábito da contiguidade, que me impele a reconhecer o rei na coroa.

É mister, contudo, observar que se, por ventura, um empregado do cadastro, meu conhecido, usa *pince-nez*, não me é possível nomear num discurso figurado, os empregados do cadastro mediante esse tipo de óculos. Essa contiguidade não seria reconhecível e de qualquer maneira, ainda que reconhecida, não bastaria para fundar a substituição metonímica. É mister que (por costume reconhecido e *codificado*) todos (ou grande parte dos) empregados do cadastro usem *pince-nez* para que seja possível operar a substituição por contiguidade. Ora, tempo houve em que todos os (ou muitos) escriturados usavam mangas de alpaca (ou os *rond-de-cuir*): essa contiguidade foi codificada, e só então foi possível indicar os escriturados como "os mangas-de-alpaca", e é possível reconhecermos essa contiguidade fundamental ainda que hoje em dia nenhum escriturado use mais mangas de alpaca. Sinal de que a contiguidade não é mais fatual, mas semiótica. Não importa que na realidade um deles use mangas de alpaca, mas importa que numa representação semântica do lexema /*escriturário*/ também exista a conotação "usa mangas de alpaca".

A contiguidade em que se fundamenta a transposição metonímica transforma-se, portanto, de contiguidade fatual (empírica) em contiguidade de código (em elemento definicional do lexema). O referente não tem mais peso algum, nem tem qualquer peso a possibilidade de reconhecermos o termo metonimizado mediante um natural parentesco com o termo metonimizante. O parentesco não é natural: é cultural. Os dois termos remetem-se mutuamente porque ali estão convencionalmente um pelo outro. O termo metonimizante já faz parte da representação semântica do termo metonimizado como um dos seus interpretantes. A regra retórica pressupõe, consequentemente, que se possa nomear um lexema também através de uma das suas componentes semânticas, de um dos seus significados definicionais, de uma das suas conotações previstas pelo código. Um estudo das metonímias eficazes e compreensíveis levar-nos-ia a descobrir que elas empregam como metonimizante uma componente semântica que pertence apenas àquele lexema e a mais nenhum. Também a marca "macho" é componente semântica do lexema /*rei*/, mas ninguém usaria /*macho*/ como metonímia de "rei". Usa-se /*coroa*/ porque só o rei usa coroa. Pode-se, portanto, imaginar um robô construído de maneira que reconheça metonímias na medida em que lhe tenha sido incutida uma regra que diz: "substitua o termo metonimizante pelo semema que, único entre todos (ou único permitido pelo contexto) o possui como componente semântica". A correção entre parênteses deveria servir em casos como "o soluçante pinho": indubitavelmente "de pinho" entra no espectro semântico de muitos lexemas, mas num contexto de tipo lítero-musical, é óbvio que o lexema em pauta é "viola".

A extrema percorribilidade das cadeias que havíamos chamado de "metonímicas" (e que melhor seria dizer: "de contiguidade no código"), cadeias que permitem as substituições metafóricas com saltos apenas aparentes, mas que de fato são curtos-circuitos de um percurso já estabelecido, é dada, por conseguinte, pelo fato de que tais cadeias já estão inteiramente constituídas *dentro do código* e não remetem a conexões que ocorrem nos referentes.

Poderíamos então estabelecer que toda conexão metonímica remete a um destes três tipos de contiguidade:

contiguidade no código: é o tipo mais comum e corresponde a alguns dos exemplos dados nestas páginas, como /*coroa*/, /*manga-de-alpaca*/ e assim por diante;

contiguidade no contexto: um exemplo poderia ser, "da máquina em fuga partiam tiros de revólver; era preciso fazer calar aquela máquina" (onde a máquina substitui o revólver, ou vice-versa);

contiguidade no referente: segundo tudo quanto se disse anteriormente, semelhante tipo de contiguidade não deveria praticamente existir. E no entanto, casos há em que ela parece apresentar-se de modo evidente. Vejamos agora se se trata de casos de *contiguidade em relação ao referente* ou de *contiguidade em relação ao significado* (e portanto, reportáveis aos dois casos precedentes de contiguidade no código ou de contiguidade no contexto).

Examinemos o caso de um tipo particular de lapso, também estudado pela psicanálise, e que nasce não da aproximação de duas palavras mas da aproximação de dois dados de experiência.

Isto é, posso, numa situação de lapso, dizer "colhi o morto" ao invés de "colhi o mirto", porque sei que debaixo do pé de mirto está enterrado um cadáver (ou porque me lembre de um cadáver sepultado sob outro pé de mirto). Nesse caso, a contiguidade, que se manifesta aparentemente como contiguidade linguística, só é explicável recorrendo-se ao referente. Assim como só se pode explicar que a visão de um punhal provoque num dado sujeito fantasias eróticas se se apurar que ele viu sua própria mãe assassinar o amante com um punhal durante o amplexo.

Esse tipo de contiguidade que se impõe violentando o código permanece de tal maneira inexplicável que nasce a necessidade de uma interpretação dos sonhos, até o momento em que – explicado o sonho – a contiguidade se institucionalize e passe a *fazer parte da*

SEMÂNTICA DA METÁFORA 95

cultura. Nesse sentido, o trabalho hermenêutico do psicanalista, uma vez que se aplica a contiguidades do referente, situa-se fora da semiose, à semelhança do trabalho explicativo do químico.

À Semiótica só cabe ocupar-se com contiguidades existentes dentro do círculo institucionalizado da semiose. A contiguidade do referente, uma vez explicada, gera um juízo fatual.

O que ocorre, no entanto, com outras figuras retóricas, aparentemente diferentes da metáfora e da metonímia, como por exemplo a personificação? Se digo "então a montanha falou", construo uma metonímia, e entendo "falaram os habitantes da montanha"; mas em tal caso a contiguidade deve ter-se tornado plausível graças ao contexto que instaurou pressuposições; sabe-se, portanto, que a montanha é habitada e que se está falando de discursos de montanheses: por exemplo, numa disputa entre habitantes da planície e da montanha dizemos que "a montanha faz ouvir sua voz", querendo dizer que aponta seu candidato às eleições políticas.

Mas se digo "a montanha falou", no âmbito de uma fábula, onde quero dizer que efetivamente um monte se expressa e fala (por exemplo, às nuvens, ou ao camundongo que gerou), então não estou diante senão de uma aparente figura retórica: na realidade, estou emitindo um *falso* juízo fatual, isto é, um *juízo fabulístico*.

Não há figura retórica. Será diferente se eu disser, para indicar a montanha, "a pústula do planeta", porque neste ponto, para compreender a metáfora, devo achar, por contiguidade, seja no espectro semântico de /*pústula*/ seja no de /*montanha*/, alguns semas comuns. Consequentemente, a aparente metáfora (fundada numa aparente semelhança) torna-se uma metonímia por contiguidade de componente semântica.

A LINGUAGEM FAZ UM GESTO

Assim como se supõe que, no fazer-se e desfazer-se dos campos semânticos particulares, o Sistema Semântico Global não seja, em sua totalidade, passível de uma estruturação completa (e ainda que o fosse, não seria estruturado; e ainda que fosse estruturado, não poderíamos descrevê-lo), é de supor-se que *só em teoria* toda unidade semântica remeta a todas as demais. Na prática existem milhões de valências vazias, e milhões de unidades sem possibilidade de entrar em conexão com as outras. Voltando à nossa caixa, existem milhões de bolinhas não sintonizadas e não sintonizáveis com as demais.

Imaginemos então que o último esquema examinado não diga respeito apenas a quatro termos (A, B, C, D) nem a apenas dois planos correlatos do código, mas a infinitos termos e a infinitos planos; e imaginemos que /K/ esteja separado de /A/ não por cinco mas (potencialmente) por milhões de passagens. Se a cultura jamais percorreu tais passagens, /A/ e /K/ jamais estiveram coligados. Coligá--los sem razão, significa fazer uma metáfora "errada" (ou "feia", disparatada). Ou então significa emitir um juízo fatual que não pode ser aceito pelo Sistema Semântico Global sob pena de explodir. Resta, porém, dizer o que é uma metáfora "feia" e se aquele juízo fatual, encarado como inaceitável porque faria explodir o sistema, será o mesmo a que comumente chamamos juízo fatual "falso".

No que respeita ao primeiro ponto, digamos logo que é mais fácil resolvê-lo positiva do que negativamente. Podem-se, de fato, distinguir dois tipos de metáfora, que chamaremos, com termos cotidianos, a uma de "aceitável", e à outra de "bela". A metáfora aceitável é a metáfora retórica, e funda a sua aceitabilidade no fato de que sua base metonímica é imediatamente (ou com poucas mediações) evidente. Substituir o rei pela coroa eis uma metáfora aceitável. Ninguém diria que é "bela": falta-lhe, de fato, aquela tensão, aquela ambiguidade, aquela dificuldade que constituem uma das duas características da mensagem estética.

Suponhamos agora que se emita uma metáfora cuja fundação metonímica não é evidente, por exemplo a "*selva oscura*" de Dante. Neste caso, a necessidade semântica que liga o veículo (enquanto significado), que é de tipo físico-geográfico, à entidade moral que constitui seu teor, está bem oculta: o bastante, ao menos, para permitir uma série de jogos hermenêuticos que visem a descobrir uma interpretação, uma leitura previsível. Mas o que é, ao contrário, imediatamente evidente? A necessidade rítmico-fonética na ordem dos significantes. Em outros termos, a necessidade imposta pelo metro e pela rima, os quais tornam "razoável", por razões de tipo "musical", a ocorrência do significante /*selva oscura*/ em relação aos significantes /*dura*/ e /*paura*/*. Diante de uma possível, mas ainda imponderável, relação no plano da forma do conteúdo, rasga-

---

* Lembremos aqui os dois primeiros tercetos da *Divina Comédia*:

> "Nel mezzo del cammin di nostra vita
> Mi ritrovai per una selva oscura,
> Che la diritta via era smarrita.
> E quanto a dir qual'era, è cosa dura
> Questa selva selvaggia e aspra e forte
> Che nel pensier rinnuova la paura." (N. da T.)

SEMÂNTICA DA METÁFORA 97

-se uma límpida relação no plano da forma da expressão, tal que, por sua força, somos levados a crer que *deve* existir também uma relação a nível da forma do conteúdo.

A metáfora estética é "bela" porque prefigura uma necessidade semântica mesmo antes que esta se tenha definido e alicerçado. A análise das mensagens estéticas que realizaremos no ensaio seguinte, iluminará ainda melhor esse problema. Quando, então, teremos uma metáfora "feia" ou "disparatada"? Quando à incomensurável distância entre veículo e teor no plano do conteúdo semântico corresponder uma débil necessidade no plano da forma da expressão.

Naturalmente essa série de definições não exaure o problema estético, porque ainda não esclarece como e por que podem existir metáforas que, justificadas no plano da forma da expressão, fazem-se, em seguida, igualmente "disparatadas" no plano da forma do conteúdo. Muitas metáforas na linha barroca são desse tipo. No soneto de Artale sobre Maria Madalena, o fato de que os "cabelos" sejam nomeados como /*fiumi*/ apresenta sem dúvida uma necessidade em termos de forma da expressão (a rima liga necessariamente /*fiumi*/ a /*lumi*/ e /*allumi*/):

> L'occhio e la chioma in amorosa arsura
> Se 'l bagna e 'l terge, avvien ch'amante allumi
> Stupefatto il fattor di sua fattura;
> Ché il crin s'è un Tago e son due Soli i lumi,
> Prodígio tal non rimirò natura:
> Bagnar coi Soli e rasciugar coi fiumi.

Mas essa necessidade serve apenas para induzir-nos a buscar a conexão metonímica entre rios e cabelos: uma vez descoberta (graças igualmente a um precedente verso-guia, que prepara a metáfora com uma comparação), vê-se que o sema "fluência", capaz de unificar os dois sememas, é bastante periférico em relação a semas que, ao contrário, caracterizam, em sentido mutuamente exclusivo, os dois sememas, visto que os cabelos são de fato enxutos e sólidos, e os rios úmidos e líquidos. É bem verdade que, sempre na ordem do conteúdo, a necessidade semântica de /*fiumi*/ poderia ser reforçada pela oposição a /*soli*/ (que está por *occhi*): mas aqui também surgem os olhos tão pouco "necessariamente" ligados aos /*soli*/ quanto o estão os cabelos aos rios, pois que dois erros não fazem um acerto, e duas fracas necessidades isoladas não reforçam a necessidade conjunta da ocorrência de ambas quiasmaticamente uma contra a outra, metaforizadas. Isso significa que, se à forma da expressão pedimos uma garantia da necessidade semântica suposta ou proposta, à forma do conteúdo pedimos que a necessidade, uma vez descoberta, enriqueça de algum modo o conhecimento ou dos referentes da mensagem ou das possibilidades operacionais do código.

Sabermos, a respeito de Madalena, que seus olhos são sóis e seus cabelos rios, não nos ajuda, em absoluto, a compreender melhor a personalidade dessa mulher; daí por que o artifício expressivo, que nos induziu a descobrir relações metafóricas a nível semântico, se nos afigura desperdiçado, ou enganoso. Nem tampouco, a partir daquele momento, se enriquece nossa possibilidade de usar o código, porque raramente nos encontraremos na situação de poder usar de novo uma metáfora desse tipo. O efeito poético é reconhecido como nulo porque naquele caso a poesia parece "não servir para nada". Ao passo que a *selva oscura* de Dante nos reporta a uma cadeia aberta de associações semânticas, que mergulha suas raízes numa tradição simbólica e teológica e nos permite falar da vida, do pecado, da situação do homem na terra. Eis o que alguns, intuitivamente, chamaram de "universalidade da poesia": o fato de provocar alterações na ordem do conteúdo, e tais que se tornem operativas mesmo para além da ocasião concreta que gerou a substituição semântica.

Outro seiscentista como Achillini oferece-nos em seguida um exemplo por todos os títulos flamejante de metáfora conteudisticamente incôngrua, que não encontra, desta feita, apoio algum no plano da expressão.

Sudate, o fuochi, a preparar metalli não impõe nenhuma necessidade expressiva que justifique o uso do verbo *sudare*. Poder-se-ia muito bem dizer, sem quebra da métrica ou da rima, *bruciate o fuochi*. Todo o discurso se desloca, por conseguinte, para o nível do conteúdo. E aqui, uma vez mais, a cadeia metonímica subjacente, se é que existe, e de forma visível (fogo-calor-suor, o fogo que recebe como seu sema, o efeito que provoca em quem é submetido à sua ação etc.), surge bastante contorcida, requer um percurso, um curto-circuito fatigante que *não paga a pena*: tanta trabalheira para se aprender o que já se sabia, que o fogo faz suar! O leitor rejeita o convite a uma aventura sem resultados apreciáveis. A metáfora é definida como "feia" ou 'inútil" por razões, mais que estéticas, retóricas: rejeitá-la é como vingar-se de uma operação linguística que, com ares de fazer funcionar a linguagem em direção criativa, na verdade nada cria e consegue somente realizar uma fatigante tautologia.

O mesmo não aconteceria com uma série de juízos do tipo: "a composição química dos cabelos é semelhante à da água; o fogo

SEMÂNTICA DA METÁFORA 99

segrega, de glândulas semelhantes às glândulas sudoríparas humanas, uma espécie de humor de funções homeostáticas..." Eis-nos então diante de uma série de juízos *fatuais*. Como já dissemos, não compete à Semiótica estabelecer se são eles verdadeiros ou falsos; mas compete à Semiótica estabelecer se são socialmente aceitáveis. Ora, muitos juízos fatuais afiguram-se inaceitáveis não por serem falsos, mas porque aceitá-los imporia a reestruturação do Sistema Semântico Global, ou de vastíssimas porções do mesmo. Isso explica por que, em dadas circunstâncias históricas, a prova fisicalista de verdade de certos juízos não abriu caminho face à necessidade social de rejeitar tais juízos. Galileu não foi condenado por razões lógicas (em termos de Verdadeiro ou de Falso) mas por razões semióticas. Tanto isso é verdade que a falsidade dos seus juízos fatuais foi demonstrada recorrendo-se a juízos semióticos contrários, do tipo: "não corresponde ao que está dito na Bíblia".

Pode, todavia, dar-se o caso de juízos fatuais inaceitáveis que, antes de serem enunciados sob forma referencial, são enunciados sob forma metafórica. Por exemplo, quem, antes de Copérnico, tivesse usado a metáfora "a periférica esfera" para definir a Terra, teria posto o destinatário da mensagem ante a necessidade de inferir uma substituibilidade entre dois sememas que até então haviam, ao contrário, apresentado semas nitidamente contrastantes: a Terra tinha um sema de centralidade, não tinha semas de perifericidade (em relação ao sistema solar). Nesse caso, ter-nos-íamos encontrado diante de uma metáfora que confusamente antecipava uma reestruturação de código futura e permitia inferir possíveis juízos fatuais que todavia ainda não podiam ser enunciados. No caso em foco, a criatividade da linguagem teria promovido uma reestruturação dos campos e eixos semânticos, sem todavia poder oferecer as garantias da necessidade da formulação. A linguagem está cheia de tais antecipações metafóricas cujo valor cognoscitivo – a capacidade de revelar novas cadeias metonímicas – se revela depois em seguida, e cujo destino é determinado por circunstâncias históricas que escapam ao domínio de Semiótica.

Também diverso é o caso de uma antecipação metafórica que instaura um curto-circuito entre duas unidades semânticas até então estranhas uma à outra e mesmo assim o mantém sobre uma espécie de necessidade a nível da forma da expressão. Alguns anos antes que se realizasse a fissão nuclear, e quando ainda sobre o semema "átomo" pesava o sema de "indivisibilidade" (ao menos a nível do conhecimento comum), Joyce, no *Finnegans Wake*, fala de "abnihilation of the ethym".

Encontramos aqui uma substituição de "átomo" por /*etimo*/ que se apoia no que anteriormente chamamos de *contiguidade por semelhança dos significantes*. Uma vez ocorrida a substituição, começa a verificar-se, a nível semântico, uma série de inspeções sobre a possível viabilidade de um procedimento destrutivo do átomo que, no que toca aos étimos, parece integralmente realizado pelo próprio texto à nossa frente (realizando-se, portanto, de reforço, uma *contiguidade no contexto*); semas comuns aos dois sememas (sua radicalidade elementar, sua primigenidade que fazem do átomo um étimo dos eventos físicos e, dos étimos, um átomo verbal, todas essas associações tornadas razoáveis pela própria estrutura do código) começam a tornar crível um possível juízo fatual que revolucionaria todo o campo semântico. O poeta antecipa um futuro conhecimento científico-conceptual exatamente porque, ainda que apenas através de artifícios expressivos, rompe cadeias conceptuais que manipulam unidades culturais e as desligam e subtraem de suas colocações semióticas habituais.

Eis como e por que, voltando ao nosso esquema exemplificativo, podemos coligar /*A*/ e /*K*/ *com alguma razão*. O que significa: de modo que antes ou depois alguém compreenda o porquê da coligação, e a necessidade de um juízo fatual ainda inexistente. Então e só então se demonstra que o percurso das contiguidades subsequentes, ainda que fatigante, era praticável, ou que era possível instituírem-se percursos. Eis então como o juízo fatual, antecipado sob forma de metáfora inusitada, revoluciona e reestrutura o sistema semântico nele colocando circuitos até então inexistentes. E eis, por conseguinte, como é possível prever funções criativas da linguagem que não repousem na existência de percursos já culturalizados, embora desfrutem de alguns desses percursos para instituir outros novos.

Tudo isso esclarece, enfim, o que separa a metáfora inventiva do juízo fatual autêntico, embora ambos pareçam ter a mesma função de estabelecer novas conexões no sistema semântico.

O juízo fatual extrai perceptivamente ou intelectualmente o dado perturbador *de fora da linguagem*. São os ratinhos mortos no laboratório que obrigam a dizer "o ciclamato é mau". E a morte é um fato extrassemiótico.

A metáfora, ao contrário, extrai a ideia de uma conexão possível *de dentro* do círculo da semiose ilimitada, embora a nova conexão reestruture o próprio círculo nas suas conexões estruturantes.

O juízo fatual nasce de uma mutação física do mundo, e só depois se transforma em conhecimento semiótico. A metáfora nasce de um motim no interior da semiose. Se tiver êxito em seu

SEMÂNTICA DA METÁFORA

jogo, produz conhecimento porque produz novos juízos semióticos e nos seus resultados últimos alcança soluções não diversas dos juízos fatuais. Mas diverso é o tempo empregado por ambos em produzir conhecimento. Os juízos fatuais morrem depressa como tais, para se transformarem em juízos semióticos. O juízo fatual aceito como verdadeiro ("os ciclamatos produzem o câncer") morre como tal para gerar uma estipulação de código (/ciclamato/ = "câncer"). Os juízos fatuais coroados de êxito são lembrados como tais só a título celebrativo ("a célebre descoberta de Copérnico"; mas está claro que essa célebre descoberta faz hoje em dia parte dos códigos de um estudante de primeiro ciclo).

Ao contrário, as metáforas (que no fundo são *juízos metassemióticos*) tendem a resistir à aquisição. Se forem inventivas (isto é, inéditas) não poderão ser aceitas tão facilmente; o sistema tende a não absorvê-las. Assim produzem, mais que conhecimento, algo que psicologicamente poderíamos chamar de "excitação", e que, sob o ponto de vista semiótico nada mais é que "informação" no seu sentido mais próprio: um excesso de desordem em relação aos códigos existentes. Diante da metáfora, intui-se que ela está veiculando conhecimento, e intuitivamente (percorrendo as cadeias metonímicas subjacentes) se capta a sua legitimidade: mas, enquanto a análise não tiver posto em evidência tais cadeias metonímicas subjacentes, reconhece-se que as metáforas implicam um conhecimento aditivo sem saber demonstrar a legitimidade dele.

O emparelhamento entre o novo veículo e o novo (ou velho, ou insuspeitado) teor ainda não faz parte da nossa cultura. O sentido dessa codificação não reconhecida, e no entanto tão confusamente advertida como necessária, confere às metáforas sua exemplaridade e memorabilidade. Quando se une a outros artifícios, contextuais e suprassegmentais, coenvolvendo operações sobre a substância da expressão, isto é, das metáforas estéticas, esse sentido confuso é aquilo que os estetólogos ingênuos chamam de "poesia", "liricidade", "milagre da arte". É o sentido de uma disponibilidade, de uma valência ainda não saturada da cultura. É advertirmos que *poderiam* (ou *deveriam*) nascer novos códigos, e que os velhos não resistem ao choque.

Quando finalmente as metáforas se transformam em conhecimento, já completaram o ciclo delas. Catacretizam-se. O campo reestruturou-se, a semiose reassestou-se, a metáfora tornou-se (de invenção que era) cultura.

Em todo o caso, para chegar a tais resultados, teve a metáfora que apoiar-se em possíveis contradições do código. Foi necessário, para que a metáfora tivesse valor eversivo, que existissem duas

102 AS FORMAS DO CONTEÚDO

condições no seio do código, uma ligada ao plano da expressão e a outra, ao plano do conteúdo:

(*a*) Foi necessário que, pela arbitrariedade fundamental do código, existissem correspondências entre sistemas significantes e sistemas significados, mas não estreitamente unívocas, não de sentido único, não prefixadas de uma vez por todas, mas sim abertas a aliterações de vários tipos: em virtude das quais fosse pensável o uso de um significante para indicar um significado que, no jogo atual dos emparelhamentos, não é o seu.

(*b*) Em segundo lugar, foi necessário que, passando de um campo semântico ao outro, e colocando-os em relação, se descobrisse que no interior do Sistema Semântico Global é possível chegar-se a atribuir a um semema semas contraditórios.

Dado ainda uma vez o esquema

$$
\begin{array}{ccccccc}
A & vs & B & vs & C & vs & D \\
\downarrow & & \downarrow & & \downarrow & & \downarrow \\
X & vs & Y & vs & Z & vs & K
\end{array}
$$

deve existir a possibilidade (e de fato existe) de que, uma vez obtida a substituição, mediante coligações metonímicas, de /A/ por /K/, se descubra que "K" tem semas em contradição com os de "A", e que, portanto, ocorre a possibilidade de, uma vez substituído "A" por /K/, podermos formular o juízo metassemiótico *A = não K*.

Para que o Sistema Semântico Global possa produzir enunciados criativos, *cumpre* que ele seja contraditório, e que não exista uma Forma do conteúdo, mas sim *formas* do conteúdo.

PARA A CONTRADIÇÃO
QUE A PERMITE

Para compreendermos esses problemas é preciso ainda uma vez voltarmos ao que chamamos de Modelo Q. Visto como modelo do universo, o modelo Q é a epifania da Estrutura Ausente. É o campo de um jogo. Nesse campo combinatório de altíssima entropia, a cultura intervém sobrepondo códigos e, consequentemente, estruturas.

Todavia, por sua própria natureza hipotética, o modelo Q, no momento em que é *regulado* por um código, contém sempre a possibilidade de que esse código esteja minado por uma contradição. Em outros termos (retomando problemas aflorados em "Os

SEMÂNTICA DA METÁFORA

Percursos do Sentido", VII, 3), se uma unidade cultural, através de percursos como aqueles estudados pela árvore KF, se coliga com outra unidade (criando o eixo α vs β, ou a equivalência $s_1 = \alpha_1 = \beta_1$), o modelo Q contém as condições para que haja a oposição, para que as cadeias de equivalência sejam *contraditas* (e se tenha α vs γ, ou então $s_i = \alpha_2 = \beta_3$. A mutação dessas relações (a diferente magnetização das bolinhas, para recorrermos a uma metáfora já empregada) depende de uma série de variáveis, a maioria das quais não puramente semióticas. Uma processualidade diacrônica insere-se *de fato* para estruturar e reestruturar os códigos semióticos, que devem ser formalizados e descritos como sincrônicos.

Definir as relações entre os dois momentos significa definir as relações entre uma lógica estrutural e uma lógica dialética. Se no modelo Q, por definição, pode inserir-se a contradição, então a descrição semiótica dos códigos será a descrição sempre provisória de assestamentos sincrônicos continuamente minados pela contradição que os faz viver.

Sobre o modo pelo qual se articula tal contradição, existem algumas hipóteses.

Para Sève (1967), as formas bem realizadas e descritas estruturalmente são apenas uma configuração transitória do "movimento real"; portanto, a lógica estrutural é só uma *lógica dos segmentos internodais das contradições dialéticas*; a lógica estrutural é uma "razão analítica" provida de um conhecimento incompleto, ainda que útil e necessário, do processo dialético. Essa tese retoma alguns temas tratados por Lévi-Strauss (1962) naquele ensaio final de *O Pensamento Selvagem*, em que confronta Estruturalismo e História, mas parece restringir os objetivos da lógica estrutural. A ela atribui, contudo, uma função que poderia ser mais que suficiente. Ao invés de conhecermos mal, ou intuitivamente, ou através de uma obscura noção de "globalidade", o movimento real, melhor é sabermos individuá-lo através de configurações provisórias mas descritíveis. A tentação metafísica dessas descrições seria a de se julgarem absolutas, não uma imagem de um momento do processo, mas a imagem das razões meta--históricas do processo.[6]

6. "Une structure, une fois construite, on en nie l'un des caractères qui paraissait essentiel ou au moins nécessaire... Dans le domaine des structures logico-mathématiques, c'est presque devenu une méthode que, une structure é éant donnté de chercher par un système de négations à construire les systèmes complémentaires ou différents que l'on pourra ensuite réunir en une structure complexe totale" (Piaget, 1968, p. 104). (Esta citação de Piaget já aparece na p. 75, onde foi traduzida em nota de rodapé. N. da T.)

104 AS FORMAS DO CONTEÚDO

Para Godelier (1966), é possível individuar diversas formas de contradição; dentro das estruturas, e entre estrutura e estrutura. O segundo tipo de contradição explicaria os processos históricos: "L'apparition d'une contradiction serait en fait l'apparition d'une limite, d'un seuil pour les conditions d'invariance d'une structure. Au-delà de cette limite un changement de structure s'imposerait. Dans cette perspective la notion de contradiction que nous présentons intéresserait peut-être la cybernétique"*. Tal posição lembra o modo pelo qual procuramos ver as possíveis reestruturações de um campo semântico, quando se passa de campos complementares a campos contraditórios em virtude do aparecimento de uma mensagem que altera alguns emparelhamentos conotativos – veja-se o exemplo de *açúcar* vs *ciclamato*.

Sève critica essa posição (a estrutura é interna, mas o motor do desenvolvimento é externo), porém recorda que tais explosões de estrutura não acontecem por um resultado automático de lógica estrutural mas pela intervenção daquela modificação ativa que é a luta de classes (se quiséssemos voltar ao nosso exemplo do açúcar e dos ciclamatos: a destruição de algumas relações conotativas nasce de uma decisão prática tomada "revolucionariamente" por um cientista ao revelar que os ciclamatos produzem o câncer). Mas essa objeção poderia provocar tanto um consenso quanto uma nova objeção: de um lado, parece-nos legítimo dizer que toda reestruturação dos códigos ocorre por obra de mensagens novas, novos juízos fatuais ou novos juízos semióticos que obrigam o código a enriquecer-se ou a entrar em crise. Do outro, cumpre lembrar que uma mensagem, por mais nova que seja, é possibilitada pela existência de códigos precedentes; em outras palavras, é possível reestruturarem-se os códigos, mas só porque se parte de códigos. E uma leitura em chave estrutural dos princípios do materialismo dialético mostrar-nos-ia que também a luta de classes e o ato revolucionário são eventos permitidos e promovidos por uma certa estrutura da sociedade (e aqui, lembremos que a estrutura marxista como "base econômica" pode ser lida como sistema de oposições e diferenças em sentido estruturalista [v. Althusser, 1965; Lefèbvre, 1966; Godelier, 1966]). Se a luta de classes, dentro de uma perspectiva marxista, deve acontecer porque se criam as condições necessárias, então também a mensagem "luta de classes" encontra suas matrizes gerativas nas estruturas sociais. Reler também nesse sentido o ensaio de Mao *Sobre a contradição*

---

* "O aparecimento de uma contradição seria de fato o aparecimento de um limite, de um limiar para as condições de invariância de uma estrutura. Além desse limite, impor-se-ia uma mudança de estrutura. Dentro de tal perspectiva, a noção de contradição por nós apresentada talvez interesse à Cibernética." (N. da T.)

SEMÂNTICA DA METÁFORA

permitiria delinear uma descrição estrutural de uma matriz gerativa de movimento histórico. O ensaio de Mao, do qual não está ausente a visão oposicional e binária dos princípios orientais do Yin e do Yang, traduz a dialética hegeliana num modelo que pode ser relido em chave semiótico-estrutural.

Com o que se chega a uma terceira possibilidade, prefigurada por aquela frase em que Godelier acena para um parentesco entre a noção de contradição e a cibernética. Nesta chave, deve ser meditado um escrito, sem dúvida demasiado sintético e cheio de temerárias analogias, mas passível de desenvolvimentos mais rigorosos, o de Leo Apostei (1960), onde se tenta construir um modelo cibernético da contradição dialética. E algumas ideias bastante fecundas sobre essas possibilidades nos são dadas por um pensador com o qual contraímos um largo débito, Piaget. Em seu ensaio sobre o Estruturalismo, já citado, insiste ele na noção de estrutura como geradora de contínuas transformações: toda estrutura não remete às estruturas precedentes, mas a alguns mecanismos operadores que trabalhariam por debaixo delas: "l'idée de la structure comme système de transformations devient ainsi solidaire d'un constructivisme de la formation continue" (p. 31), onde nunca se individuam estruturas últimas e "naturais" (como acontecia com Lévi-Strauss) e "les frontières de la formalisation sont donc mobiles ou vicariantes" (p. 31), no sentido de que "il n'existe pas de forme en soi ni de contenu en soi, tout élément (des actions sensorimotrices aux opérations, ou de cellesci aux théories etc.) jouant simultanément le rôle de forme par rapport aux contenus qu'il subsume et de contenu par rapport aux formes supérieures".[*] O que constitui uma reportação (acreditamos inteiramente casual, mas precisamente por isso mais interessante) à teoria da semiose ilimitada e da cadeia infinita dos interpretantes (que é, em seguida, definida no que chamamos de Modelo Q). Enfim, não é por acaso que essas páginas de Piaget discutem problemas matemáticos ligados às pesquisas de Goedel; as estruturas contêm uma contradição interna e essa contradição se torna evidente e eventualmente passível de ser resolvida ao delinear-se uma nova estrutura. Cria-se, destarte, uma espécie de pirâmide cujos fundamentos não estão na base, sempre contradita, mas naquela contínua abertura

---

* "a ideia da estrutura como sistema de transformações torna-se, dessarte, solidária com um construtivismo da formação contínua." E logo adiante: "as fronteiras da formalização são, pois, móveis e vicariantes". E por fim: "não existe nem forma em si nem conteúdo em si, visto que cada elemento (das ações sensório-motrizes às operações ou destas às teorias etc.) desempenham simultaneamente o papel de forma em relação aos conteúdos que ele subsume e de conteúdo em relação às formas superiores". (N. da T.)

e progressão do vértice que transforma a pirâmide numa espiral (se quisermos continuar recorrendo a gráficos como a metáforas úteis) de volutas sempre mais vastas à medida que se avança para o alto.

O mesmo Piaget coliga esses problemas aos de uma interpretação estrutural da lógica dialética e nos indica pelo menos a direção na qual esse estudo deve ser levado avante. Em todo o caso, dentro de tal perspectiva, uma condição se impõe: que as estruturas individuadas nunca sejam definidas como últimas, objetivas, naturais, independentes do ponto de vista sob o qual a hipótese é construída.

É curioso, não há dúvida, que o discurso sobre a criatividade da linguagem e sobre a função seja da invenção retórica seja da "criação" estética nos tenha conduzido àquele ponto nodal de nosso discurso, onde a lógica estrutural pede para ser explicada por uma lógica dialética. Mas é curioso somente para quem continua a crer que uma meditação sobre a comunicação não atinge o cerne da vida histórica e social e não constitui a estrada principal ao longo da qual, partindo do universo das "superestruturas" individuado do único modo correto possível, se chega a reencontrar, sob um novo e mais rico ponto de vista, o mesmo universo das condições materiais da existência. As quais, como já mostrávamos no primeiro ensaio deste livro, só são, por sua vez, descritíveis como estruturas semióticas, do contrário não se explicaria por que geram relações sociais ao invés de permanecerem na categoria de estímulos e ocasiões brutas. É certo que se continuássemos este discurso, descobriríamos que nas raízes da criatividade da linguagem, e portanto, nas raízes da contraditoriedade do código, reside um erro primário, ou seja o aparecimento casual do homem na terra, e sua necessidade de realizar-se assumindo a contradição como mola da história e não como pecado original a ser pago na desesperação. Que é o problema de como a filosofia torna racional o *meanderthale*. De como, em outros termos, tudo o que é *real* seja *meandertale*, e tudo o que é *meandertale* seja *racional*, desde que a razão saiba construir para si os instrumentos adequados para tornar humano, e utilizável, aquilo que de outro modo seria um *jungfraud messongebook*.

Mas a lição deste ensaio (e quem se não o autor deve tirá-la em primeiro lugar?) é que, se há que abordar tal assunto, talvez a abordagem mais útil seja precisamente a metafórica. E eis o porquê do ensaio seguinte, que de técnico, referencial, controlável e verificável só tem a estrutura do código "edênico", empregado como modelo de laboratório: pois quanto às relações entre o uso estético desse código e o interdito inicial que o torna contraditório, preferimos

SEMÂNTICA DA METÁFORA

dar largas à imaginação metafórica, e narrar nossa suspeita sob forma de mito.

E visto que a Semiótica constitui para nós a única forma de filosofia pensável, não se pode negar que o uso filosófico do mito tenha títulos de seriedade suficientes para permitir-nos empreender a operação que se segue.

4. Geração de Mensagens Estéticas Numa Língua Edênica

PREMISSA

Características do uso estético de uma língua são a *ambiguidade* e a *autorreflexividade* das mensagens (Jakobson, 1960). A ambiguidade permite que a mensagem se torne inventiva em relação às possibilidades comumente reconhecidas ao código, e é uma característica comum também ao uso metafórico (mas não necessariamente estético) da linguagem (v. "Semântica da Metáfora"). Para que se tenha mensagem estética não basta que ocorra uma ambiguidade a nível da forma do conteúdo – onde, no jogo de trocas metonímicas, produzem-se as substituições metafóricas que obrigam a ver o sistema semântico de modo diverso, e de modo diverso o mundo por ele coordenado. É mister também que ocorram alterações na ordem da forma da expressão, e alterações tais que o destinatário, no momento em que adverte uma mutação na forma do conteúdo, seja também obrigado a voltar à própria mensagem, como entidade física, para observar as alterações da forma da expressão, reconhecendo uma espécie de solidariedade entre a alteração verificada no conteúdo e a verificada na expressão. Desse modo, a mensagem estética torna-se autorreflexiva, comunica igualmente sua organização física, e desse modo é possível asseverar que, na arte, forma e conteúdo são inseparáveis: o que não deve significar que não seja possível distinguir os dois planos e tudo quanto de específico ocorre a nível de cada um, mas, ao contrário, quer dizer que as mutações, aos dois níveis, são sempre uma, função da outra.

Em toda discussão estética, sempre se corre o risco de manter tais afirmações a um nível puramente teórico. Quando queremos descer à verificação prática, fazemo-lo sobre mensagens estéticas já elaboradas e particularmente complexas, onde as distinções de plano, as alterações de código e de sistemas, os mecanismos de inovação afiguram-se difíceis de analisar com exatidão. É, portanto, útil construir-se em laboratório um modelo reduzido de mensagem estética, propondo uma língua-código extremamente simples e mostrando quais as regras capazes de gerar mensagens estéticas. Estas deveriam ser regras internas do próprio código, porém suscetíveis de gerar uma alteração desse código, tanto ao nível da forma da expressão quanto ao nível da forma do conteúdo. Consequentemente, o modelo deveria mostrar as possibilidades que uma língua tem de gerar sua própria contradição, e de que maneira é o uso estético dessa língua um dos modos mais apropriados para gerar contradições. O modelo deveria igualmente mostrar que as contradições que o uso estético de uma língua gera a nível da forma da expressão coenvolvem contradições a nível da forma do conteúdo e implicam, por conseguinte, uma reestruturação do modo de organizar o mundo.

Para tanto, procuremos imaginar uma situação primordial, a vida no Éden, onde seja usada uma língua edênica.

Nosso modelo de língua edênica nos é sugerido pelo Projeto Grammarama, de George Miller (1967), só que Miller não pensara nesse modelo de língua como numa língua edênica, nem dele tentara um uso estético. Interessava-lhe apenas controlar a maneira pela qual um indivíduo, gerando sequências casuais mediante dois símbolos-bases (D e R) e obtendo respostas de controle que lhe indicassem quais dessas sequências seriam gramaticais, estaria apto para descobrir a regra gerativa das sequências corretas. O dele era, portanto, um modelo do aprendizado da linguagem. No nosso exemplo, ao contrário, Adão e Eva já sabem quais as sequências corretas e as empregam, embora tendo ideias imprecisas (como é justo) sobre a regra gerativa que as subtende.

UNIDADES SEMÂNTICAS E SEQUÊNCIAS SIGNIFICANTES NO ÉDEN

Circundados embora por uma natureza luxuriante, Adão e Eva, no Éden, elaboraram uma série restrita de unidades semânticas que privilegiam valores e atitudes em relação aos fenômenos,

GERAÇÃO DE MENSAGENS ESTÉTICAS...

em detrimento de uma nomeação e classificação exata de cada um desses fenômenos. Essas unidades semânticas estruturam-se em 6 eixos:

- Sim *vs* não
- comível *vs.* não comível (onde comível está por "para ser comido", "comestível", "quero comer" etc.)
- bem *vs* mal (a oposição diz respeito tanto a experiências morais quanto físicas)
- belo *vs* feio (a oposição cobre todos os graus do aprazível, divertido, desejável etc.)
- vermelho *vs* azul (a oposição cobre toda a gama das experiências cromáticas, a terra é percebida como vermelha e o céu como azul, a carne é vermelha e a pedra é azul etc.)
- serpente *vs* maçã (a última oposição é a única que designa objetos ao invés de qualidades de objetos ou reações a objetos; mas é mister considerarmos que, enquanto todos os demais objetos estão ao alcance da mão, estes dois emergem entre todos por uma característica, sua, de estranheza; pode-se admitir que as duas unidades culturais só tenham sido acrescentadas ao código depois do juízo fatual emitido por Deus sobre a intangibilidade da maçã, como veremos em seguida. Nesse caso, a serpente, surgindo na mesma árvore em que está a maçã, é considerada como complementar a ela, e torna-se unidade cultural precisa. Os outros animais, ao contrário, são percebidos como "comíveis" ou "mal", ou "azuis", ou então "vermelhos", sem que intervenham outras pertinenciações do *continuum* perceptivo global).

112   AS FORMAS DO CONTEÚDO

Naturalmente uma unidade cultural torna-se o interpretante de outra, podendo-se verificar cadeias conotativas do tipo:

(1) vermelho = comível = bem = belo
     azul   = não com. = mal = feio

Todavia, Adão e Eva não podem designar (e, portanto, conceber) essas unidades culturais senão veiculando-as através de formas significantes. Para tanto lhes é dada (ou serão eles que a adquirem lentamente? não interessa) uma língua muito simples e suficiente para exprimir tais conceitos.

A língua compõe-se de um repertório de sons, A e B, combináveis entre si em sequências obedecendo à regra (X, nY, X). Isto é, toda sequência deve começar com um primeiro elemento, seguir com n repetições do outro elemento e terminar com uma só ocorrência do primeiro elemento. Com uma regra desse tipo é possível gerar uma série infinita de sequências sintaticamente corretas; mas Adão e Eva delas conhecem um repertório limitado e correspondente às unidades culturais. Seu código é, portanto, do tipo:

(2) ABA   = comível
     BAB   = não comível
     ABBA   = bem
     BAAB   = mal
     ABBBA   = serpente
     BAAAB   = maçã
     ABBBBA   = belo
     BAAAAB   = feio
     ABBBBBA   = vermelho
     BAAAAAB   = azul

Além disso, o código contém dois operadores:

     AA   = sim
     BB   = não

que podem significar permissão/interdição, ou então existência/inexistência, ou ainda, aprovação/desaprovação etc.

Não há outras regras sintáticas, exceto que a união de duas sequências coloca as unidades culturais conexas em situação de predicação recíproca (BAAB. ABBBBBA significa, por conseguinte "a maçã é vermelha", mas também "maçã vermelha").

Adão e Eva sabem manejar muito bem a língua edênica. Uma coisa não compreendem senão confusamente: a regra gerativa das sequências. Podem intuí-la vagamente, mas no caso, entendem as sequências AA e BB como anômalas. Além do mais, não sabem que se poderiam gerar outras sequências corretas, mesmo porque não sentem necessidade disso, já que não têm outra coisa para nomear. Vivem num mundo pleno, harmônico, que os satisfaz totalmente. Não divisam nem crises nem necessidades.

As cadeias conotativas indicadas em (1) estruturam-se, portanto, para eles, neste sentido:

(3) ABA = ABBA = ABBBBA = ABBBBBA = BAAAB = AA
    (com.   bem   belo   vermelho   maçã   sim)

    BAB = BAAB = BAAAAB = BAAAAAB = ABBBA = BB
(não com.   mal   feio   azul   serpente não)

As palavras são as coisas (ou melhor, as experiências que eles conhecem) e as coisas são as palavras. Daí serem naturais, para eles, certas associações conotativas do tipo:

(4) ABA = "vermelho".

Trata-se já, como vemos, de um embrional uso da metáfora, baseado na possibilidade de extrapolar por cadeias metonímicas do tipo (3), e trata-se, por conseguinte, de um embrional uso inventivo da linguagem. A inventividade, com a informação que dela deriva, é, contudo, mínima porque todas as cadeias estão dadas e todas já foram suficientemente percorridas, em virtude da exiguidade desse universo semiótico, tanto no que diz respeito à forma do conteúdo quanto à forma da expressão.

Todos os juízos que Adão e Eva podem pronunciar sobre o universo já são juízos semióticos, isto é, estão dentro do círculo convencionado da semiose. É verdade que eles também pronunciam juízos fatuais do tipo /..... *vermelho*/ quando se acham na presença de uma cereja. Mas o juízo fatual se consome no momento, dado que, não existindo um termo para /..... / não se trata de inserir no código o protocolo dessa experiência. De fato, juízos desse tipo não podem gerar senão tautologias, no sentido de que cereja, percebida e nomeada como /*vermelho*/ dá lugar a juízos do tipo /*vermelho é vermelho*/ ou então /*vermelho é bom*/, que, como vemos em (3), já estão homologados pelo código. Pode-se, é fato, supor que eles possuam signos de tipo indicial, isto é, gestos com os quais, indicando um objeto, pressupõem o índice /*este*/ (assim como através de gestos indiciais de função pronominal se acrescenta o *shifter* /*eu*/ ou /*tu*/ ou /*ele*/ a toda e qualquer proposição); portanto a proposição /*ABBBBBA.ABA*/ acompanhada de dois gestos indiciais significa aproximadamente "*eu* comer *este* vermelho". Mas indubitavelmente Adão e Eva veem os índices como artifícios não linguísticos, ou melhor metalinguísticos, indicadores de circunstância que permitem conferir um sentido existencial às suas proposições.

A FORMULAÇÃO DO PRIMEIRO JUÍZO FATUAL COM CONSEQUÊNCIAS SEMIÓTICAS

Tão logo Adão e Eva se habituaram ao Éden, e aprenderam a mover-se com a ajuda da linguagem, eis que chega Deus e pronuncia um primeiro juízo fatual. O sentido daquilo que Deus lhes quer dizer é: "vocês pensam que a maçã pertence à categoria das coisas boas e comestíveis, porque é vermelha; mas eu lhes digo que ela não deve ser considerada comestível porque é mal". Deus não tem necessidade de explicar por que a maçã é mal, visto que se julga parâmetro dos valores: para Adão e Eva a coisa funciona um pouco diferente, porque se habituaram a associar o bem ao comestível, e ao vermelho; não podem, contudo, subtrair-se à ordem de Deus, que é por eles conhecido como um AA, isto é, o "sim", o positivo. Na verdade, enquanto para todas as outras experiências, a sequência AA é usada apenas para conotar um emparelhamento qualquer de outras sequências, no caso de Deus (eu sou aquele que é), AA é o seu nome e não um simples predicado. Uma consciência teológica mais ampla avisaria Adão e Eva de que a serpente deveria, por conseguinte, ser nomeada como BB, mas eles não sabem disso. E depois, a serpente é azul e não comestível, e após a ordem de Deus, desenha-se como presença pertinenciada no *mare magnum* da substância do conteúdo edênico.

Deus, portanto, fala e diz: /*BAAAB.BAB – BAAAB. BAAB*/ (maçã não comível, maçã mal). O juízo dele é fatual porque comunica uma noção não conhecida pelos destinatários (Deus é o referente e a nascente do referente, aquilo que diz tem consistência referencial, é como se para nós falasse um perito em fruticultura prêmio Nobel).

GERAÇÃO DE MENSAGENS ESTÉTICAS...   115

Todavia, é também um juízo semiótico, enquanto coloca um novo tipo de emparelhamento conotativo entre unidades semânticas até então diferentemente emparelhadas. (Como veremos em seguida, Deus comete um grave erro ao fornecer os elementos para subverter o código. Por querer elaborar um interdito que ponha à prova suas criaturas, fornece o primeiro exemplo de subversão da suposta ordem natural das coisas. Por que uma maçã, que é vermelha, não deve ser comível, como se fora azul? Mas Deus quer criar cultura, e a cultura nasce, ao que parece, com a instauração de um tabu universal. Poder-se-ia observar que, tudo somado, do momento em que já existia linguagem, também existia cultura, e que o que Deus criava era a organização, o princípio de autoridade, a lei. Mas quem sabe lá o que de fato aconteceu naqueles momentos? E se a formação da linguagem tivesse sido subsequente à formulação do interdito? Estamos aqui apenas manobrando um modelo fictício que não quer resolver o problema das origens da linguagem. Em todo o caso, insistamos. Deus cometeu uma imprudência, mas é cedo demais para dizermos qual. Veremos depois.)

Logo após a interdição divina, Adão e Eva se acham, em todo o caso, na condição de alterar as cadeias conotativas estabelecidas em (3) e devem produzir cadeias do tipo:

(5) vermelho = comível = bem = belo = sim

serpente e maçã = não comível = mal = feio = não com o que, chegamos facilmente à conotação

serpente = maçã

Como se vê, o universo semântico apresenta certo desequilíbrio em relação à situação inicial, mas o universo semântico onde vivemos parece ser mais semelhante à situação (5) do que à situação (3). Esse desequilíbrio gera entrementes as primeiras contradições.

DESENHA-SE A CONTRADIÇÃO NO UNIVERSO SEMÂNTICO EDÊNICO

Existem, de fato, hábitos perceptivos pelos quais a maçã continua a ser nomeada como /... vermelho/ e todavia ela tornou-se equivalente conotativamente ao que é mal e não comestível e, portanto, ao azul. A proposição

(6) BAAAB.ABBBBBA (a maça é vermelha)
    é contradita pela outra

116 AS FORMAS DO CONTEÚDO

(7) BAAAB.BAAAAAB (a maçã é azul).

Adão e Eva percebem que estão diante de um caso curioso, em que a denotação entra em contraste com as conotações que gera, contradição que não pode ser expressa na linguagem denotativa normal. Eles não podem indicar a maçã dizendo /*isto é vermelho*/ porque sabem também que /*isto é azul*/. Hesitam em formular a proposição contraditória "a maçã é vermelha, é azul" e devem limitar-se a indicar aquela entidade singular que é a maçã com uma espécie de metáfora, /*aquilo que é vermelho e azul*/, ou melhor, / *aquilo que se chama vermelho-azul*/. Em lugar da proposição / BAAAB. ABBBBBA.BAAAAAB/ (a maçã é vermelha, é azul), preferem recorrer a uma metáfora, a um nome substitutivo composto, que os subtrai ao risco de uma contradição lógica e permite uma tomada intuitiva e ambígua do conceito (mediante um emprego bastante ambíguo do código); dizem eles, a propósito da maçã:

(8) ABBBBBABAAAAAB (o vermelhoazul).

O novo termo exprime um fato contraditório sem obrigar a formulá-lo segundo as regras lógicas consuetas que não o suportariam. Mas provoca em Adão e Eva uma experiência jamais provada. Eles estão fascinados pelo som inusitado, pela forma inédita da sequência que compuseram. A mensagem (8) é ambígua sob o ponto de vista da forma do conteúdo, é óbvio, mas também o é sob o ponto de vista da forma da expressão. Como tal, torna-se embrionalmente autorreflexiva. Adão diz /*vermelhoazul*/ e depois, ao invés de olhar a maçã, repete de si para consigo, um pouco enternecido e com ar pueril, aquele grumo de sons curiosos. Contempla, talvez pela primeira vez, as palavras e não as coisas.

GERAÇÃO DE MENSAGENS ESTÉTICAS

Reexaminando a expressão (8), Adão faz uma descoberta: ABBBB*BA*BAAAAAB contém em seu interior, quase no centro, a sequência BAB (não comível). Curioso: a maçã como vermelhoazul contém formalmente a indicação daquela sua incomibilidade que parecia ser apenas uma das suas conotações na ordem da forma do conteúdo; e ao invés disso, eis que a maçã se torna "não comível" também no que diz respeito à forma da expressão. Adão e Eva des-

GERAÇÃO DE MENSAGENS ESTÉTICAS...   117

cobriram o uso estético da linguagem. Mas ainda não estão certos
disso. Deve crescer o desejo pela maçã, a experiência-maçã deve
assumir um fascínio sempre mais intenso para gerar um impulso
estético. Já o sabiam os românticos, só se faz arte movido por grandes paixões (embora estas não sejam mais que a paixão da linguagem). Adão já tem a paixão da linguagem. Essa história desperta-lhe
a curiosidade. Mas tem também a paixão da maçã: um fruto proibido, especialmente se o único de todo o Éden, tem um certo *appeal*.
Pelo menos induz a perguntar "por quê?". Por outro lado, é um fruto
proibido que estimulou o nascimento de uma palavra inédita (proi-
bida?). Há uma interação entre paixão pela maçã e paixão pela linguagem: situação de excitação física e mental que parece espelhar
bastante bem, em escala mínima, o que entendemos, de hábito, por
motivação criativo-estética.

A fase subsequente da experiência de Adão favorece nitidamente a *substância da expressão*. Escreve ele num rochedo:

(9) ABBBBBA, que quer dizer "vermelho": mas escreve com o
suco de certas bagas azuis.

Depois escreve:

(10) BAAAAAB, que quer dizer "azul": mas escreve com o suco
de bagas vermelhas.

Observa agora o seu trabalho, satisfeito. Não serão as duas expressões (9) e (10) duas metáforas da maçã? Sua metaforicidade,
contudo, é aumentada pela presença de elementos físicos, isto é, pelo
particular realce que assume a substância da expressão. No entanto,
através daquela operação, a substância da expressão (aquele modo
particular de tratar a substância da expressão), de pura variante facultativa que era, torna-se elemento pertinente, torna-se *forma da
expressão*, só que é a forma da expressão de uma língua das cores e
não da língua verbal que Adão conhecia. E mais, algo de estranho
ocorreu: até então as coisas vermelhas eram referentes imprecisos
aos quais se aplicava o significante ABBBBBA (significado = "vermelho"). Mas agora uma coisa vermelha, o vermelho do sumo, torna-
-se, ela mesma, o significante de algo que tem entre os seus
significados a mesma palavra ABBBBBA que antes o significava. No
processo de semiose ilimitada, todo o significado pode tornar-se o
significante de outro significado, até mesmo de seu próprio significante de outrora, chegando mesmo a acontecer que um objeto (um
referente) seja semiotizado e se torne signo. À parte o fato de que

aquela cor vermelha não significa unicamente "vermelho" nem apenas "ABBBBBA", mas também "comestível" e "belo", e assim por diante. E tudo isso enquanto a nível verbal o que está escrito no rochedo quereria dizer "azul" e, portanto, "mal" e, portanto, "não comestível". Não é um achado maravilhoso? Não reproduz a carga de ambiguidade da maçã? Adão e Eva observam horas e horas, admirados, aqueles signos traçados no rochedo, extasiados. "Muito barroco", gostaria Eva de dizer, mas não pode. Não possui uma metalinguagem crítica. Agora salta Adão. Escreve:

(11) ABBBBBA

Ali estão seis B. A sequência não existe em seu vocabulário. Mas existe ABBBBBA (vermelho), que é a que mais se lhe assemelha. Adão escreveu "vermelho" mas com ênfase gráfica. Essa ênfase da forma da expressão poderá ter correspondência a nível da forma do conteúdo? Não se tratara de um vermelho enfático? Mais vermelho do que os outros vermelhos? Como por exemplo o sangue? É curioso: naquele momento, na tentativa de encontrar uma colocação para sua palavra nova, Adão, atenta pela primeira vez para a diferença entre os vários vermelhos que o rodeiam. A inovação ao nível da forma da expressão leva-o a pertinenciar ao nível da forma do conteúdo. Se chegar a isso, então o B a mais não será uma variante da forma da expressão, mas um novo decurso dela. Adão põe de parte o problema. Por ora, interessa-lhe continuar a experiência da linguagem que fala da maçã, e esse último achado o arrastou para fora da estrada. Agora, experimenta escrever (ou dizer) algo mais complexo. Quer dizer que "não comível é o mal, que é maçã feia e azul", e ocorre-lhe escrevê-lo assim:

(12)   BAB
             BAAB
            BAAAB
           BAAAAB
          BAAAAAB

Assim, em coluna. E daí resultam duas curiosas características formais da mensagem: há um crescimento progressivo do comprimento das palavras (instaura-se um ritmo) e todas as sequências terminam com a mesma letra (delineia-se um princípio de rima). Aqui o doce encanto da linguagem (*Vepodé*) arrasta Adão. Então era justa a ordem de Deus! A malvadez da maçã é sublinhada por uma espécie de necessidade formal que *impõe* (também no plano do conteúdo) que a maçã seja feia e azul. Adão está de tal maneira convencido dessa inseparabilidade de forma e conteúdo que começa

GERAÇÃO DE MENSAGENS ESTÉTICAS... 119

a pensar que *nomina sint numina*. E resolve até mesmo reforçar o ritmo e a rima, inserindo elementos de repetição calculada em sua afirmação (já agora claramente "poética"):

(13)   BAB   BAB
        BAAAB   BAB
        BAAB   BAB
        BAB   BAAAAAB

A ideia de que *nomina sint numina* já agora tomou conta de Adão. Com um gosto heideggeriano pela falsa etimologia começa ele a observar que "maçã" (BAAAB) termina por B, como todas as palavras que se referem a coisas BB (a coisas ruins: o mal, o feio, o azul). O primeiro efeito que o uso poético da linguagem nele provoca é convencê-lo (se é que ainda não está convencido) de que a linguagem é um fato natural, é icônica, analógica, nasce de obscuras onomatopeias do espírito, é a voz de Deus. Adão tem tendência para usar a experiência poética em chave reacionária: através da linguagem nomeiam-se os deuses. Além de tudo, a coisa tem o seu quê de divertido, porque do momento em que começou a manipular a linguagem, sente-se um pouco do lado de Deus, das leis eternas. Está começando a suspeitar ter obtido um ponto de vantagem sobre Eva. Pensa que essa é *a* diferença.

Mas Eva não é estranha à paixão linguística de seu companheiro. A ela se achega, porém, com outras motivações. Aconteceu o encontro com a serpente, e aquele pouco que esta pôde ter-lhe dito, com base na pobre linguagem edênica, sustentou-se provavelmente sobre uma carga e uma tensão de simpatia, da qual nada podemos falar – visto que tais fatores pré-linguísticos não são do domínio da Semiótica.

Eva, portanto, intervém no jogo: e mostra a Adão que se os nomes são numes, consequentemente é curioso que a serpente (ABBBA) tenha a mesma desinência das palavras que significam belo, bom, vermelho. Eva demonstra, portanto, a Adão que a poesia permite muitos jogos com a linguagem:

(14)   ABBA
        ABBBBA
        ABBBBBA
        ABBBA

"Bom, belo, vermelho – é a serpente", diz a poesia de Eva, tão "necessária", em sua correspondência entre expressão e conteúdo, quanto aquela de Adão; melhor ainda: a sensibilidade formal de Eva permitiu-lhe evidenciar, além da rima final, a anafórica homogeneidade inicial.

120 AS FORMAS DO CONTEÚDO

O discurso de Eva reabre o problema da contradição que a poesia de Adão parecia haver sanado: como pode ser a serpente, por direito de forma, tudo aquilo que o código *não* lhe reconhece? Eva gostaria de inferir. Tem como que a ideia de um novo modo de criar homologias subterrâneas entre forma e conteúdo, das quais se irão gerar novas contradições. Poderia, por exemplo, compor uma sequência em que toda letra fosse composta, como numa retina microscópica, por uma sequência semanticamente oposta. Para realizar, no entanto, esse exemplo de "poesia concreta", faz-se mister um refinamento gráfico que Eva não tem. Adão toma a dianteira e imagina uma sequência ainda mais ambígua:

(15)   BAA-B

O que significa aquele espaço vazio? Se se trata de um vazio, então ele disse "mal", com uma hesitação; mas se o vazio é um cheio (cancelado por um ruído qualquer) que não podia conter senão outro A, então ele sugeriu "maçã". Eva, a essa altura, inventa um "recitar cantando" todo dela, ou mesmo o teatro musicado, ou um *Sprachgesang* edênico.

E emite:

(16)   ABBBA

onde a voz se detém longamente, elevando o tom, no último B, de tal modo que não se sabe se ela cantou ABBBA (serpente) ou dobrou o último B, dando "belo". Adão, agora confundido ante esta possibilidade que demonstra a linguagem de gerar ambiguidades e enganos, tenta reportar sua inquietude não para a linguagem e suas armadilhas, mas para os significados que a ordem divina pôs em jogo. O seu "ser ou não ser" só pode concretizar--se numa oscilação de "comível/não comível", mas ao cantá-la, é arrebatado pelo ritmo, a linguagem se lhe desfaz por entre as mãos, e ele a deixa correr em liberdade:

(17)   ABA   BAB
          ABA   BAB
          ABA   BAB   BAB   BB   B   A
          BBBBBBAAAAAABBBBBB
          BAAAA
          AA

O poema de Adão explodiu numa ciranda de palavras em liberdade. Mas no momento em que reconhece ter inventado palavras incorretas, Adão também consegue compreender melhor as razões pelas quais as outras eram corretas. A lei gerativa que preside ao seu código (X, nY, X), surge-lhe agora em toda a sua clareza. Só no momento em que viola o código é que lhe capta a estrutura. E nesse instante, enquanto pergunta se o último verso é o extremo da liberdade agramatical, tem que dar-se conta de que a sequência AA existe, e pergunta como o código a permite. Volta então mentalmente ao exemplo (15) e ao problema, que então se lhe propunha, do lugar vazio. Percebe, que mesmo um vazio, em seu código, pode ser um cheio, e que a sequência AA (como a BB), que lhe pareciam anômalas, são de fato corretas porque a regra (X, nY, X) não exclui que o valor de *n* possa ser *zero*.

Adão compreende a estrutura do código no momento em que o está pondo em questão, e portanto, em que o está destruindo. Mas no momento em que compreende plenamente a férrea lei gerativa do código a que estava submetido, também compreende que poderia propor outra (do tipo, por exemplo, (nX, nY, nX): com o que se tornariam corretas sequências do tipo BBBBB-BAAAAAABBBBBB, como no quarto verso da composição [17]). À medida em que destrói o código, compreende-o em todas as suas possibilidades e descobre que dele é senhor. Ainda há pouco acreditava que através da poesia falassem os deuses: agora descobre a *arbitrariedade do signo*.

A princípio não mais consegue controlar-se: desmonta e remonta o "aparelho maluco" de que se descobriu agora senhor, compondo as sequências mais inverossímeis e deleitando-se em admirá-las e recantá-las de si para consigo durante horas e horas: inventa a cor das vogais, regula a forma e o movimento de cada consoante, acalenta a esperança de descobrir um verbo poético acessível, qualquer dia desses, a todos os sentidos, pensa em compor um livro que seja a explicação órfica da terra, diz "uma maçã", e do olvido para onde relega a sua voz, salva um certo perfil, enquanto algo diferente, dos cálices descobertos, musicalmente se ergue, ideia idêntica e suave, a ausente de todas as árvores de maçãs – le suggérer, voilà le rêve –, e para melhor consegui-lo, e fazer-se vidente, pratica a desordem de todos os sentidos, enquanto a obra, pouco a pouco, substitui seu autor, o qual, uma vez realizada a desaparição elocutória do poeta, permanece aquém da própria obra, como o deus da criação, ocupado em cuidar das unhas.

A REFORMULAÇÃO DO CONTEÚDO

Depois Adão se acalma. Em seu louco experimentar, pelo menos assentou que a ordem da linguagem não é absoluta. Daí a dúvida legítima de tampouco ser absoluta a junção das sequências significantes com o universo cultural dos significados, que em (2) fora apresentado (a ele como a nós) como O Código. Enfim, põe em questão o próprio universo das unidades culturais que já do código vinham emparelhadas com o sistema das sequências recém-destruídas.

Agora Adão submete a interrogatório a forma do conteúdo. Quem foi que disse que o azul não é comível? Passa do universo dos significados culturalizados ao da experiência, e volta a encontrar-se com os referentes. Colhe uma baga azul e come, descobrindo que é boa. Afeito até então a receber sua ração de água dos frutos (vermelhos) descobre que a água (azul) é potável, e dela se enamora. Retorna à suspeita que lhe fora incutida pela experiência (11): existem diferentes gradações de vermelho, há a do sangue, a do sol, a da maçã, a da giesta: Adão re-segmenta o conteúdo, e descobre novas categorias culturais (e portanto, novas realidades perceptivas) às quais é obviamente obrigado a atribuir nomes novos (facilmente inventáveis). Compõe sequências complexas para denotar as novas categorias, e formula enunciados para exprimir em juízos fatuais a descoberta de experiências que depois, através de juízos semióticos, adscreve ao código em expansão. Avoluma-se para ele a linguagem, e para ele o mundo se amplia. Obviamente nem a língua nem o mundo são tão harmônicos e unívocos quanto no tempo da situação (1), mas já agora não teme a série de contradições que se ocultam no código, porque de um lado o impelem a rever a forma que ele dá ao mundo, e do outro o induzem a desfrutá-las para delas extrair efeitos poéticos.

Como conclusão dessa experiência, Adão descobre que a Ordem não existe: ela é apenas um entre os muitos estados de possível quietação que a desordem de tempos em tempos alcança.

É inútil dizer que, convidado por Eva, come também a maçã, para emitir em seguida um juízo do tipo "a maçã é boa", restabelecendo ao menos num ponto o equilíbrio que o código possuía antes do interdito. Mas o fato, na fase por nós atingida, é irrelevante. Adão saiu do Éden quando manipulou, pela vez primeira, timidamente, a linguagem. Nesse sentido, dizíamos que Deus cometera um erro perturbando a harmonia unívoca do código de origem com a ambiguidade de um interdito que, como todos os interditos, deve proibir algo desejável. Daquele momento em diante (não a partir do

GERAÇÃO DE MENSAGENS ESTÉTICAS... 123

momento em que Adão realmente comeu a maçã), iniciava-se a história da terra.

A menos que Deus não tivesse consciência do fato e houvesse baixado o interdito exatamente para fazer nascer a ocorrência histórica. Ou a menos que Deus não existisse e o interdito tivesse sido inventado por Adão e Eva justamente para introduzirem no código uma contradição e começarem a falar de modo inventivo. Ou ainda, que o código tivesse essa contradição desde as origens e o mito do interdito tivesse sido inventado pelos progenitores para explicarem um fato tão escandaloso.

Como se vê, todas essas observações nos levam para fora do nosso campo de investigações, que se limita à criatividade da linguagem, ao seu uso poético, e à interação entre forma do mundo e formas significantes. É inútil dizer que a linguagem, assim livre da hipoteca da ordem e da univocidade, é entregue por Adão a seus descendentes como uma forma bastante mais rica, mas novamente com pretensões de completude e definitividade. Daí por que Caim e Abel, quando descobrem, justamente através do exercício da linguagem, que existem outras ordens, matam Adão. Esta última particularidade nos afasta ainda mais da tradição exegética consueta e nos coloca a igual distância entre o mito de Saturno e o mito de Sigmund. Mas existe método nessa loucura, e Adão nos ensinou que, para reestruturarmos os códigos, é preciso, antes de mais nada, experimentarmos reescrever as mensagens.

5. Semiótica das Ideologias

I. SISTEMA SEMÂNTICO E VISÃO DO MUNDO

I.1 Quanto mais a mensagem for "aberta" a descodificações diferentes, tanto mais a escolha dos códigos e subcódigos sofrerá a influência não só da circunstância de comunicação, como das predisposições ideológicas do destinatário.

Nesse sentido, a ideologia se apresenta como um resíduo extrassemiótico (a par da circunstância) que determina os acontecimentos semióticos. Sempre também como resíduo extrassemiótico é-nos apresentado aquele conhecimento precedente, aquele patrimônio de saber do destinatário que várias vezes vimos agir como catalisador semântico. Mas se a definição que demos de Sistema Semântico Global deve ser tida como válida, não existe conhecimento precedente que já não esteja estruturado em campos semânticos, sistemas de unidades culturais e, consequentemente, sistemas de valores.

Existe, não há dúvida, uma forma de conhecimento presente que poderia fugir à estruturalização em campos semânticos – é o conhecimento individual, a experiência idiossincrática válida para um só sujeito. Mas quando se fala em "ideologia", em suas várias acepções, entende-se uma visão do mundo compartilhada por muitos falantes e, no limite, por toda uma sociedade. Portanto, também essas visões do mundo não são mais que aspectos do Sistema Semântico Global, realidade já segmentada.

I.2. Um sistema semântico como visão do mundo é, portanto, um dos modos possíveis de dar forma ao mundo. Como tal, constitui uma *interpretação parcial* do mundo, e pode ser teoricamente revisto toda vez que novas mensagens, reestruturando semanticamente o código, introduzirem novas cadeias conotativas e, portanto, novas atribuições de valor. Uma mensagem que afirme /*os marcianos comem crianças*/ não só carrega o lexema /*marcianos*/ de uma conotação "canibalismo", como faz pesar sobre toda a cadeia de conotações consequente o atributo axiológico global "negativo". Está claro que uma série de mensagens que explicasse que os marcianos comem efetivamente crianças, mas crianças de uma espécie diferente da deles, assim como nós comemos as "crianças" dos animais, poderia mudar a conotação axiológica global. Mas semelhante revisão do código implica uma série de mensagens de função metassemiótica (de juízos metassemióticos) que sujeitam a exame os subcódigos conotativos. Essa é a função crítica da ciência, ou da poesia. Comumente, todavia, um destinatário recorre ao seu patrimônio de conhecimento, à sua visão do mundo parcial, para escolher os subcódigos que irá fazer convergir para a mensagem.

I.3. Definir essa visão parcial do mundo, essa segmentação prospética da realidade, significa definir a ideologia no sentido marxista do termo, isto é, como "falsa consciência". Naturalmente, dentro da perspectiva marxista, essa falsa consciência nasce como mascaramento teórico – com pretensões de objetividade científica – de concretos relacionamentos sociais e de dadas condições materiais de vida. A ideologia é, por conseguinte, uma mensagem que, partindo de uma descrição fatual, tenta sua justificação teórica, sendo gradativamente adquirida pela sociedade como elemento de código. À Semiótica não interessa saber como nasce a mensagem nem por que razões políticas e econômicas; interessa, isto sim, saber em que sentido aquele novo elemento de código pode ser chamado "ideológico". Para esse fim, tentemos construir um modelo elementar de subcódigo ideológico.

II. UM MODELO COMUNICACIONAL

II.1. Imaginemos um recipiente dividido em duas partes (Alfa-Beta), por uma parede onde tenha sido feito um pequeno furo. De ambos os lados movimentam-se moléculas de gás em velocidades

SEMIÓTICA DAS IDEOLOGIAS

diferentes. Montando guarda ao furo, está o que, na teoria cinética dos gases, chamamos de Demônio de Maxwell. O demônio é um ser inteligente (cuja existência é contradita pelo segundo princípio da Termodinâmica) que age de modo que de Beta para Alfa passem apenas as moléculas mais lentas, enquanto que de Alfa para Beta passem unicamente as mais velozes. O demônio permite, assim, um aumento da temperatura em Beta. Imaginemos também que o nosso demônio, mais inteligente que o de Maxwell, imprima a toda molécula que vai de Alfa para Beta uma velocidade *standard*. Conhecendo concomitantemente o número das moléculas e sua velocidade, podemos verificar tanto a pressão quanto o calor graças a uma única unidade de medida.

Imaginemos também que o demônio emita um sinal a cada *n* moléculas que passem para Beta; toda unidade de sinal comunica apenas aquela quantidade de moléculas julgada *pertinente* aos nossos propósitos (por exemplo, um certo cálculo sobre o calor e a pressão toleráveis numa dada situação). É o nosso projeto que determina o *ângulo de pertinência*.

Se o demônio, como remetente, tem um código muito simples do tipo "sim-não", basta um sinal elétrico (que chamaremos de Z) para indicar a unidade de medida. A repetição intermitente do mesmo sinal indica a soma das unidades de medida. Suponhamos então que /Z/ denote "mínimo" (de calor e pressão) e /ZZZZ/ denote "máximo".

Se o destinatário for máquina, ela registrará esses valores e reagirá segundo instruções recebidas. O sinal, no caso, é um *bit* informational, no sentido cibernético do termo. Não é um "signo", nem a máquina "compreende" qualquer "significado". A máquina baseia-se num comportamento de estímulo-resposta e não elabora um comportamento sígnico. Mas se, ao contrário, o destinatário for um ser humano, sua reação transformará o sinal em signo. Uma forma significante *denota* um significado. Mas ao mesmo tempo o destinatário humano acrescentará ao significado denotativo um significado ou alguns *significados conotativos*. A mensagem /ZZZZ/ poderá conotar "ótimo de calor" (com a conotação acessória, de "bem-estar") e em outras circunstâncias conotará, ao contrário, "pressão excessiva" (com a conotação acessória de "perigo"). A mensagem /ZZZZ/ pode conotar tanto "bem-estar" quanto "perigo", conforme se tenham anteriormente aceitado as conotações "ótimo de calor" ou "pressão excessiva".

II.2. Por que o destinatário escolhe uma conotação ao invés de outra? A experiência adquirida ensinou-lhe o que deve esperar da situação denotada por /ZZZZ/ e estabilizou-se em patrimônio de

128 AS FORMAS DO CONTEÚDO

conhecimentos. Esse patrimônio cultural representa um resíduo extrassemiótico até que fique ocasional e idiossincrático, não comunicado por ninguém. Mas se a experiência for socializada, o dado cultural tornar-se-á elemento de um sistema semântico (com um subcódigo conotativo que estabelece, por exemplo, uma cadeia de referências prefixadas, a partir do significante /ZZZZ/, passando por sua denotação, até à conotação "ótimo de calor").

Temos aqui uma série de sistemas semânticos de segundo nível, que opõem valores do tipo *desejabilidade* vs *indesejabilidade* ou *bem-estar* vs *perigo*. Cada unidade desses sistemas semânticos torna-se o significado conotativo do significante representado pelo significado denotativo do sistema semântico de primeiro nível (por exemplo, o sistema que opõe "máximo *vs* mínimo"), e cada unidade do sistema semântico do primeiro nível corresponde a dadas unidades do sistema sintático (Z, ZZ, ZZZ etc.).

A esta altura, a experiência adquirida, enquanto "cultura", não é mais um resíduo estranho ao universo semiótico. Está organizada em estrutura semiótica. Os sistemas de significados são homólogos aos sistemas de significantes e tornam-se semiologicamente recognoscíveis e predicáveis. Segundo Hjelmslev, teríamos aqui uma semiótica denotativa que é o plano de expressão de uma semiótica conotativa. Está claro que os sistemas semânticos surgem de precisas condições materiais de vida, mas a Semiótica só poderá reconhecê-los se a experiência dessas condições se tiver feito código. A essa altura os elementos da ideologia como cultura podem ser descritos pelo sistema da linguagem.

II.3. Lembremos que a mensagem /ZZZZ/ denota ao mesmo tempo o máximo de calor e pressão, e que por isso pode dar origem a duas conotações distintas ("bem-estar" ou "perigo") com base em dois subcódigos igualmente legítimos. A escolha de um em detrimento do outro é determinada por vários fatores pragmáticos: poderia ser bom ter-se o máximo de calor ainda que sob a ameaça de perigo, ou então aceitar-se um calor insuficiente ao invés de correr o risco de uma explosão do recipiente. Este conjunto de avaliações constitui um tipo de conhecimento "ideológico" mais vasto – e, portanto, um novo resíduo extrassemiótico. Mas, se socializado, esse resíduo torna-se de novo organizado semioticamente. Podemos ter, assim, um subcódigo conotativo que estabeleça /*máximo de energia*/ = "máximo de produtividade' e outro que estabeleça /*máximo de produtividade*/ = "máximo bem para a sociedade" e, por fim, um subcódigo que estabeleça /*máximo bem para a sociedade*/ = "justificação de todo risco". Mas podemos ter um outro código que estabeleça /*respeito pela segu-*

SEMIÓTICA DAS IDEOLOGIAS 129

rança individual/ = "máximo bem para a sociedade" e */respeito pela segurança individual/* = "eliminação de todo risco possível". Esses sistemas de valores, que são valores semânticos, não se excluem mutuamente: podem achar seu ponto de encontro num código mais amplo que ofereça as regras de transformação para traduzir os sistemas mais restritos nos termos de um sistema mais compreensivo. A mensagem linguística (se possui função metassemiótica) poderia ocupar-se desses controles e transformações.

Mas suponhamos agora que alguém, identificando a mensagem /ZZZZ/ com a conotação "bem-estar", empregue-a sempre nessa acepção. /ZZZZ/ torna-se quase o símbolo, o emblema do "bem-estar". A conexão fixa entre significante /ZZZZ/ e Ideia do Bem-Estar age metaforicamente. Temos um artifício retórico.[1]

Quando /ZZZZ/ se torna a figura retórica que conota automaticamente "bem-estar", todos os eventos denotados por tal significante assumem conotação otimista. Associando constantemente a mensagem /ZZZZ/ com o subcódigo conotativo que estabelece /ZZZZ/ = "bem-estar", consciente ou inconscientemente rejeitamos a possibilidade de aplicar à mensagem (eventualmente) também a conotação "perigo". A segunda conotação é igualmente esperável à luz de um sistema semântico mais amplo (e o usuário sabe disso, ou sabia): mas o uso da primeira conotação otimista (imposto ou induzido) dá à mensagem uma função ideológica fixa. A própria mensagem tornou-se o instrumento ideológico que mascara todas as demais relações. Temos então a ideologia como falsa consciência. Sob o ponto de vista semiótico, temos uma mensagem esclerosada que se tornou unidade significante de um subcódigo retórico; esse significante conota um certo significado como unidade semântica de um código ideológico. Nesse caso, a mensagem esconde (ao invés de comunicar) as condições materiais que devia exprimir. E atingiu tal estágio porque assumiu função mistificante e nos impede de ver os vários sistemas semânticos na totalidade da mútua relação deles. Em outras palavras, a mensagem não constitui uma aproximação metassemiótica que interliga e traduz diferentes sistemas semânticos um para o outro. Essa seria a função "crítica" da linguagem, capaz de mostrar como um significante

---

1. Excluamos que alguém emita a mensagem /ZZZZ/ quando no recipiente Beta não se verificar a situação habitualmente denotada por /ZZZZ/. Temos, no caso, uma falsificação pura e simples; a falsificação poderia ser desmascarada mediante um apelo ao referente, isto é, mediante uma verificação do que acontece em Beta. Mas tal verificação não é de pertinência da Semiótica, que pode, quando muito, estabelecer se /ZZZZ/, como mensagem, tem ou não características de "gramaticalidade". Nesse simples caso de "mentira" ainda não podemos falar num uso ideológico da linguagem na acepção de ideologia como falsa consciência do mascaramento.

pode ter diferentes significados de acordo com diferentes subcódigos. Ao invés disso, a mensagem se torna uma fórmula de conotação fixa e bloqueia o processo crítico de metassemiose.

A esse nível, porém, pode a empresa semiótica assumir seu verdadeiro papel: caberia a um juízo metassemiótico mostrar como a relação entre um determinado uso da língua e um sistema semântico particular se cristalizou historicamente, bloqueando toda possibilidade de um discurso metassemiótico. A individuação de outros sistemas semânticos constituiria, ao contrário, aquele mecanismo metassemiótico que permitiria desmistificar a união fictícia entre um uso retórico fossilizado e um (e apenas um) dos sistemas semânticos artificialmente separados do quadro geral de todos os sistemas semânticos.

Haveria, todavia, um caso em que a mensagem metassemiótica não é possível. É aquele em que – segundo a acepção restritiva da hipótese Sapir-Whorf – a própria estrutura sintática constitui a grade ideológica que nos obriga a "ver" o mundo de um certo modo.

II.4. Voltemos ao nosso modelo. Consideramos o recipiente Alfa-Beta como nascente de informação, correspondente ao mítico "referente" (que é uma entidade extrassemiótica): a mensagem deveria comunicar aquilo que (*coisas* ou *eventos*) acontece em Beta. Nesse sentido, Beta era implicitamente considerado como um sistema natural em que o demônio de Maxwell reduzia a entropia, criando o que Reichenbach chama de um *branch system*. À Semiótica não era dado verificar o que acontecia em Beta, devendo apenas controlar se as mensagens referentes a Beta estavam gramaticalmente corretas. Mas quando a Semiótica propõe o problema do estudo da estrutura sintática do código como nascente de informação sígnica, então o sistema Alfa-Beta não mais pode ser visto como o modelo de um sistema natural, e sim como o modelo de um código. Alfa-Beta é um sistema-código que permite transmitir certas e não outras informações. O demônio permite a passagem apenas para as moléculas de uma certa velocidade (como sistema, seleciona somente certos *traços distintivos*) e registra apenas uma quantidade n de moléculas por vez; as quantidades mais baixas não são consideradas *pertinentes*, são variantes facultativas, ou "alofones".

O que o sistema Alfa-Beta pode dizer é determinado pelo demônio: e todo código segue, de fato, o mesmo princípio de seletividade e se atem às mesmas escolhas de pertinência.

O que representa o demônio no sistema Alfa-Beta (entendido como sistema-código)? Representa exatamente aquilo a que cha-

SEMIÓTICA DAS IDEOLOGIAS 131

mamos "ideologia". A ideologia, neste caso, não é mais um resíduo extrassemiótico, mas a própria *estrutura do código*. Naturalmente o problema assume diferentes aspectos conforme o consideremos ao nível lexical, gramatical ou fonológico.

Ora, no sistema Alfa-Beta acontecem os dois fenômenos. Não temos apenas certas unidades de significado (mínimo Z, máximo ZZZZ etc.) impostas como pertinentes pela experiência adquirida. Temos também uma estrutura sintática do código condicionada pelos elementos pertinentes do sistema semântico: a unidade de sinal /Z/ denota somente *n moléculas* (não mais nem menos); não existe um sistema que nos permita denotar um significado como $n - 1$ através de um novo significante. Além disso, temos apenas algumas e não outras regras de combinação: todo Z pode ser adicionado a outro Z e a única leitura possível da série dos Z é de tipo aritmético ($Z + Z + Z = ZZZ$) e não algébrico ($+ Z - Z = 0$).

Por que o código está assim estruturado? Só há duas respostas possíveis:

(*a*) foi a experiência adquirida, que, aceitando como pertinentes apenas algumas e não outras unidades semânticas, impôs um código com determinadas estruturas sintáticas; e portanto a cultura determinou a estrutura do código em todos os seus níveis;

(*b*) a estrutura sintática do código precede a individuação dos elementos pertinentes do significado; consequentemente, o sistema semântico não gera a estrutura sintática do código, mas é o oposto que ocorre, e somos constrangidos a ver a estrutura do mundo nos termos impostos pelo sistema de regras gerativas do código. Nesse caso, não é a cultura que determina a linguagem, mas a linguagem que determina a cultura.

III. A ELIMINAÇÃO IDEOLÓGICA DA IDEOLOGIA

III.1. Caberia então falarmos em Universais da Linguagem. Consequentemente, o sistema Alfa-Beta ainda seria um *branchsystem*, mas não como fenômeno cultural e sim como evento natural. Esse evento natural é conhecido com o nome de Mente ou Espírito Humano.

Aceitando tal solução, tomar-se-ia difícil falar da Semiótica como de uma crítica das ideologias. A ideologia seria a forma natural que os sistemas semânticos assumem por efeito das leis sintáticas. Toda tentativa de crítica representaria por sua vez uma segmentação "ideológica" da substância do conteúdo.

III.2. Suponhamos, porém, uma mensagem metassemiótica A, que diz: "estudando a estrutura profunda da linguagem, descobrimos que todas as ideologias, relativas, são formuladas segundo as leis de um Logos Universal". Enquanto não inequívoca, for demonstrado de forma que A é cientificamente verdadeiro, A permanece uma típica e consagrada fórmula ideológica. É o que tem ele sido, aliás, durante toda a história do pensamento humano. Assumiu, é certo, ao longo dos séculos, as mais díspares formas filosóficas, mas ninguém pode dizer que algum dia tenha ele deixado de ser uma asserção metafísica.

Se aceitarmos essa asserção metafísica, então a "ideologia" não mais será o dado cultural que a Semiótica deve individuar e resolver em seus próprios termos: será um discurso filosófico que intervém para azedar o discurso metassemiótico que a Semiótica faz sobre suas próprias possibilidades.

Só no momento em que a hipótese dos universais da linguagem fosse demonstrada é que a mensagem A não mais seria "ideológica" (ou metafísica), em nenhum dos sentidos do termo, constituindo-se, quando muito, numa mensagem meta-ideológica. Mas somos obrigados a sublinhar o perigo de um discurso semiótico que procura reduzir a influência das ideologias sobre os códigos sintáticos, baseando-se numa hipótese que até hoje tem sido uma ideologia. Até que ponto a natureza ideológica da hipótese não condicionará a demonstração científica da própria hipótese?

III.3. Há, é certo, uma saída para esse problema. Poderíamos dizer, e já foi dito, que todo sistema sintático reflete a estrutura dos sistemas semânticos, mas *não completamente*; que o sistema sintático reflete a estrutura dos sistemas semânticos *seletivamente e não automaticamente*; que a relação linguagem-cultura nunca tem sentido único e continua *problemática*; que a língua, como sistema modelizante primário, não é completamente determinada pelos sistemas modelizantes secundários e pode *calibrá-los* e controlá-los até certo ponto; etc. Tudo isso, enfim, significa que, com base em códigos dados, podemos emitir mensagens ambíguas, altamente informativas, que obrigam de contínuo os códigos a se estruturarem. A nível da fala (*parole*), podemos pôr em crise a língua (*langue*) e assim sairmos da prisão em que a *língua* nos encerra. E de fato assim nos comportamos em toda atividade semiótica e em toda circunstância comunicacional. Fique claro, contudo, que essa possibilidade não é teoricamente definível. É um fato empírico. É a resposta aos paradoxos de Zenão: pôr-se a andar. Como dizia De Mauro (1965) em sua *Introduzione alla semantica*, não é possível demonstrar que co-

SEMIÓTICA DAS IDEOLOGIAS

municamos e como comunicamos, sem cairmos em várias aporias: todavia, comunicamos.

Sob o ponto de vista de uma teoria semiótica, tal solução não é em absoluto consoladora. Hoje a ciência dos signos não nos oferece consolações – pelo menos, não aquelas da religião, da filosofia e das ideologias.

Mesmo porque, em nossa análise do sistema Alfa-Beta, não cuidamos de uma possibilidade: a de que, não obstante o nosso sistema dos sistemas semânticos, harmoniosamente definido e correlacionado pela Semiótica, o recipiente a certa altura venha a *explodir*. Esse evento não teria estatuto semiótico, mas obrigaria a Semiótica a reelaborar seus métodos e a reorganizar os vários sistemas semânticos.

III.4. Constituiria uma circunstância de particular influência sobre o processo comunicacional. Seria a Morte (individual ou universal) como Circunstância Final que bloqueia o universo semiótico.

O fato de que a Semiótica tenha podido deduzir a morte através de um modelo cibernético não demonstra que a Semiótica possa exorcizar a morte.

Mas pelo menos mostra que ela pode e *deve* considerar em seu quadro – entre os demais resíduos – também esse Resíduo Último.

6. Para uma Análise Semântica dos Signos Arquitetônicos

0.1. Um dos objetivos principais da Semiótica consiste em chegar a estudar todos os aspectos da cultura como processos comunicacionais. Não quer isso dizer que todos os aspectos da cultura sejam unicamente processos comunicacionais mas que (*a*) podem ser vistos como processos comunicacionais; (*b*) funcionam culturalmente, exatamente por serem também processos comunicacionais.

É óbvio que – nesse sentido – uma Semiótica da Arquitetura representa um dos momentos cruciais da pesquisa semiótica.

0.2. A Arquitetura consiste de objetos físicos concretos (manufatos) que delimitam espaços (externos e internos relativamente aos objetos) a fim de permitir que funcionem: descer, subir, entrar, sair, abrigar-se das intempéries; reunir-se, dormir, comer, rezar, celebrar acontecimentos, incutir reverência.

0.3. Em *A Estrutura Ausente* procuramos definir genericamente os signos arquitetônicos (e resta ver o que se entende por /*signos*/ como "unidade de código arquitetônico") como um sistema de manufatos e espaços circunscritos os quais comunicam, com base em sistemas de convenções (*códigos*), funções possíveis. Distinguimos simples *processos de estimulação* (um degrau onde tropeço no escuro e que me obriga a levantar uma perna) de *processos de significação*:

uma /*escada*/ consiste na articulação de alguns elementos morfológicos reconhecidos, no seu complexo, como "máquina para subir". Se for reconhecida como tal, a escada será usada. Pode ser reconhecida sem ser usada. Pode muito bem comunicar a função possível "subir", sem, contudo, realmente permiti-la (como nos casos do *trompe-l'oeil*). Isso significa que o aspecto comunicacional, em Arquitetura, prevalece sobre o aspecto funcional, e o precede.

0.4. Sob esse ponto de vista, portanto, as funções significadas pela Arquitetura não são necessariamente *referentes*: não são funções necessariamente executáveis e não são funções executadas. Não são *tokens* (o *meu* ato de subir *hic et nunc esta* escada) mas *types* – classes de funções possíveis. São, portanto, *unidades culturais*, antes de serem atos práticos. Um objeto arquitetônico é, por conseguinte, um significante que denota um significado.

0.5. Distinguimos também dois tipos de funções: as *funções primeiras*, que são as que a tradição funcionalista reconhece como as funções propriamente ditas (subir, debruçar-se, tomar ar, receber luz, viver junto etc.); e as *funções segundas*, que são as que a História das artes ou a Iconologia preferiram classificar com os "valores simbólicos" da Arquitetura: uma catedral gótica permite algumas funções primeiras como "estar juntos", mas comunica ao mesmo tempo alguns valores "ideológicos", como "elevação ao céu", "sentimento místico", "difusão da luz com símbolo da presença divina", ou então "recolhimento", "deferência", e assim por diante. Distinguimos, assim, no signo arquitetônico, um processo de *denotação* de funções primeiras e um processo de *conotação* de funções segundas. Naturalmente, para muitos objetos arquitetônicos a comunicação das funções segundas é mais importante (social e ideologicamente) do que a comunicação das funções primeiras. Por isso o termo /*função*/ não deve ser entendido no sentido restritivo que lhe atribui o funcionalismo clássico.

0.6. Alguns problemas, contudo, permaneceram em aberto. E este é um dos principais: quais os níveis de articulação dos signos arquitetônicos e qual a unidade significativa em Arquitetura?

1.1. O primeiro problema é bastante amplo e difícil, porque se corre o risco de reconhecer na Arquitetura elementos de segunda articulação (*figurae*, no sentido de Hjemslev) que não são exclusivos da Arquitetura. Por exemplo, os elementos da geometria euclidiana, conhecidos como *stoicheia*, e que são elementos diferenciais, codificados, indubitavelmente privados de significado, mas não pertencem exclusivamente à linguagem arquitetônica (poderiam ser

PARA UMA ANÁLISE SEMÂNTICA... 137

elementos de segunda articulação num quadro de Mondrian ou numa reprodução fotográfica impressa em "retícula" (v. Krampen e Seitz, 1967). Hoje esse problema é debatido por vários setores e até agora a tentativa mais interessante nos parece aquela realizada pela cadeira de Semiologia da Arquitetura de Buenos Aires (Doberti, 1969, 1971),

1.2. O segundo problema, de que agora nos ocupamos explicitamente, é: quais são as *unidades significativas* em Arquitetura? Se fosse lícito (e não é) traduzirmos em termos de Semiótica Arquitetônica os conceitos da Linguística, deveríamos perguntar: o que é uma "palavra" arquitetônica? Podemos, porém, perguntar: "o que é um *semema* arquitetônico", isto é, "que significantes – em Arquitetura – comunicam um significado especificamente arquitetônico?"

1.3. O problema ulterior será: uma vez identificados sememas, deve-se tentar desenvolver uma análise componencial (ou análise sêmica) para mostrar que o significado arquitetônico como semema é composto de outras unidades significativas menores (semas), não necessariamente arquitetônicas, que contribuem para defini-lo.

1.4. Fique claro que o semema é uma unidade cultural, e objeto de uma Semântica Estrutural da Arquitetura. O significante arquitetônico (equivalente ao que na língua seria o lexema), porém, será chamado de "morfema". A analogia com a terminologia linguística desta feita é justificável etimologicamente: um morfema arquitetônico é um complexo de qualidades formais. E objeto de estudo de uma morfologia da Arquitetura. Os tratados clássicos de Arquitetura que identificavam, por exemplo, as ordens da Arquitetura, eram tratados de morfologia e identificavam morfemas ou complexas cadeias sintagmáticas compostas de morfemas.

2.1. Antes de prosseguirmos em nossa análise, cumpre-nos, porém, eliminar um equívoco que domina muitas tentativas atuais de Semiótica da Arquitetura (realizadas, na maioria, pelas escolas italianas) (De Fusco 1968, 1969; Dorfles, 1969; Cardarelli, 1970).

Esse equívoco decorre de uma "falácia estética" comum aos críticos e historiadores da Arquitetura, os quais fazem quase sempre uma distinção entre Engenharia Civil e Arquitetura. A Engenharia seria a construção de manufatos que circunscrevem espaços destinados a promover funções práticas (um galinheiro, um hangar, uma casa "feia"). A Arquitetura, ao contrário, consistiria em articular *espaços*, os quais também podem permitir funções práticas mas são, antes de mais nada, avaliados por sua autorreflexividade estética. Se-

138   AS FORMAS DO CONTEÚDO

gundo essa teoria, uma obra de Arquitetura significa, antes de mais nada, sua própria estrutura. Isso quer dizer identificar a linguagem arquitetônica com sua função poética (no sentido de Jakobson). Iniciar uma Semiótica da Arquitetura pelas funções poéticas da Arquitetura seria como estudar a estrutura da língua inglesa com base apenas nos sonetos de Shakespeare e sem sair deles. Seria como estudar apenas o uso ambíguo (o desvio da norma) de um código que ainda não se conhece.

2.2. Uma das principais falácias estéticas da Semiótica arquitetônica consiste em afirmar que os objetos da Arquitetura são significantes cujos significados são espaços. O espaço (ou melhor, uma noção abstrata de espaço como "espacialidade") torna-se, então, o fim da comunicação arquitetônica.

2.3. É fácil compreender que, sob esse ponto de vista, torna-se irrelevante estabelecer quais as unidades significativas na Arquitetura: por exemplo, Rotunda de Palladio comunica "aquele espaço particular que é o espaço concebido por Palladio". Perguntar o que significam os degraus da escadaria ou as colunas que delimitam aquele espaço torna-se inútil. Elas são elementos intermédios[1] que servem para significar uma concepção estética do espaço. Não por acaso essa Semiótica da Arquitetura se apoia em obras explicitamente construídas para fornecerem antes de mais nada experiências estéticas, ricas de "funções segundas" e pobres de "funções primeiras" (ou melhor: que sacrificam totalmente as funções primeiras às funções segundas).

2.4. Para resolvermos esse problema, cumpre-nos recorrer a uma distinção de Hjelmslev, aquela entre *plano da expressão* e *plano do conteúdo*, divididos, por sua vez, em *substância da expressão e forma da expressão, substância do conteúdo* e *forma do conteúdo*, segundo este esquema:

$$ \cfrac{C \ \cfrac{s}{f}}{E \ \cfrac{f}{s}} $$

---

1. De Fusco (1969) chamaria de "símbolos" os elementos de articulação arquitetônica que podem ter valor semântico (por exemplo: uma coluna, ou a ordem dórica) mas "são destituídos daquela espacialidade interna que hipotizamos como o verdadeiro significado da Arquitetura" (pp. 11-12).

PARA UMA ANÁLISE SEMÂNTICA... 139

2.5. Estudar a Arquitetura como comunicação de uma particular concepção do espaço equivale a estudar a língua apenas como um meio para exprimir relações sintáticas. Ora, ao contrário, as relações sintáticas, na forma imediata que assumem, são um aspecto da forma da expressão que significa um conteúdo por sua vez subdividido em unidades pertinentes (reunidas em sistemas semânticos). Portanto, em Arquitetura, o fato de articular-se um certo espaço de um certo modo significa subdividir todas as possíveis articulações e disposições espaciais (substância da expressão) segundo um sistema de oposições (forma da expressão) com o fim de comunicar, entre todas as possíveis funções que o homem pode executar no contexto da cultura (substância do conteúdo), uma série de funções especificadas e definidas por um sistema de unidades culturais (o sistema dos sememas) que representa a forma do conteúdo.

2.6. Um homem finca um bastão na terra. Pode fazê-lo para medir a posição do sol, para fixar uma meta, para indicar um ponto de referência... O bastão é um objeto que não encerra um espaço interno (outra falácia estética é aquela pela qual se crê que o espaço "arquitetônico = estético" seja aquele delimitado pelos objetos arquitetônicos, no interior deles), mas que dá um novo significado ao espaço externo (que se torna "espaço em torno do bastão, espaço próximo ao bastão, e espaço longe do bastão" etc.).

Ora, o espaço demilitado pelo bastão *não é* significado que o bastão comunica: é um dos elementos do significante, juntamente com o bastão, que serve para comunicar algumas funções possíveis permitidas por aquele ponto de referência.[2]

2.7. Cumpre-nos, ademais, acrescentar que o espaço (ou melhor, as relações espaciais, as distâncias como elementos já formalizados da substância indeterminada "espaço") representa um material pré-

---

2. Essa função do espaço como significante foi, ao contrário, muito bem compreendida por Giovanni Klaus Koenig, *Architettura e comunicazione*, Florença, Libreria éditrice fiorentina, 1970 (que retoma e desenvolve algumas de nossas propostas de *A Estrutura Ausente*, 1ª ed., a qual, por sua vez, extraíra muitas de suas ideias dos estudos precedentes de Koenig). Também Koenig, porém, tende a pensar que uma unidade arquitetônica, como por exemplo a coluna, não pode ser considerada um *chorema* porque (*a*) ocupa um lugar mas não cria espaço algum; e (*b*) nada denotaria e não revestiria função alguma a não ser uma função estática (sintática e não semântica, portanto): a de sustentar alguma coisa" (p. 162). Pondo-se de lado o fato de que a coluna também pode conotar "apoio por parte de um corpo humano", e de que já denotar suporte não é comunicação de pouca valia procuramos mostrar, em "Os Percursos do Sentido", V. 11., VI.5. e também em VI.6, que também aqueles termos, na língua chamados de sincategoremáticos, denotam alguma coisa, e exatamente a sua função sintática (que permite o articular-se de significados contextuais). Desse modo, Koenig cai no erro dos outros estudiosos italianos citados, e atribui valor de unidade significativa apenas a sintagmas complexos que criam uma espacialidade articulada.

-arquitetônico já prenhe de seus significados, como nos ensina a Proxêmica (Hall, 1966). Esse material significante, com os significados que veicula, é reutilizado pela Arquitetura como um dos elementos do significante arquitetônico, para significar novos significados, novas unidades culturais – os sememas arquitetônicos.

3.1. Imaginemos então um processo de significação do tipo:

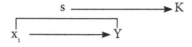

no qual

– x_1 é a unidade pertinente de um sistema de configurações espaciais pré-arquitetônicas (por exemplo, a distância linear de 2-3 metros). Em *A Estrutura Ausente*, chamamos essas unidades espaciais de *choremas* – do grego *chora*, espaço;

– Y é a unidade de um sistema (não espacial, e sim antropológico) de funções físicas: como explica Hall, à distância de 2-3 metros é possível percebermos a aspereza da pele, os cabelos, o estado das roupas, mas não os pormenores do rosto;

– K é a unidade de um sistema de funções sócio-antropológicas, por exemplo no caso da distância de 2-3 metros, a unidade "distância social-fase de distanciamento".

3.2. O processo de significação diz respeito a um significante espacial que denota uma função física. Ambos, por sua vez (enquanto signo em seu conjunto, v. Saussure), tornam-se o significante de uma função conotada, a função sócio-antropológica. Como se vê, nesta fase, a Arquitetura ainda não intervém: relação desse tipo pode existir também entre dois seres humanos numa planície deserta.

3.3. A Arquitetura intervém quando um objeto físico (por exemplo a superfície de uma mesa) incorpora (realiza) como forma de sua substância da expressão a distância de um metro e meio (apta para estabelecer entre dois interlocutores a distância de cerca de três metros). O espaço, em tal sentido, não é um significado do objeto arquitetônico mas uma de suas características morfológicas (marca morfológica), assim como em Lexicologia o lexema /escrivaninha/ possui a marca gramatical "singular". Nesse ponto, realiza-se um processo de significação do seguinte tipo:

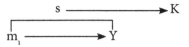

no qual:
- m_1 é a unidade pertinente de um sistema morfológico;
- Y é ainda a unidade pertinente de um sistema de funções físicas, já considerada na Proxêmica; mas desta feita, Y é significada não por uma distância espacial mas por um objeto que impõe como estímulo essa distância espacial e que não comunica a distância espacial em si, mas a função física Y por ela permitida (ou imposta);
- K é ainda a unidade de um sistema sócio-antropológico (p. ex.: "distância social-fase de distanciamento").

3.4. Não se pode, todavia, afirmar que m_1 seja, como elemento morfológico, o significante de um possível semema "escrivaninha no escritório de um diretor" (v. Hall, p. 115). De fato, para que se possa colher o significado "escrivaninha" não basta que se tenha m_1 (superfície com largura de um metro e meio), mas é preciso que surjam também outros traços morfológicos, como por exemplo quatro suportes verticais (as pernas da mesa) que por sua vez comunicam funções físicas (da ordem de Y), como por exemplo "suporte". Diremos então que m_1 é apenas um dos elementos (provido de marca espacial x_1) de um morfema arquitetônico M mais complexo, a que corresponde como unidade semântica o semema arquitetônico A ("escrivaninha no escritório de um diretor").

3.5. Para melhor compreendermos esse processo, pensemos, portanto, num morfema M que possua traços morfológicos m, providos, por sua vez, de traços espaciais x:

$$M [m_1 (X_1), m_2 (x_2, x_3) \ldots\ldots\ldots\ldots m_n (x_n)].$$

Diremos então que M exprime um semema arquitetônico A (provido de traços sêmicos $a_1, a_2 \ldots\ldots\ldots a_n$).
O morfema M terá algumas marcas morfológicas, o semema A terá algumas marcas semânticas, ou semas.

3.6. Cada uma dessas marcas semânticas pode pertencer imediatamente à categoria de Y (funções físicas denotadas) ou à categoria de K (funções sócio-antropológicas conotadas). Cada um dos traços da família K conotará, por sua vez, com base em precisas convenções culturais, outras funções sócio-antropológicas de ordem mais complexa (e, portanto, outras funções segundas), como por exemplo "poder", "respeito", *manager* etc. Cada uma das funções segundas conotadas deve apoiar-se em traços morfológicos da família de M: por exemplo, "luxo" será um traço sêmico a_n expresso por um traço morfológico m_n que poderia ser dado pela presença de uma madeira de lei.

3.7. Essas hipóteses teóricas implicam a possibilidade de uma análise componencial dos objetos arquitetônicos e foram verificadas no curso de uma experiência desenvolvida durante um seminário que dirigi para o Instituto Interuniversitário de Especialisación en Historia de la Arquitectura (La Plata, Argentina, julho-agosto de 1970), com a participação de semiólogos, críticos e historiadores da Arquitetura.

4.1. Como se verá, para tentarmos uma análise componencial de um semema arquitetônico empregamos uma árvore de estemas que lembra aquela, proposta por Katz e Fodor e por Katz e Postal. Esse método sofreu algumas críticas de nossa parte no ensaio "Os percursos do sentido" porque o julgamos excessivamente esquemático. Acreditamos, todavia, que para uma primeira aproximação aos problemas da análise componencial, na falta de sistemas de notação e representação mais elaborados, possa ter alguma eficácia didática.

4.2. Cumpre, todavia, precisar que nas árvores que se seguem, observar-se-á a introdução de alguns nós excluídos pela hipótese de Katz-Fodor-Postal. Com efeito, julgam eles impossível elaborar uma *theory of settings*, ou seja, a seu ver, não é possível considerar entre as componentes semânticas de um lexema também os possíveis eventos contextuais que atribuirão àquele lexema um percurso interpretativo e não outro. O argumento afirma que uma *theory of settings* implicaria a consideração de todos os possíveis contextos e, portanto, de todos os eventos do universo. Nós, ao contrário, julgamos que na representação semântica de um elemento se possam considerar eventos privilegiados, isto é, inserções contextuais em que ele habitualmente se repete. Em tal sentido, é lícito considerar que essas inserções contextuais sejam codificadas e reconhecidas como "canônicas" e que, assim possam fazer parte de uma análise componencial.

4.3. A hipótese Katz-Fodor-Postal não considera nem mesmo como componentes semânticas de um lexema as suas possíveis co-

PARA UMA ANÁLISE SEMÂNTICA... 143

notações, e pelos mesmos motivos por que rejeita uma *theory of settings*. De fato, em princípio, as possíveis conotações de uma unidade semântica são infinitas. Mas se se podem considerar circunstâncias contextuais precisas (privilegiadas em relação às outras, porque mais facilmente recorrentes), será possível inserirmos, por conseguinte, na representação componencial de uma unidade ele, lexema, também as conotações que mais facilmente gera – e que já surgem, portanto, codificadas.

4.4. Essas especificações servem unicamente para explicar (*a*) por que se adota um sistema de representação componencial para alguns versos, semelhante ao de Katz-Fodor-Postal, (*b*) por que o nosso sistema se afasta do deles e (*c*) por que, tudo somado, julgamos esse sistema de representação inteiramente provisório e simplista.

5.1. A experiência argentina nasceu de uma série de discussões em que alguns arquitetos – ligados a concepções afins com as de semiólogos da Arquitetura italianos – caíam facilmente na chamada "falácia estética", julgando que o significado de uma unidade arquitetônica fosse sua significação estética global em termos de Espaço. A repugnância do crítico de Arquitetura pela engenharia manifestava-se pelo fato de que eles tendiam a analisar obras de arte (por exemplo, edifícios de Frank Lloyd Wright) ao invés de construções comuns. Naqueles casos, as unidades que podiam ser unidades significativas elementares perdiam seu poder significante porque deviam ser vistas como os elementos de um sintagma mais vasto. Para reprimirmos tal tentação tínhamos até mesmo decidido levar a efeito uma pesquisa de opinião junto às crianças (livres de preconceitos culturais-estéticos) para perguntar-lhes o que era uma porta, ou uma janela. Tratava-se, em suma, de ver se para um destinatário "selvagem" – destituído de cultura acadêmica – existiriam unidades mínimas providas de sentido, tais como arquitrave e degrau (tanto o de acesso externo a prédios ou monumentos quanto o de escadas internas e comuns).

5.2. O projeto assumia por vezes a forma de uma proposta paradoxal: que instruções deverei dar a um marciano para fazê-lo construir uma porta? Deverei necessariamente fazê-lo construir todo o prédio, ou a cidade, ou poderei fornecer-lhe tais *input* que em *output* (considerando o marciano como *Caixa Preta*) forneçam um objeto "porta" ou "janela" que o marciano possa semanticamente reconhecer como tais? A objeção mais frequente era: "não pretendemos perguntar o significado de uma coluna; uma coluna em si nada significa; é

144   AS FORMAS DO CONTEÚDO

o complexo de colunas, conhecido por nós como 'Partenon', que ganha significado arquitetônico; uma coluna não comunica funções possíveis, é um elemento neutro que contribui para constituir cadeias morfológicas mais complexas, as quais, finalmente, têm significado arquitetônico".

5.3. Durante as discussões aconteceu de encontrarmos no diário *La Prensa* (de 26 de julho de 1970) um artigo: "Eternidad de Ia columna" de Dora Isella Russell. Traduzimo-lo aqui, sublinhando as expressões com base nas quais realizamos em seguida uma lista de unidades semânticas e traços morfológicos:

ETERNIDADE DA COLUNA, de Dora Isella Russell.

Circunda-a o ar dos séculos.
O ar enlaça-lhe o tronco erguido que *desafia o tempo.* Passaram-se os séculos sem tocar aquele seu *corpo esbelto, ereto entre as ruínas,* e a coluna *afirma seu permanente destino.*
Um olhar ao passado mostra-nos o vasto cenário, constelado de *veneráveis* ruínas, do qual emergem colunas *solitárias, últimas testemunhas supérstites de extintas grandezas. Vaga por entre elas a sombra da melancolia.* Rojadas no pó as civilizações formidáveis que acompanharam o alvorecer da consciência humana, outros homens e outras formas de vida erguiam sobre as culturas fatigadas a esperança das ressurreições.
(Segue-se um longo e dramático rol de civilizações desaparecidas.)
Porém aqui e acolá, em ângulos remotos do Oriente, pelas estradas da Europa, permaneceram de pé os menires, os dolmens, vestígios para a reconstrução. E no Egito, na Grécia, em Roma, como em Palmira ou nas remotas ilhas oceânicas, alguma coisa pôde fugir à inexorável hecatombe: o *erigir--se aristocrático* da coluna, *peça estupenda, sagrado resíduo, documento intacto.* O primeiro *tronco* de árvore, o primeiro *pau* que um remoto habitante do planeta fincou diante de sua caverna, foram seus mais longínquos precursores. Da árvore nasceu a coluna. É um elemento a que a imaginação recorre *sem esforço,* tão simples e logicamente que não há povo que não tenha recorrido à coluna como *apoio* e *ornamento.* Ela *sustem sem que nada a sustenha,* e tem como que uma *patina de milênios. Alegoriza o milagre da sobrevivência,* desmentindo aquela sua *aparente fragilidade* que a faz *tocar apenas um ponto* do chão. Raros foram os monumentos egípcios que não contiveram colunas em seu interior. Habitualmente ela se *abraça* ao *capitel* e o substitui por um *penacho* rígido de *folhas de palmeira,* de *lótus* ou de *papiro,* que já constitui toda uma *audácia da fantasia* para aquele povo de fórmulas solenes e hieráticas.
A índia, ao contrário, deixara que por suas colunas *trepassem folhas, flores, alegorias, figuras fabulosas;* a exuberância mental de sua mitologia derrama-se por sobre elas *até o teto* dos colossais santuários.
Mas no ápice do esplendor grego, o homem artista da Hélade poda toda e qualquer fronde, deixa nu o *corpo liso,* apenas *afuselado,* da coluna *dórica,* ou então acrescenta mais tarde as *volutas* ágeis que adornam a ordem *jônica.*

PARA UMA ANÁLISE SEMÂNTICA... 145

A coluna *sulca-se de estrias*, de *caneluras*, que lhe acentuam a *ausência de gravidade*, numa joia ao ar livre que *confere harmonia às construções*.

Quando a coluna *coríntia* se carrega de *folhas* de acanto ou de oliveira; quando se lhe acrescentam *grifos*, *pégasos e esfinges*; quando o capital *floresce numa profusão de formas entrelaçadas*, o fim está próximo. Aquele barroquismo, ainda que belo, anunciava o ocaso: um esplêndido crepúsculo era já agora inevitável para dar epílogo ao "*milagre grego*".

Na Ásia Menor, *corpos de animais fantásticos* substituíam em muitas ocasiões a coluna tradicional. Na Pérsia, *camelos* ajoelhados; na Índia, os *paquidermes de Elora*, esculpidos na pedra da montanha serviam de embasamento a templos prodigiosos, enquanto *cabeças taurinas* coroavam as colunas do palácio de Susa. Os egípcios, ainda antes que os gregos, haviam desdobrado a majestade suntuosa dos hipostilos, como aqueles do templo de Karnak, e chegado a esculpir *formas humanas* nos capiteis de Denderá, reproduzindo as máscaras de Ísis. Porém foram os gregos do século de Péricles que se aventuraram a substituir inteiramente a coluna, assimilando-a ao *corpo humano* e às suas funções, apoiando a arquitetura dos templos ora sobre estátuas de homens (os *telamões*) ora sobre *corpos feminis* que *gracilmente* e *sem esforço* sustentam o edifício, sem perderem sua feminea delicadeza.

As cariatides erguem seus contornos suaves e suas vestes flutuantes e há séculos suportam o seu *pesado dever* com aquela leveza diáfana com que o céu da Grécia confere nobreza aos sagrados resíduos de sua história. Por todas as latitudes e em todas as idades, as colunas *enriquecem os monumentos*, *dão solidez e suntuosidade às fachadas, emprestam grandiosidade aos interiores*, e sobre elas se erguem torres e cúpulas que reiteram sua *intenção ascensional*, aquela *verticalidade* tão típica e característica da arte gótica. A coluna gótica *não tem módulo*, não se torna independente do edifício: *abraça-se a outras colunas, reagrupa-se em feixos* que sobem vertiginosamente para o alto, rumo ao céu, como se através delas subisse a fé dos homens em direção a regiões místicas próximas dos anjos e dos santos, metamorfoseando-se em artísticos vitrais. A catedral da Idade Média absorve as colunas, naquela obsessão de *pedra* rampante que faz germinar as arquitraves, frondosas cristas, hastes de pedra, dominadas por um *impulso ascendente*. Ogivas, arcos e colunas não pertencem ao solo gótico: enquanto a Idade Média europeia ergue suas cidades com o prodígio das agulhas dos campanários, a arte muçulmana faz nascer em Jerusalém a mesquita de Omar, no Cairo, a mesquita de Amru e de Tulum, e na Espanha, a famosa mesquita de Córdoba e o Palácio de Zara, edificado sobre quatro mil e trezentas colunas.

Poetiza-a um arroubo lírico. Sutiliza-a o seu *poder sugestivo*. Cantam-na os anônimos poetas árabes, identificando-a com a palmeira, "coluna do deserto". "Esbelta como uma coluna, e os olhos como estrelas", dizem da *amada*: seu *pescoço é* uma "coluna de alabastro". A litania da beleza utiliza-a como comparação para a mórbida *garganta*, para o *braço* suavemente torneado, para as *pernas* de linha perfeita. "Suas pernas, colunas de mármore com base de ouro fino", lê-se no *Cântico dos Cânticos*.

Os povos erguem as colunas confiando-lhes as *grandes comemorações*: festas, fastos, heróis, a coluna trajana, a coluna da Praça Vendôme, a coluna de Trafalgar Square, que evoca Nelson...

Visto que *não é fácil desarraigá-las*, os homens as erigem *para recordar*. Missão estética, missão histórica, é o que têm essas colunas *obstinadas, airosas e arrogantes*, erguidas sobre as horas que passam.

146　　AS FORMAS DO CONTEÚDO

Porque o Tempo é um navio de quilha afilada que deixa após si tudo o que transcorre. E a coluna que atravessa os séculos semelha o *mastro eterno* desse grande baixei.

5.4. À primeira vista, o artigo afigura-se uma coletânea de obviedades sobre o tema retórico da coluna, um repertório de banalidades com intentos pseudopoéticos. A tentação do arquiteto com formação humanístico-estética, e dotado de senso crítico, seria a de rejeitá-lo como um exemplo de *Kitsch*.

Relendo, contudo, o artigo, damo-nos conta de que essas "obviedades" representam exatamente um repertório do que a tradição corrente pensa a respeito da coluna. Constitui ele o involuntário protocolo de uma imaginária investigação de campo, que houvesse recolhido, de uma amostra de usuários comuns da Arquitetura, todos os significados por eles associados à unidade "coluna".

5.5. Tais significados correspondem ao que Aristóteles teria chamado de "endoxa", opiniões comuns, definições adquiridas por uma sociedade e, consequentemente, *codificadas*. Isto é, a sociedade reconhece na coluna alguns traços morfológicos óbvios, como a verticalidade, a presença de fuste, base e capitel etc. Assim também, de muitas afirmações de caráter "poético" se pode extrapolar a convicção de que a coluna apresente alguns traços (que chamaremos de semânticos) como a verticalidade, o apoio etc.

5.6. Em segundo lugar é possível recolher um repertório de conotações da unidade coluna, que protocola em três rubricas os vários conteúdos conotativos do artigo (v. p. 72).

Todas essas conotações poderiam ser resumidas em fórmulas mais precisas, mas por ora nos parece mais cômodo manter as fórmulas contidas no artigo.

Para melhor explicarmos os pontos (I) e (J), diremos que no primeiro caso, pensamos em colunatas onde se sucedem colunas umas iguais às outras, e no segundo, em colunatas de tipo gótico, onde se podem estabelecer ritmos do tipo AB-AB, ou então ABC--ABC.

6.1. A esta altura, levantam-se três problemas:

(*a*) fornecer uma representação morfológica da coluna; esta deve ser composta de marcas morfológicas e indicações combinatórias semelhantes àquelas que se forneceriam a um marciano (ou a um robô) a fim de fazê-lo construir uma coluna; a possibilidade de tal operação demonstrará a possibilidade de construir-se (e por

PARA UMA ANÁLISE SEMÂNTICA... 147

conseguinte, de definir-se) um objeto arquitetônico isolado, provido
de significado autônomo;

(*b*) fornecer uma representação semântica dessa coluna isolada;
ver se as várias marcas semânticas se apoiam em marcas morfológicas precisas, isto é, quais as marcas morfológicas necessárias para
que seja individuada uma marca semântica;

REPERTÓRIO DAS CONOTAÇÕES

conotações arquitetônicas	*conotações históricas*	*conotações estéticas*
A. tronco de árvore	1. circunda-a o ar dos séculos	I. afirma seu permanente destino
B. aparente fragilidade		
C. sustem sem que nada a sustenha	2. venerável	II. vaga por entre elas a sombra da melancolia
D. ausência de esforço	3. última testemunha supérstite de extintas grandezas	
E. enriquece os monumentos		III. ergue-se aristocrática
F. dá solidez às fachadas	4. documento intacto	
G. dá suntuosidade às fachadas	5. comemoração de fatos, fastos, heróis	IV. universal
		V. pura
H. dá grandiosidade aos interiores	6. mastro da nave do tempo	VI. fabulosa
I. unidade na variedade repetitiva	7. tem a patina dos milênios	VII. audácia da fantasia
J. unidade na variedade modular	8. alegoria do milagre da sobrevivência	VIII. intenção ascensional
L. inamovível		IX. poetizada por um arroubo lírico
M. mastro de navio		
N. airosa		X. pescoço da amada
O. dá harmonia às construções		XI. corpo esbelto
		XII. braço torneado
		XIII. perna de linha perfeita
		XIV. obstinada
		XV. arrogante
		XVI. solitária
		XVII. sagrado resíduo
		XVIII. milagre grego
		XIX. estupenda

(*c*) inserir a coluna isolada num contexto, para ver se tal inser-
ção carrega o objeto de novos significados. Essa operação suscita
uma série de problemas de representação, dado que os contextos
em que o objeto arquitetônico pode inserir-se são múltiplos. O contexto pode ser visto (i) como *erguido*, isto é, a fachada (ou um dos
lados) do edifício, tanto em relação vertical quanto horizontal; (ii)
em *seção vertical* do edifício; (iii) em *outras seções*, que deem conta

da profundidade do edifício, (iv) em *planta*. Para comodidade da análise, por razões de clareza didática, ficou decidido que nos limitaríamos a uma situação de laboratório e que examinaríamos apenas a possibilidade (i).

Nos esquemas que se seguem, cumpre-nos tomar em consideração as seguintes regras de leitura:

(*A*) a representação do signo isolado é feita mediante uma árvore horizontal, e a do signo em contexto mediante árvores verticais;

(*B*) os termos entre parênteses representam marcas morfológicas; os outros entre aspas representam marcas semânticas; os algarismos arábicos, os algarismo romanos e as letras do alfabeto* remetem ao repertório das conotações arroladas em 5.6. Isto é, parece-nos que a função primeira, denotada num particular nó morfológico, se torna o significante de uma função segunda conotada apenas e tão-somente naquele nó particular, isto é, só se o morfema afigurar-se analisável em termos de determinadas marcas morfológicas e semânticas e só se surgir inserido num dado contexto;

(*C*) os símbolos em forma de garra são empregados quando um dado nó gera uma série de possibilidades que não se excluem mutuamente mas que podem coexistir (o fuste pode ter altura, diâmetro e peso, assim como um lexema pode ter contemporaneamente marcas morfológicas ou semânticas, tais como: masculino, singular, animado etc.). Os símbolos disjuntivos em forma de forquilha são empregados apenas quando as marcas se excluem e estão em mútua oposição, implicando uma escolha binária de diferentes percursos interpretativos. Essas exclusões binárias poderiam ser semelhantes àquelas que no modelo lexical de Katz-Fodor-Postal são definidas como *distinguishers*;

(*D*) a representação por estemas tem um aspecto analógico enquanto a sucessão vertical ou horizontal dos elementos sugere também a ordem de sua sucessão. Em outras palavras, o fato de que na primeira representação o fuste esteja *debaixo* do capitel e *em cima* da base, fornece instruções ao robô para saber como combinar os pedaços. É óbvio que, com um robô de funcionamento digital, tais instruções poderiam ser dadas de outra maneira, e, portanto, ainda uma vez, forçoso é dizer que nossa representação é uma representação simplificada para fins didáticos.

(*) O alfabeto italiano não tem a letra J. Sendo assim, nossa ordem alfabética, embora coerente com o texto traduzido, diverge da adotada pelo A. a partir do item I. (i). (N. da T.)

Eis o modelo de análise do signo /coluna/ fora do contexto:

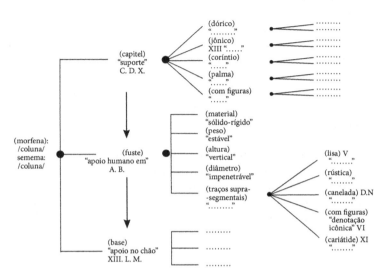

7.2. A marca semântica é posta num nó particular quando e se o significado conexo for reconhecido apenas na presença da marca morfológica correspondente. Assim o sema "suporte" só será atribuído à coluna quando o fuste sustentar o capitel. Uma coluna sem capitel não dá impressão de suster algo. Diga-se o mesmo quanto ao relacionamento fuste-base em relação ao sema "apoio no chão".

Essa representação está cheia de elementos analógicos aos quais recorremos para maior rapidez. Na verdade, definir entre os traços morfológicos do capitel (*dórico*) significa apenas que em lugar dessa categoria verbal deveriam existir outras instruções. Provavelmente também essas instruções seriam de tipo analógico (representações icônicas para serem reproduzidas no pantógrafo) mas nada proíbe que se possa atingir um sistema de notação digital capaz de impor ao robô a construção de um capitel dórico padrão. O mesmo vale para instruções morfológicas como (*lisa*) ou (*estriada*) ou (*com figuras*) e (*cariatide*). Os dois últimos são antes casos de código icônico sobreposto ao arquitetônico. Naturalmente, também aqui o espectro componencial poderia ser mais complexo.

7.3. Poder-se-ia observar que muitas das marcas semânticas denotadas pelas marcas morfológicas não pertencem ao que em arquitetura chamaríamos de "funções". São certamente funções "apoio" e "suporte", mas serão funções, no mesmo sentido, "vertical" ou "impenetrável"? Trata-se aqui de estabelecer se as funções comunicadas pela Arquitetura são apenas funções biofisiológicas (apoiar-se, sair) ou também funções construtivas (sustentar, elevar-se verticalmente etc.). Estaríamos tentados a chamar as segundas de funções sintáticas, e as primeiras (grosseiramente), de funções semânticas. Mas, pondo-se de parte o fato de as chamadas funções semânticas serem de fato funções biofísicas, as chamadas funções sintáticas desempenham indubitavelmente um papel no autossustentação do edifício, ou do objeto isolado (v. coluna), sendo, porém, percebidas pelo observador também como comunicação (semântica) de unidades culturais. A coluna comunica (e o artigo de Dora Isella Russell o demonstra) semas como "verticalidade" ou "impenetrabilidade". Cumpre, por conseguinte, que na fase preliminar de análise em que nos movemos, se considere irrelevante a distinção entre funções biofisiológicas e funções construtivas. Uma representação mais acurada deveria, porém, poder distinguir esses dois momentos.

7.4. Reparemos, igualmente, que das conotações ou funções segundas individuadas no artigo de D. I. Russell, pouquíssimas nos parecem caber nesta representação. Como veremos, a maioria dessas conotações, muito pelo contrário, se associa à coluna posta em contexto, espacial e temporal. À coluna isolada, associam-se, como se vê, as conotações C ("sustem sem que nada a sustenha"), típica conotação poético-*Kitsch*, que se aplica ao relacionamento fuste-capitel, sem levar em conta o relacionamento fuste-base; D ("ausência de esforço") e, consequentemente, X ("pescoço da mulher amada"), por claras razões analógicas. O relacionamento fuste--base gera a conotação analógica XIII ("perna"). D e N ("ausência de esforço" e "airosa")* parecem-nos aplicar-se ao traço morfológico (*canelura*), como também o contexto do artigo de Dora Isella Russell deixa entender. É óbvio que à presença de cariatides se associe XI ("corpo esbelto"), que, no entanto, pode associar-se à coluna inteira. Em todo o caso, a associação das conotações foi feita apenas com base no bom senso. Seria mister realizarem-se controles de campo através de entrevistas, para obter-se a exata resposta psicossemântica média.

PARA UMA ANÁLISE SEMÂNTICA... 151

8.1. Veja-se agora, na p. 152, o modelo de análise componencial do signo /*coluna*/ em contexto.

8.2. Esta segunda árvore, indubitavelmente mais complexa que a primeira, requer algumas especificações, que daremos em referência aos nós morfológicos isolados:

– (*Relação vertical*): considera-se a coluna em relação com a parte de cima e com a de baixo.

– (*Relação horizontal*): considera-se a coluna em relação com os signos arquitetônicos laterais.

– (*Relação com a parte de cima*): a coluna pode sustentar um tímpano ou outras colunas; nesse caso (*prolonga-se*) a função, isto é, o suporte é transmitido a outras colunas postas em cima, que, por sua vez, sustentam alguma coisa, ou então a função (*acha um limite*) no tímpano ou outro elemento arquitetônico que encerra, por assim dizer, o processo. O prolongamento da função pode ser (*em vertical*) quando a coluna sustenta outras colunas, como numa fachada com vários níveis de colunatas, ou então (*em profundidade*): com tal expressão pretendeu-se indicar o típico prolongamento da função observado, por exemplo, na coluna gótica da abóbada ogival, que se curva em profundidade para unir-se a outras colunas na chave da abóbada, somando seu esforço ao das demais. Por isso remetemos à planta, porque na representação em alçado não se pode reproduzir esse traço morfológico.

– A (*relação com a parte de baixo*) situa a coluna em contato ou diretamente com a terra ou com outros elementos da base (*degraus*) ou então com outras colunas situadas embaixo, sobre a fachada.

– (*Relação horizontal*): a coluna pode estar ou em relação horizontal zero, isto é (*sozinha*), ou (*com outras colunas*). No primeiro caso, essa coluna solitária pode ser uma coluna antiga que ficou sozinha (*entre ruínas*) ou uma coluna isolada (*nova*) erigida para fins comemorativos. Veja-se que a esse nível dos nós os traços morfológicos foram postos entre colchetes. De fato, temos aqui *traços morfo-históricos*, isto é, contemporaneamente sincro-diacrônicos. Que uma coluna se afigure antiga e surja entre ruínas é indubitavelmente uma característica morfológica sua: mas para defini-la são necessárias referências à época. Esses traços morfo--históricos são típicos da Arquitetura e provavelmente de outras comunicações visuais em que os significantes não se consomem no instante da emissão, como o *flatus voeis* da linguagem verbal,

ANÁLISE COMPONENCIAL DO SIGNO /COLUNA/ EM CONTEXTO
(fachada, vertical-horizontal)

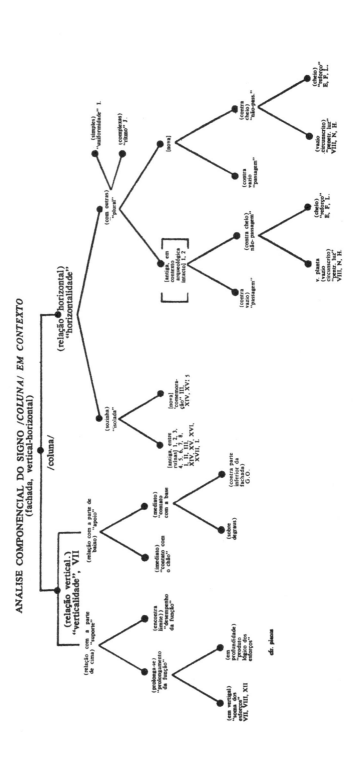

cfr. pisos

PARA UMA ANÁLISE SEMÂNTICA... 153

mas permanecem no tempo. Tais observações valem também para marcas como (*antiga em contexto arqueológico intacto*).

– (*Sobre vazio*) significa que uma coluna "plural", isto é, associada a pelo menos outra coluna, circunscreve um vazio permitindo e comunicando a função "passagem". (*Sobre cheio*) significa que a coluna funciona como reforço de um muro. Nesse caso comunica uma "não passagem", mas pode ser com (*vazio circunscrito*), isto é, enquadrar uma janela, comunicando uma possível ou efetiva "penetração de luz", ou então circunscrever um cheio, caso em que, ainda que estruturalmente isto não corresponda à verdade, comunica uma função de "reforço" do próprio muro.

As duas marcas (*simples*) e (*complexa*) que lateralmente distinguem duas possibilidades de coligação plural de várias colunas, referem-se ao fato, já indicado em 5.6. de que as colunas podem suceder-se todas iguais, ou com módulo rítmico de alternância, do tipo AB-AB ou ABC-ABC etc.

Essa árvore resume praticamente todos os possíveis empregos de uma coluna num contexto, ou pelo menos aqueles codificados pela tradição. Todo uso inédito da coluna deve considerar-se um desvio da norma e, portanto, a emissão de uma mensagem ambígua para fins de uso poético da Arquitetura.

8.3. Quanto às conotações, eximimo-nos de comentar por extenso o porquê de sua colocação nos nós morfológicos indicados. Deveria ele estar claro para o leitor. Caberá notar que as conotações de tipo estético se adensam no nó (*antiga, entre ruínas*), *prova*, ulterior de que a avaliação estética da Arquitetura e da arte em geral se deve ao que Walter Benjamin chamava de *a aura*, isto é, o halo de respeito fetichista ligado ao passado, ao tempo e ao preço do objeto decorrente de sua idade venerável.

8.4. Última advertência. Os traços morfológicos são expressos por comodidade em termos verbais, mas poderiam ser expressos em termos icônicos ou por meio de alguma outra notação simbólica.

Quanto aos traços semânticos, apesar de também expressos em linguagem verbal, referem-se não a entidades linguísticas e sim a unidades culturais traduzíveis em significantes linguísticos de vários tipos.

Neste sentido, encontra-se uma nova função, bastante útil, de uma análise semântica da Arquitetura. Enquanto a nível da linguagem verbal tanto a definição dos significantes quanto a definição dos significados como unidades culturais deve efetuar-se através da linguagem verbal, na Arquitetura, significantes e significados são expressos por notações (linguísticas ou de outro tipo) que *não são* notações arquitetônicas. Achamo-nos, assim, face a um sistema de comunicação que requer, para ser representado, diagramas muito complexos (dos quais aqueles propostos não passam de um mínimo e falho exemplo) mas que nos permite, todavia, analisar a diferença entre significantes e significados sem nos tornar vítimas da ilusão semântica própria da linguagem verbal, onde ambas as entidades devem ser indicadas através de outros significantes linguísticos.

Portanto, uma Semiótica da Arquitetura poderá tornar-se igualmente útil para os estudos semióticos em geral.

8.5. Em "Os Percursos do Sentido" adotamos a noção de "interpretante" para sublinharmos o fato de que toda marca gramatical ou semântica é, por sua vez, outro signo que requer uma análise componencial própria. Uma análise componencial da Arquitetura prova-nos que toda marca semântica do signo é um interpretante verbal (ou de outra natureza) e demonstra-nos que a análise sêmica jamais se encerra mas deve remeter a uma contínua definição semântica dos seus instrumentos, realizando uma *semiose ilimitada*.

Isso não quer dizer que em certos momentos, experimentais e de laboratório, o processo ilimitado da semiose não possa ser convencionalmente detido. Neste caso, fizemo-lo para demonstrar que certos objetos arquitetônicos, fora ou dentro do contexto, mas sempre enquanto objetos isolados, podem ser portadores de significado e, portanto, devem ser considerados como as unidades pertinentes de uma Semântica da Arquitetura, os signos que a cultura reconhece e organiza num sistema estruturado. Mas se e como é o sistema estruturado, eis o que falta demonstrar.

Bibliografia Básica
Para Estudos Semióticos

Autores Vários

1929 *Thèses présentées au Premier Congrès de philologues slaves*. (Travaux du Cercle linguistique de Prague 1) (v. Vachek, 1964.) (Trad. it.: *Il circolo linguístico di Praga*. Milão, Silva, 1966.)

1961 *Poetics*. (Polska Akademia Nauk, Proceedings of the International Conference of Work-in-progress. Varsóvia, agosto de 1960.) Haia, Mouton.

1963 *Problèmes de Psycho-Linguistique*. (Symposium de l'Association Scientifique de Langue Française. Neuchâtel, 1962.) Paris, P.U.F.

1966 Problème du langage. *Diogène* 51. Paris, Gallimard. (Trad. it.: *I problemi attuali delia linguística*. Milão, Bompiani, 1968.)

1970 *I linguaggi nella société e nellu técnica*. (Convegno promosso dalla Ing. C. Olivetti & C. Milão outubro de 1968.) Milão, Comunità.

1970 *Sign-Language-Culture*. Haia, Mouton.

Alexander, Christopher

1964 *Notes on the Synthesis of Form*. Cambridge, Harvard College. (Trad. it.: *Note sulla sintesi della forma*. Milão, II Saggiatore, 1967.)

Allard, M. & Elzière, M. & Gardin, J. C. & Hours, F.

1963 *Analyse conceptuelle du Coran sur cartes perforées*. Haia, Mouton.

Almansi, Guido (a cargo de)

1970 "Structuralism", special issue of *20th Century Studies* 3.

Alonso, Damaso

1957 *Poesia española. Ensayo de métodos y limites estilísticos*. Madri, Gredos. (Trad. it.: *Saggio di metodi e limiti stilistici*. Bolonha, Il Mulino, 1965.)

156 AS FORMAS DO CONTEÚDO

ALTHUSSER, Louis & BALIBAR, Etienne
1965 *Lire le Capital*. Paris, Maspéro. (Trad. it.: *Leggere il Capitale*. Milão, Feltrinelli, 1967.)

AMBROGIO, Ignazio
1968 *Formalismo e avanguardia in Russia*. Roma, Editori Riuniti.
1971 *Idéologie e tecniche letterarie*. Roma, Editori Riuniti.

ANTAL, László
1964 *Content, Meaning and Understanding*. Haia, Mouton.
1967 *Problemi di significato*. Milão, Silva.

APOSTEL. Leo
1960 Matérialisme dialectique et méthode scientifique. *Le Socialisme* 7-4. (Trad. it.: *Materialismo dialettico e método scientifico*. Turim, Einaudi, 1968.)

APRESSIAN, I.
1962 Analyse distributionnelle des significations et champs sémantiques structurés. *Langages* 1, 1966. (v. *Leksikografitcheski sbórnik* 5.)

ARCAINI, Enrico
1967 *Principi di linguística applicata*. Bolonha, Il Mulino.

ARGAN, Giulio Carlo
1965 "Intervenção". In: *Strutturalismo e critica*, (v. SEGRE ed.,1965.)

ASHBY, ROSS
1960 *Design for a Brain*. 2ª ed., Londres, Chapman & Hall. (Trad. it.: *Progetto per un cervello*. Milão, Bompiani, 1970.)

ATTNEAVE, Fred
1959 Stochastic Compositive Processes. *Journal of Aesthetics and Art Criticism* XVII-4. (Trad. it.: v. Eco, 1972.)

AUERBACH, Eric
1946 *Mimesis*. Berna, Franke. (Em port.: *Mimesis*. São Paulo, Perspectiva & USP, 1971.)

AUSTIN, J. L.
1961 The Meaning of a Word. *Philosophical Papers*. Oxford, Clarendon Press.
1962 *How to do Things with Words*. Oxford, Oxford Un. Press.

AUZIAS, Jean Marie
1967 *Clefs pour le structuralisme*. Paris, Seghers. (Trad. it.: *La chiave dello strutturalismo*. Milão, Mursia, 1969.)

AVALLE D'ARCO, Silvio
1965a "*Gli orecchini*" *di Montale*. Milão, Il Saggiatore.
1965b "Intervenção". In: *Strutturalismo e critica*, (v. SEGRE ed., 1965.) 1970 *Tre saggi su Montale*. Turim, Einaudi.

BACH, Emmon
1966 "Linguistique structurale et philosophie des sciences." In: *Problèmes du Langage*. Paris, Gallimard. (Em port.: A Linguística Estrutural e a Filosofia da Ciência. *Perspectiva Linguística* 1, Petrópolis, Vozes, 1971.)

BIBLIOGRAFIA BÁSICA PARA ESTUDOS SEMIÓTICOS 157

BALDINGER, Kurt
1966 Sémantique et structure conceptuelle. *Cahiers de Lexicologie* VIII-1.

BALLY, Charles
1932 *Linguistique générale et linguistique française.* Berna, Franke. (Trad. it.: *Linguística generale.* Milão, Il Saggiatore.)

BARBUT, Marc
1966 Le sens du mot "structure" en mathématique. *Les Temps Modernes* 264. (Em port.: "Sobre o Sentido da Palavra 'Estrutura' em Matemática." In: *Problemas do Estruturalismo.* Rio de Janeiro, Zahar, 1968.)

BARGHINI, Cario
1963 Natura dei segni fisiognomici. *Nuova Corrente* 31.

BARTHES, Roland
1953 *Le degré zéro de l'écriture.* Paris, Seuil. (Em port.: São Paulo, Cultrix & Cons. Est. de Cultura, 1971.)
1957 *Mythologies.* Paris, Seuil. (Em port.: *Mitologias.* São Paulo, Difusão Europeia do Livro, 1972.)
1963a *Sur Racine.* Paris, Seuil.
1963b L'activité structuraliste. *Lettres Nouvelles,* (v. BARTHES, 1964C.) (Em port.: "A Atividade Estruturalista". In: *O Método Estruturalista.* Rio de Janeiro, Zahar, 1967.)
1963c Littérature et signification. *Tel Quel.* (v. BARTHES, 1964C.)
1964a Eléments de sémiologie. *Communications* 4. (Em port.: *Elementos de Semiologia.* São Paulo, Cultrix & USP, 1971.)
1964b Rhétorique de l'image. *Communications* 4.
1964c *Essais critiques.* Paris, Seuil. (Trad. it.: *Saggi critici.* Turim, Einaudi, 1966 – contém, igualmente, parte de *Sur Racine.*)
1966a Introduction à l'analyse structurale des récits. *Communications* 8. (Em port.: Introdução à Análise Estrutural da Narrativa. *Análise Estrutural da Narrativa – Pesquisas Semiológicas.* Petrópolis, Vozes, 1971.)
1966b *Critique et Vérité.* Paris, Seuil. (Em port.: *Crítica e Verdade.* São Paulo, Perspectiva & USP, 1970.)
1967a *Système de la Mode.* Paris, Seuil. (Em port.: *O Sistema da Moda.* São Paulo, Cia. Editora Nacional, em preparo.)
1967b L'arbre du crime. *Tel Quel* 28.
1968 L'effet du réel. *Communications* 11. (Em port.: O Efeito do Real. *Literatura e Semiologia – Novas Perspectivas em Comunicação* 3, Petrópolis, Vozes, 1971.)
1970 *S/Z.* Paris, Seuil.

BASTIDE, Roger (a cargo de)
1962 *Sens et usages du terme "structure".* Haia, Mouton. (Em port.: *Usos e Sentidos do termo "Estrutura".* São Paulo, Edit. da USP & Edit. Ped. e Univ., ant. Herder, 1971.)

BAUDRILLARD, Jean
1968 *Système des objets.* Paris, Gallimard. (Em port.: *O Sistema dos Objetos.* São Paulo, Perspectiva & USP, 1973.)

BEADLE, George & MURIEL
1966 *The Language of Life.* New York, Doubleday.

158 AS FORMAS DO CONTEÚDO

BEAUJOUR, Michel
1968 The Game of Poetics. *Yale French Studies* 41.

BENSE, Max
1965 *Aesthetica.* Baden-Baden, Agis. (Trad. it.: *Estética.* Milão, Bompiani, 1972.)

BENVENISTE, Emile
1966 *Problèmes de linguistique générale.* Paris, Gallimard. (Em port.: *Problemas de Linguística Geral.* São Paulo, Cia. Editora Nacional, Edusp, 1976.)
1969 Sémiologie de la langue (1). *Semiótica* 1,1. Sémiologie de la langue (2). *Semiótica* 1, 2.

BERTIN, Jacques
1967 *Sémiologie graphique.* Paris, Mouton & Gauthier Villars.
1970 La graphique. *Communications* 15.

BETTINI, Sergio
1958 Critica semântica e continuità storica dell'architettura. *Zodiac 2.*

BETTETINI, Gian Franco
1968 *Cinema: lingua e scrittura.* Milão, Bompiani.
1971 *L'indice del realismo.* Milão, Bompiani.

BIRDWHISTELL, Ray L.
1952 *Introduction to Kinesics.* Washington D.C.: Dpt. of State, Foreign Service Ins.
1960 "Kinesics and Communication." In: *Explorations in Communications.* Ed. by E. Carpenter & M. McLuhan. Boston, Beacon Press. (Trad. it.: *La comunicazione di massa.* Florença, La Nuova Italia, 1966.)
1963 "Some Relations Between American Kinesics and Spoken American English", American Association for the Advancement of Science, (v. SMITH, A. G., 1966.)
1965 "Communication as a Multichannel System." In: *International Encyclopedia of Social Sciences.* New York.

BLOOMFIELD, Leonard
1933 *Language.* New York, Holt.

BONOMI, Andrea
1967 Implicazioni filosofiche nell'antropologia di C. Lévi-Strauss. *Aut-Aut* 96-97. (Em port.: "Implicações filosóficas na obra de Claude Lévi--Strauss", *Tempo Brasileiro* 15/16 – *Estruturalismo.*)
1970 Sul problema del linguaggio in Husserl. *Aut-Aut* 118.

BOLINGER, Dwight L.
1961 *Generality, Gradience and the All-None.* Haia, Mouton.

BONSIEPE, Guy
1965 Visuelle/verbale Rhetorik – Visual/Verbal Rhetoric. *Ulm* 14-16. (Trad. it.: Retórica visivo-verbale. *Marcatre* 19-22.)
1968 Semantische Analyse – Semantic Analysis. *Ulm* 21.

BOREK, Ernest
1965 *The Code of Life.* New York, Columbia Un. Press. (Trad. it.: *Il códice della vita.* Turim, Boringhieri.)

BIBLIOGRAFIA BÁSICA PARA ESTUDOS SEMIÓTICOS

Bosco, Nynfa
1959   *La filosofia pragmatica di C.S. Peirce*. Turim, Ed. di "Filosofia".

Boudon, Raymond
1968   *A quoi sert la notion de "structure"?* Paris, Gallimard.

Brandi, Cesare
1966   *Le due vie*. Bari, Laterza.
1968   *Struttura e architettura*. Turim, Einaudi.

Bremond, Claude
1964   Le message narratif. *Communications* 4. (Em port.: A Mensagem Narrativa.) *Literatura e Semiologia – Novas Perspectivas em Comunicação* 3, Petrópolis, Vozes, 1971.)
1966a   L'analyse conceptuelle du Coran. *Communications* 7. (Em port.: A Análise Conceitual do Alcorão. *Semiologia e Linguística – Novas Perspectivas em Comunicação* 2, 2ª ed., Petrópolis, Vozes, 1971.)
1966b   La logique des possibles narratifs. *Communications* 8. (Em port.: A Lógica dos Possíveis Narrativos. *Análise Estrutural da Narrativa – Pesquisas Semiológicas*. Petrópolis, Vozes, 1971.)
1968a   Postérité américaine de Propp. *Communications* 11. (Em port.: Posteridade Americana de Propp. *Semiologia e Linguística – Novas Perspectivas em Comunicação* 2, 2ª ed., Petrópolis, Vozes, 1971.)
1968b   Pour un gestuaire des bandes dessinées. *Langages* 10.

Bridgman, Percy W.
1927   *The Logic of Modem Physics*. New York, Macmillan. (Trad. it.: *La logica della fisica moderna*. Turim, Boringhieri, 1965.)

Brown, Roger
1958   *Words and Things*. Glencoe, Free Press.

Burke, Kenneth
1931   *Counter-Statements*. Chicago, Un. of Chicago Press.

Buyssens, Eric
1943   *Le langage et le discours*. Bruxelas, Off. de Publicité.
1967   *La communication et l'articulation linguistique*. Paris-Bruxelas, PUF.

Calboli, Gualtiero
1967   Rilevamento tassonomico e "coerenza" grammaticale. *Rendi-conti* 15-16.

Campos, Haroldo de
1967   *Metalinguagem*. Petrópolis, Vozes. (*Metalinguagem & Outras Metas*, 4ªed, São Paulo, Perspectiva, 1992.)
1969   *A Arte no Horizonte do Provável*. São Paulo, Perspectiva.
1971   "Umbral para Max Bense", prefácio para: M. Bense. *Pequena Estética*. São Paulo, Perspectiva & USP

Cardarelli, Urbano
1970   "Lettura storico-semiologica di Palmanova." *Op. Cit.* 17.

Carnap, Rudolf
1942   *Introduction to Semantics*. Cambridge, Harvard Un. Press.

160 AS FORMAS DO CONTEÚDO

1947 *Meaning and Necessity*. Chicago, The Un. of Chicago Press. (Enlarged 5th ed., Phoenix Books, 1967).
1955 "Meaning and Sinonimity in Natural Language." *Phil. Studies* 7.
1971 *Analicità, Significanza, Induzione*. Bolonha, Il Mulino.

CARPENTER, E & MACLUHAN, M. (a cargo de)
1960 *Explorations in Communications*. Boston, Beacon Press. (Trad. it.: *Le communicazioni di massa*. Florença, La Nuova Italia, 1966.)

CARUSO, Paolo
1967 "Analisi antropologica del paesaggio." *Edilizia Moderna* 87-88.
1969 *Conversazioni con Lévi-Strauss, Foucault, Lacan*. Milão, Mursia.

CASSIRER, Ernst
1923 *Philosophie der Symbolischen Formen – 1. Die Sprache*. Leipzig.
1945 "Structuralism in Modern Linguistics." *Word* 1, 2. (Trad. it.: *Lo strutturalismo nella linguistica moderna*. Nápoles, Guida, 1970.)

CASTAGNOTTO, Ugo
1967a "Publicità e operatività semantica." *Sipra-Due* 9.
1967b "Proposta per un'analisi semantica del linguaggio pubblicitario odierno." *Sigma* 13.
1970 *Semantica delia pubblicità*. Roma, Silva.

CHAMIE, Mario
1962 Postfácio a *Lavra*. São Paulo.

CHARBONNIER, Georges
1961 *Entretiens avec C. Lévi-Strauss*. Paris, Plon-Juilliard. (Trad. it.: *Colloqui*. Milão, Silva, 1966.)

CHATMAN, Seymour
1966 "On the Theory of Literary Style." *Linguistics* 27.

CHEGLÓV, I.
1962a "K postroiéniiu structúrnoi modéli novel o Cherlóke Kholmse." *Simpózium do Structúrnomu Izutchéniiu znakovikh sistém*. Moscou, (v. FACCANI & Eco, 1969: "Per Ia costruzione di un modello strutturale delle novelle di Sherlock Holmes".)
1962b "Niékotoriie tcherti structúri 'Metamorfoz' Ovídia." *Structurno tipologuítcheskie islédovaniia*. Moscou, (v. FACCANI & Eco, 1969: "Alcuni tratti strutturali delle Metamorfosi".)

CHERRY, Colin
1961 *On Human Communication*. New York, Wiley. (Em port.: *A Comunicação Humana*. São Paulo, Cultrix & USP, 1971.)

CHKLOVSKI, Victor
1917 "Iskustvo kak prióm." *Poética* 1913. (Em port.: "A arte como procedimento". In: *Teoria da Literatura – Formalistas Russos*. Porto Alegre, Edit. Globo, 1973.) (v. TODOROV, 1965.)
1925 *O teórii prósi*. Moscou, (Trad. it: *Una teoria delia prosa*. Bari, De Donato, 1966.)
1961 *Khudójestvienaia prosa*. Moscou, Soviétski Pissátiel. (Trad. it.: *Leitura del Decamerone*. Bolonha, II Mulino. 1969.)

BIBLIOGRAFIA BÁSICA PARA ESTUDOS SEMIÓTICOS 161

CHOMSKY, Noam

1957   *Syntactic Structures*. Haia, Mouton. (Trad. it.: *Le strutture delia sintassi*. Bari, Laterza, 1970.)

1962   *Current Issues in Linguistic Theory*. (Ninth Int. Congress of Linguistics, Cambridge.) (v. KATZ, J. J. & FODOR, J. A., 1964.)

1965a   *Aspects of the Theory of Syntax*. Cambridge, M.I.T. (Trad. it. em: *Saggi linguistici* 2. Turim, Boringhieri, 1970.)

1965b   De quelques constantes de la théorie linguistique. *Diogène* 51. (v. *I problemi attuali della linguistica*. Milão, Bompiani, 1968.)

1966   *Cartesian Linguistics*. New York, Harper & Row. (Em port.: *Linguística Cartesiana*. Petrópolis, Vozes, 1973.)

1967   "The Formal Nature of Language." In: *Biological Foundations of Language*, (v. LENNEBERG, 1967.)

1968   *Language and Mind*. New York, Harcourt Brace. (Em port.: A Linguagem e a Mente. *Perspectiva Linguística* 1, Petrópolis, Vozes, 1971.)

1969   "Deep Structure, Surface Structure and Semantic Interpretation." In: *Semantics*. Ed. by Steinberg, D. D. Jakobovits, L.A., Londres-Cambridge Un. Press, 1971.

CHURCH, Alonzo

1943   Review of *Introduction to Semantics* by R. Carnap, *Phil, review* 52.

COHEN, Jonathan

1963   *The Diversity of Meaning*. New York, Herder & Herder.

CONKLIN, H. C.

1955   Hanunóo Color Categories. *Southwestern Journal of Anthropology* IL (v. HYMES, 1964.)

COONS, E. & KRAEHENBUEHL, D.

1958   Information as Measure of Structure in Music. *Journal of Music Theory* II, 2. (Trad. it. v. Eco, 1972.)

COQUET, J.-C.

1968   Questions de Sémantique Structurale. *Critique*, janeiro.

CORTI, Maria

1965   "Intervenção." In: *Strutturalismo e critica*, (v. SEGRE ed., 1965.)

1968   Il códice bucólico e la "Arcadia" di Sannazzaro. *Strumenti Critici* 6.

1969   *Metodi e Fantasmi*. Milão, Feltrinelli.

CORTI, M. & SEGRE, C. (a cargo de)

1970   *I metodi attuali della critica in Italia*. Turim, E.R.I.

CRALLE, R. K. & MICHAEL, G. A.

1967   "A Survey of Graphic Data Processing Equipment for Computers." (v. KRAMPEN, 1967.)

CRESSWELL, R.

1968   Le geste manuel associé au langage. *Langages* 10.

DE BENEDETTI, Andrea

1966   *Il linguaggio della pubblicità contemporanea*. Turim, Facoltà di Magistero.

162   AS FORMAS DO CONTEÚDO

DE FUSCO, Renato

1967   *L'arte come mass-medium.* Bari, Dedalo.

1968   "Tre contributi alla semiologia architettonica." *Op. Cit.* 12.

1969   (corn SCALVINI, M. L..) "Significanti e significati nella rotonda palladiana." *Op. Cit.* 16.

1970   *Storia e struttura.* Nápoles, E.S.I.

1971   "Utilità storiografica di una dicotomia linguistica." *Op. cit.* 20.

DE JORIO, A.

1832   *La mimica degli antichi investigata nel gestire.* Nápoles.

DELEUZE, Gilles

1968   *Différence et répétition.* Paris, P.U.F.

DE LILLO, Antonio (a cargo de)

1971   *L'analisi dei contenuto.* Bolonha, H Mulino.

DELLA VOLPE, Galvano

1960   *Critica del gusto.* Milão, Feltrinelli.

1967   "I conti coi formalisti russi"; "I conti con la teoria strutturale". In: *Critica dell'ideologia contemporanea.* Roma, Editori Riuniti.

DE MAURO, Tullio

1965   *Introduzione alla semantica.* Bari, Laterza.

1966   Modelli semiologici. L'aibitrarietà semantica. *Lingua e Stile* 1.

1970   "Proposta per una teoria formalizzata dei noema lessicale e della storicità e socialità dei fenomeni linguistici." In: *Linguaggi nella società e nella técnica.* Milão, Comunità.

DERRIDA, Jacques

1966   "La structure, le signe et le jeu dans le discours des sciences humaines." (Conférence au Colloque international de l'Un. John Hopkins, Baltimore 10.21.1966.) (v. DERRIDA, 1967a.) Em port.: "A Estrutura, o Signo e o Jogo no Discurso das Ciências Humanas." In: *Estruturalismo – Antologia de. Textos Teóricos.* Barcelos, Portugalia Edit., 1968.)

1967a   *L'écriture et la différence.* Paris, Seuil. (Em port.: *A Escritura e a Diferença.* São Paulo, Perspectiva & USP, 1971.)

1967b   *De la Grammatologie.* Paris, Minuit. (Em port.: *Gramatologia.* São Paulo, Perspectiva & USP, 1973.)

DINNEEN, Francis P.

1967   *An Introduction to General Linguistics.* New York, Holt. (Trad. it.: *Introduzione alia linguistica generale.* Bolonha, Il Mulino, 1970.)

DOBERTI, Roberto

1969   *Sistema de figuras.* (Publicação mimeografada inédita da Cátedra de Semiologia Arquitetônica da Universidade de Buenos Aires.)

1971   Sistema de figuras. *Summa*, 38.

DOLEZEL, Lubomir

1966   "Vers la stylistique structurale." In: *Travaux Linguistiques de Prague* 1.

DORFLES, Gillo

1959   *Il divenire delle arti.* Turim, Einaudi.

BIBLIOGRAFIA BÁSICA PARA ESTUDOS SEMIÓTICOS 163

1962   *Símbolo, Comunicazione, Consumo.* Turim, Einaudi.
1965   Pour ou contre une esthétique structuraliste? *Revue Internationale de Philosophie* 73-74.
1966   *Nuovi riti, Nuovi miti.* Turim, Einaudi.
1968a Morfologia e semantica della pubblicità televisiva. *Pubblicità e Televisione.* Turim, E. R. I. 1968b "Artificio e Natura." Turim, Einaudi.
1969   "Valori iconologici e semiotici in architettura." *Op. Cit.* 16.

DOUBROWSKY, Serge
1966   *Pourquoi la nouvelle critique – Critique et objectivité.* Paris, Mercure. (Trad. it.: *Critica e oggettività.* Pádua, Marsilio, 1967.)

DUNDES, Alan
1958   *The Morphology of North-American Indian Folktales.* Haia, Mouton.
1962   From Etic to Emic Units in Structural Study of Folktales. *Journal of American Folklore* 75 (296).
1964   On Game Morphology: A Study of the Structure of Nonverbal Folklore. *New York Folklore Quarterly* 20 (4).

DUNDES, A. & LEACH, E. R. MARANDA, P. & MAYBURY-LEWIS, D.
1966   "An Experiment in Structural Analysis." In: *Structural Analysis of Oral Tradition.* Ed. by R. Maranda.

DURAND, Jacques
1970   Rhétorique et image publicitaire. *Communications* 15.

ECO, Umberto
1956   *Il problema estetico in Tommaso d'Aquino.* 2ª ed., Milão, Bompiani, 1970.
1962   *Opera aperta.* Milão, Bompiani. (Em port.: *Obra Aberta,* 2ª ed., São Paulo, Perspectiva, 1971.)
1964   *Apocalittici e integrati.* Milão, Bompiani. (Em port.: *Apocalípticos e Integrados.* São Paulo, Perspectiva, 1970.)
1966   James Bond: une combinatoire narrative. *Communications* 8. (Em port.: James Bond: Uma Combinatória Narrativa. *Análise Estrutural da Narrativa – Pesquisas Semiológicas.* Petrópolis, Vozes, 1971.)
1967   Rhétorique et idéologie dans "Les mystères de Paris" d'E. Sue. *Revue Internationale de Sciences Sociales* XIX 4. (Em port.: "Retórica e Ideologia em 'Os Mistérios de Paris' de Eugênio Sue." In: *Apocalípticos e Integrados.* São Paulo, Perspectiva, 1970.)
1963   "The Analysis of Structure." In: *The Critical Moment.* Ed by TLS, Londres, Faber. (Trad. it.: Eco, 1968a.)
1968a *La definizione dell'arte.* Milão, Bompiani.
1968b "Lignes d'une recherche sémiologique sur le message télévisuel." (Communication au Symposium Int. de Sémiotique, Varsóvia, 1968.)
1968c *La struttura assente.* Milão, Bompiani. (Em port.: *A Estrutura Ausente,* São Paulo, Perspectiva e Editora da USP, 1971.)
1969a "Le strutture narrative in Fleming." In: *L'analisi del racconto.* Milão, Bompiani.
1969b "Lezioni e contraddizioni della semiotica sovietica." In: *Il sistemi di segni e lo strutturalismo sovietico.* (A cargo de R. FACCANI & Eco, U. Milão, Bompiani.)
1970a *Socialismo y consolación.* Barcelona, Tusquets.
1970b "La critica semiologica." (v. CORTI & SEGRE eds., 1970.)

164 AS FORMAS DO CONTEÚDO

1970c (com VOLLI, U.) "Introdução" a *Paralinguistica e cinesica* (v. SEBEOK, HAYES, BATESON, 1964.)

1972 "Introdução" (a cargo de U. E.). *Estética e teoria dell'informazione.* Milão, Bompiani.

EHRMANN, Jacques ed.

1966 "Structuralism", special issue. *Yale French Studies* 36-37.

1968 "Game, Play, Literature", special issue, *Yale French Studies* 41.

EFRON, D.

1941 *Gesture and Environment.* New York, King's Crown Press.

EKMAN, Paul & FRIESEN. Walther

1969 The repertoire of Non-Verbal Behavior Categories, Origins, Usage and Coding. *Semiótica* I, 1.

EKMAN, P. & FRIESEN, W. &. TOMKINS,. S.

1971 Facial Affect Scoring Technique: A First Validity Study. *Semiótica* III, 1.

EMPSON, William

1930 *Seven Types of Ambiguity.* Londres, Chatto & Windus. (Trad. it.: *Sette tipi di ambiguità.* Turim, Einaudi, 1965.)

ERLICH, Victor

1954 *Russian Formalism.* Haia, Mouton. (Trad. it.: *Il formalismo russo.* Milão, Bompiani, 1966.)

FABBRI, Paolo

1968 Considérations sur la proxémique. *Langages* 10.

FACCANI, Remo & Eco, Umberto (a cargo de)

1969 *Il sistemi di segni e lo strutturalismo sovietico.* Milão, Bompiani.

FAGES, J.-B.

1967 *Comprendre le structuralisme.* Toulouse, Privât.

FARASSINO, Alberto

1969 Ipotesi per una retorica della comunicazione fotografica. *Annali della Scuola Superiore di Comunicazioni di Massa* 4.

FAYE, Jean-Pierre (a cargo de) 1967. *Le récit hunique.* Paris, Seuil.

1969 Le cercle de Prague. *Change* 3.

FOLENA, G.

1964 Aspetti della lingua contemporanea. *Cultura e scuola* 9.

FONAGY, Ivan

1964 L'information du style verbal. *Linguistics* 4.

FONTANIER, Pierre

1827 *Traité général des figures du discours autres que les tropes.* (v. FONTANIER, 1968.)

1830 *Manuel classique pour l'étude des tropes,* (v. FONTANIER, 1968.) 1968 *Les figures du discours.* Paris, Flammarion.

BIBLIOGRAFIA BÁSICA PARA ESTUDOS SEMIÓTICOS 165

FORMIGARI, Lia
1970 *Linguistica ed empirismo nel 600 inglese*. Bari, Laterza.

FOUCAULT, Michel
1966 *Les mots et les choses*. Paris, Gallimard. (Em port.: *As Palavras e as Coisas*. Barcelos, Portugália Edit., Col. "Problemas" nº 23.)

FRANK, Lawrence K.
1957 Tactile Communication. *Genetic Psychology Monographs* 56. (v. SMITH, A. G. ed., 1966.)

FREGE, Gottlob
1892 Uber Sinn und Bedeutung. *Zeitschrift fur Philosophie und philosophische Kritik* 100. (Trad. it. In: *Lógica e aritmética*. Turim, Boringhieri, 1965.)

FRESNAULT-DERUELLE, Pierre
1970 Le verbal dans les bandes dessinées. *Communications* 15.

FREUDENTHAL, Hans
1960 *Lincos: Design for a Language for a Cosmic Intercourse*. Amsterdã.

GALLIOT, M.
1955 *Essai sur la langue de la réclame contemporaine*. Toulouse, Privât.

GAMBERINI, Italo
1953 *Per una analisi degli elementi dell'architettura*. Florença, Casa Ed. Univers.
1959 *Gli elementi dell'architettura come parole del linguaggio architettonico*. Florença, Coppini.
1961 *Analisi degli elementi costitutivi dell'architettura*. Florença, Coppini.

GARRONI, Emilio
1964a Estetica antispeculativa ed estetica semantica. *Nuova Corrente* 34.
1964b *La crisi semantica delle arti*. Roma, Officina.
1968 *Semiotica ed estetica*. Bari, Laterza.

GENETTE, Gérard
1964 Frontières du récit. *Communications* 8. (v. GENETTE, 1969.) (Em port.: Fronteiras da Narrativa. *In: Análise Estrutural da Narrativa – Pesquisas Semiológicas*. Petrópolis, Vozes, 1971.)
1966 *Figures*. Paris, Seuil. (Em port.: *Figuras*. São Paulo, Perspectiva & USP, 1972.)
1968 Vraisemblable et motivation. *Communications* 11. (Em port.: Verossímil e Motivação. *Literatura e Semiologia – Novas Perspectivas em Comunicação* 3. Petrópolis, Vozes, 1971.)
1969 *Figuras II*. Paris, Seuil.

GODELIER, Maurice
1966 Système, structure et contradiction dans "Le Capital". *Les Temps Modernes* 55. (Em port.: "Sistema, Estrutura e Contradição em "O Capital." *In: Problemas do Estruturalismo*. São Paulo, Zahar, 1968.)

GODELIER, M. & SEVE, L.
1970 *Marxismo e strutturalismo*. Turim, Einaudi.

166 AS FORMAS DO CONTEÚDO

GOLDMANN, Lucien
1964 *Pour une sociologie du roman.* Paris, Gallimard. (Trad. it.: *Per una sociologia del romanzo.* Milão, Bompiani, 1967.)
1970 *Structures mentales et créativité culturelle.* Paris, Anthropos.

GOMBRICH, Ernest
1956 *Art and Illusion.* The A. W. Mellon Lectures in the Fine Arts. New York, Bollingen series, 1961.) (Trad. it.: *Arte e Illusione.* Turim, Einaudi, 1965.)

GOODENOUGH, W.
1956 Componential Analysis and the Study of Language. *Language* 32.
1957 "Cultural Anthropology and Linguistics." (v. HYMES, 1964.)

GOODMAN, Nelson
1947 The Problem of Contrafactual Conditionals. *Journal of Philosophy* XLIV. (Trad. it.: v. LINSKY, 1952.)
1949 On likeness of Meaning. *Analysis* 10. (Trad. it.: v. LINSKY, 1962.)

GOUDOT-PERROT, A.
1967 *Cybernétique et biologie.* Paris, P.U.F.

GRANGER, Gilles-Gaston
1960 *Pensée formelle et sciences de l'homme.* Paris, Aubier.

GRASSI, Corrado
1967 Linguaggio pubblicitario vecchio e nuovo. *Sipra-Due* 2.

GREENBERG, Charles (a cargo de)
1963 *Universals of Language.* Cambridge, M.I.T. Press.

GREGOTTI, Vittorio
1966 *Il território dell'architettura.* Milão, Feltrinelli.

GREGOTTI, Vittorio (a cargo de)
1967 La forma dei territorio. *Edilizia Moderna* 87-88.

GREIMAS, Algirdas Julien
1966a *Sémantique structurale.* Paris, Larousse. (Trad. para o port., em andamento: São Paulo, Editora da USP) (Trad. it.: *Semantica strutturale.* Milão, Rizzoli, 1969.)
1966b Éléments pour une théorie de l'interprétation du récit mythique. *Communications* 8. (v. GREIMAS, 1970.) (Trad. it. In: *L'analisi del racconto.* Milão, Bompiani, 1969.)
1967 *Modelli semiologici.* Urbino, Argalia.
1968 Conditions d'une sémiotique du monde naturel. *Langages* 10. (v. GREIMAS, 1970.)
1970 *Du Sens.* Paris, Seuil.

GREIMAS, A.-J. (a cargo de)
1968 Pratique et langages gestueles. *Langages* 10.

GREIMAS, A.-J. & RASTIER, F.
1968 The Interaction of Semiotic Constraints. *Yale French Studies* 41. (v. GREIMAS, 1970.) (v. EHRMANN, 1968.)

BIBLIOGRAFIA BÁSICA PARA ESTUDOS SEMIÓTICOS 167

GRITTI, Jules
1966 Un récit de presse. *Communications* 8. (Em port.: Uma Narrativa de imprensa: "Os Últimos Dias de um Grande Homem". *Análise Estrutural da Narrativa – Pesquisas Semiologies*. Petrópolis, Vozes, 1971.)
1968 Deux arts du vraisemblable: la casuistique, le courrier du coeur. *Communications* 11.

GROSS, M. & LENTIN, A.
1967 *Notions sur les grammaires formelles*. Paris. Gauthier-Villars.

GUGLIELMI, Guido
1967 *La letteratura come sistema e come funzione*. Turim, Einaudi.

GUILBAUD, G.-T.
1954 *La cybernétique*. Paris, P.U.F.

GUILHOT, Jean
1962 *La dynamique de l'expression de la communication*. Haia, Mouton.

GUIRAUD, Pierre
1955 *La sémantique*. Paris, P.U.F. (Em port.: *A Semântica*. São Paulo, Difusão Europeia do Livro, 1972.)

HALL, Edward T.
1959 *The Silent Language*. New York, Dòubleday. (Trad. it.: *Il linguaggio silenzioso*. Milão, Bompiani, 1969.)
1963 A System for the Notation of Proxemic Behavior. *American Anthropologist* 65. (Trad. it.: *Versus* 2).
1966 *The Hidden Dimension*. New York, Doubleday. (Trad. it.: *La dimensione nascosta*. Milão, Bompiani, 1969.)
1968 "Proxemics." (Com comentários de R. Birdwhistell, R. Diebold, Dell Hymes, Weston La Barre, G. L. Trager e outros.) *Current Anthropology* 9:2/3. (Trad. it.: *Versus* 2.)

HARTLEY, R.V.L.
1928 Transmission of Information. *Bell System Techn. J.* 7.

HAYES, F.
1957 Gesture: A Working Bibliography. *Southern Folklore Quarterly* 21.

HAYES, Alfred S.
1964 Paralinguistics and Kinesics. Pedagogical Perspective, (v. SEBEOK, HAYES, BATEVERS, 1964.)

HEGER, Klaus
1965 Les bases méthodologiques de l'onomasiologie et du classement par concepts. *Travaux de Linguistique et de Littérature* III, 1. Estrasburgo--Paris, Klincksieck.

HERDAN, Gustav
1964 Quantitative Linguistics of Generative Grammar? *Linguistics* 4.

HIZ, Henry
1969 Referentials. *Semiótica* 1, 2

168 AS FORMAS DO CONTEÚDO

HJELMSLEV, Louis

1928 *Principes de grammaire générale*. Copenhague.

1943 *Prolegomena to a Theory of Language*. University of Wisconsin, 1961. (Trad. it.: *I fondamenti della teoria del linguaggio*. Turim, Einaudi, 1968.)

1957 "Pour une sémantique structurale." (v. HJELMSLEV, 1959.)

1959 *Essais linguistiques*. (Travaux du Cercle Linguistique de Copenhague.) Copenhague, Nordisk Sprogog Kulturforlag.

1963 *Sproget*. Charlottenlund, The Nature Method Center. (Trad. it.: *Il linguaggio*. Turim, Einaudi, 1970.)

HOCKET, C.F.

1967 *Language, Linguistics and Mathematics*. Haia, Mouton.

1968 *The State of the Art*. Haia, Mouton. (Trad. it.: *La linguistica americana contemporanea*. Bari, Laterza, 1970.)

HUFF, William S.

1967 "The Computer and Programmed Design: A Potential Tool for Teaching." (v. KRAMPEN, 1967.)

HUSSERL, Edmund

1922 *Logische Untersuchungen*. Halle, Niemayer. (Trad. it.: *Ricerche Logiche*. Milão, Il Saggiatore, 1968, 2 vols.)

HUTT, Clelia

1968 Dictionnaire du langage gestuel chez les trappistes. *Langages* 10.

HYMES, Dell (a cargo de)

1964 *Language in Culture and Society*. New York, Harper.

JEGOROV, B. F.

1965 "Prostiéichie semiotitcheskie sistémi i tipóloguia siujetov", *Trudi po znakovim sistémam* IL Tartu. (v. FACCANI & Eco, 1969: "I sistemi semiotici più semplici e la tipologia degliintrecci".)

ITTEN, Johannes

1961 *Kunst der Farbe*. Pavensburgo. Otto Mair. (Trad. it.: *Arte del colore*. Milão, Il Saggiatore, 1965.)

IVANOV, V. V.

1965 Rol' semiótiki v kibernetítcheskom islédovanii tchelovieka i colectiva. *Longuítcreskaia structura naútchovo znánia*. Moscou, (v. FACCANI & Eco, 1969: "Ruolo della semiótica".)

IVANOV, V. V. & TOPOROV, V. N. & ZALIZNIAK, A.

1962 O vozmójnosti structurno-tipologuítcheskovo izutchénia niékotorikh modelíruiuchikh semiotítcheskikh sistém. *Structurno-tipologuítcheskie islédovania*. Moscou, (v. FACCANI & Eco, 1967: Possibilita di studio tipologico-strutturale di alcuni sistemi semiotici modellizzanti.)

1965 *Slaviánskie jazikovie moderlíruiuchie semiótítcheskie sistemi*. Moscou, (v. TODOROV, 1966a.)

JAKOBSON, Roman

1956 "Deux aspects du langage et deux types d'aphasie." (v. JAKOBSON & HALLE, 1956.) (v. JAKOBSON, 1963a.)

BIBLIOGRAFIA BÁSICA PARA ESTUDOS SEMIÓTICOS   169

1958   "Les études typologiques et leur contribution à la linguistique historique comparée." (Rapport au VIIIme Congrès International des Linguistes à Oslo, 1957.) (v. JAKOBSON, 1963a.) (Em port.: "Os Estudos Tipológicos e sua Contribuição para a Linguística Histórica Comparativa." In: *Fonema e Fonologia*. Rio de Janeiro, Livr. Acadêmica, 1967.)

1959   "Boas View of Grammatical Meaning." *The Anthropology of Franz Boas*. Ed. by W. Goldschmidt, *American Anthropologist* 61, 5, 2. (v. JAKOBSON, 1963a.)

1960   Closing Statements: Linguistics and Poetics. *Style in Language*. Ed. by SEBEOK, T. A. (v. SEBEOK ed., 1960.) (v. JAKOBSON, 1963a.)

1961a "Linguistique et théorie de la communication." *Proceedings of Simposia in Applied Mathematics* XII. (American Math. Society.) (v. JAKOBSON, 1963a.) (Em port.: *Linguística e Comunicação*, 6ª ed., São Paulo, Cultrix, 1963.)

1961b "The Phonemic concept of Distinctive Features." *Proceedings of the Fourth International Congress of Phonetic Sciences*. Helsinque, Haia, Mouton, 1962.

1963a *Essais de linguistique générale*. Paris, Minuit. (Trad. it.: *Saggi di linguistica generale*. Milão, Feltrinelli, 1966.)

1963b Implications of Language Universais for Linguistics. *Universais of Language*. Ed by J. H. Greenberg. (v. GREENBERG, 1963.)

1964   On Visual and Auditory Signs. *Phonetica* II.

1966   "À la recherche de l'essence du langage." In: *Problèmes du langage*. Paris, Gallimard. (Trad. it. in: *Il problemi attuali della linguistica*. Milão, Bompiani, 1968.)

1967   "About the Relation Between Visual and Auditory Signs". In: *Models for the Perception of Speech and Visual Form*. Cambridge, MIT Press.

1970   *Linguística. Poética. Cinema* São Paulo, Perspectiva.

JAKOBSON, R. & LÉVI-STRAUSS, C.

1962   Les Chats de Charles Baudelaire. *L'Homme*, janeiro.

JAKOBSON, R. & HALLE, M.

1956   *Fundamentals of Language*. Haia, Mouton.

JAKOBSON, R. & TINIANOV, J.

1927   "Vopróssi izutchénia literatúri i iaziká." (Em port.: "Os Problemas dos Estudos Literários e Linguísticos." In.: *Teoria da Literatura – Formalistas Russos*. Porto Alegre, Edit. Globo, 1973.)

JOLKÓVSKI, Alexandr K.

1962   Ob ussilénii *Structurno-tipologuítcheskie islédovania*. Moscou, (v. FACCANI & Eco, 1969: "Dell'amplificazione".)

1967   Deux ex machina. *Trudi po znakovim sistiéman* III. Tartu. (v. FACCANI & Eco, 1969.)

1970   Recensão de *A Estrutura Ausente*. Eco, U. *Vopróssi Filossófii* 2.

KARPINSKAIA, O. G. & REVZIN, I. I.

1966   Semiotítcheski análiz ránik pies Ionesco. *Tézici dokladov vo vtorói létniei chkole po vtorítchnim modeliruiuchim sistiémam*. Tartu. (v. FACCANI & Eco, 1969: "Analisi semiótica delle prime commedie di Ionesco".)

KATZ, Jerrold J. & FODOR, Jerry A.

1964   The Structure of a Semantic Structure. *Language* 38. (v. KATZ & FODOR, 1964.)

170   AS FORMAS DO CONTEÚDO

1964   The Structure of a Semantic Theory. *Language* 39 (v. KATZ & FODOR, 1964.)

KATZ, J. J. & FODOR, J. A. (a cargo de)
1964   *The Structure of Language*. (Englewood Cliffs, Prentice-Hall.)

KATZ, J. J. & POSTAL, P.M.
1964   *An Integrated Theory of Linguistic Descriptions*. (Research Monograph 26.) Cambridge, MIT Press.

KNELLI, Friedrich (a cargo de)
1971   *Semiotik des Films*. Munique, Hanser.

KOECHLIN, B.
1968   Techniques corporelles et leur notation symbolique. *Langages* 10.

KOCH, Walther A.
1969   *Vom Morphem zum Textem-From Morpheme to Texterne* Hildesheim, Olms.

KOENIO, Giovanni Klaus
1964   *Analisi del linguaggio architettonico*. Florença, Fiorentina.
1970   *Architettura e comunicazione*. Florença, Fiorentina.

KOLMOGOROV, A. N. & KONDRATOV, A.A.
1962   Rítmika poém Maiakóvoskovo. *Vopróssi Iazikosndnia* 3. (v. FACCANI & Eco, 1969: "Rítmica dei poemeti di M.")

KRAISKI, Giorgio (a cargo de)
1971   *I formalisti russi nel cinema*. Milão, Garzanri.

KRAMPEN, Martin & SEITZ, PETER (a cargo de)
1967   *Design and Planning 2 – Computers in Design and Communication*. New York, Hasting House.

KREUZER, H. & GUZENHAUSER, R.
1965   *Mathematik und Dichtung*. Numphenburger Verlagstandlung.

KRISTEVA, Julia
1967a L'expansion de la sémiotique. *Informations sur les sciences sociales* VI, 5. (v, KRISTEVA, 1969.)
1967b Bakhtine, le mot, le dialogue et le roman. *Critique*, abril.
1967c Pour une sémiologie des paragrammes. *Tel Quel* 29. (v. KRISTEVA, 1969.)
1968a Distance et anti-représentation. *Tel Quel* 32.
1968b La productivité dite texte. *Communications* 11. (Em port.: A Produtividade dita Texto. *Literatura e Semiologia – Novas Perspectivas em Comunicação* 3, Petrópolis, Vozes, 1971.) (v. KRISTEVA, 1969.)
1968c Le geste: pratique ou communication? *Langages* 10. (v. KRISTEVA, 1969.)
1968d La sémiologie aujourd'hui en URSS. *Tel Quel* 35.
1969   Σεμειωτικη – *Recherches pour une sémanalyse*. Paris. Seuil. (Em port.: *Introdução à Semanálise*. São Paulo, Perspectiva, 1974.)

KRISTEVA, J. & REY-DEBOVE, J. & UMIKEV, D. J. (a cargo de)
1971   *Essays in Semiotics – Essai de Sémiotique*. Haia, Mouton.

BIBLIOGRAFIA BÁSICA PARA ESTUDOS SEMIÓTICOS 171

KRZYZANOWSKI, Julian
1961　La poétique de l'énigme. *Poetics.* Haia, Mouton.

LA BARRE, Weston
1964　Paralinguistics, Kinesics and Cultural Antropology. *Approaches to Semiotics.* Ed. by Sebeok, Hayes, Bateson. Haia, Mouton. (Trad. it.: v. SEBEOK, 1964.)

LAKOFF, George
1969　"On Generative Semantics." In: *Semantics.* Ed. by D.D. Sternberg, L. A. Jakobovits. Londres, Cambridge Un. Press, 1971.

LACAN, Jacques
1966　*Ecrits.* Paris, Seuil. (Em port.: *Escritos*, S. Paulo, Perspectiva, 1996.)

LAMB, Sydney M.
1964　The Sememic Approach to General Semantics. *Transcultural Studies in Cognition.* Ed by Romney, A. K. & D'Andrade, R.G. (*American Anthropologist*, 66:3/2.)

LANGER, Suzanne K.
1953　*Feeling and Form.* New York, Londres, Scribner's Sons. (Trad. it.: *Sentimento e forma.* Milão, Feltrinelli, 1965.)

LANGLEBEN, M. M.
1965　K opissániu sistiémi nótnoi zápissi. *Trudi po znakovim sistiémam* II. Tartu. (v. FACCANI & Eco, 1969: "La musica e il ling, naturale".)

LANHAM, Richard A.
1968　*A Handlist of Rethorical Terms.* Un. of California Press.

LAROCHETTE, J.
1967　La signification. *Linguistica Antverpiensa* I.

LAUSBERG, H.
1949　*Elemente der literarischen Rhetorik.* Munique, Hueber. (Trad. it.: *Elementi di retórica.* Bolonha, Il Mulino, 1969.)
1960　*Handbuch der literarischen Rhetorik.* Munique, Hueber.

LEFEBVRE, Henri
1966　*Le langage et la société.* Paris, Gallimard.

LENNEBERG, Eric H.
1967　*Biological Foundation of Language.* New York, Wiley. (Trad. It.: *Fondamenti biologici del linguaggio.* Turim, Boringhieri, 1971.)

LEKÓMTCHEVA, M. I. & USPENSKI, B. A.
1962　"Gadánie na ingralnikh kartakh kak semioticheskaia sistiema." *Simpôzium po structûrnomu izutchéniiu znakovikh sistiém.* Moscou, (v. FACCANI & Eco, 1969: "La cartomanzia corne sist. semiotico".)

LEPSCHY, Giulio C.
1966　*La linguistica strutturale.* Turim, Einaudi. (Em port.: *A Linguística Estrutural.* São Paulo, Perspectiva & USP, 1972.)

172 AS FORMAS DO CONTEÚDO

LEVIN, Samuel
1962 *Linguistic Structures in Poetry.* Haia, Mouton.

LÉVI-STRAUSS, Claude
1947 *Les structures élémentaires de la parenté.* Paris, P.U.F. (Trad. it.: *Le strutture elementari della parentela.* Milão, Feltrinelli, 1969.)
1950 "Introdução" a *Sociologie et anthropologie.* Por M. Mauss. Paris, P.U.F.
1958 *Anthropologie structurale.* Paris, Pion. (Em port.: *Antropologia Estrutural,* 2ª ed., Rio de Janeiro, Eds. Tempo Brasileiro, 1970.)
1960a L'analyse morphologique des contes russes. *International Journal of Slavic Linguistics and Poetics* 3.
1960b Discours au collège de France 5.1.1960, *Aut-Aut* 8. (Trad. it.: v. LÉVI-STRAUSS, 1967.)
1961 *Entretiens,* (v. CHARBONNIER, 1961.)
1962 *La pensée sauvage.* Paris, Pion. (Em port.: *O Pensamento Selvagem.* São Paulo, Cia. Editora Nacional & USP, 1970.)
1964 *Le cru et le cuit.* Paris, Pion. (Trad. it.: *Il crudo e il cotto.* Milão, Il Saggiatore, 1966.)
1965 "Intervenção". In: *Strutturalismo e critica,* (v. SEGRE ed. 1965.)
1966 *Du miel aux cendres.* Paris, Pion. (Trad. it.: *Dal miele alle ceneri.* Milão, Il Saggiatore, 1970.)
1967 *Razza e storia.* Turim, Einaudi.
1968 *L'origine des manières de table.* Paris, Pion.

LINDEKENS, René
1968 "Essai de théorie pour une sémiolinguistique de l'image photographique." (Comunicação ao Simpósio Internacional de Semiótica, Varsóvia, 1968.)

LINSKY, Leonard (a cargo de)
1952 *Semantics and the Philosophy of Language.* University of Illinois. (Trad. it.: *Semantica e filosofia del linguaggio.* Milão, Il Saggiatore, 1969.)

LOTMAN, Ju. M.
1964 Sur la délimitation linguistique et littéraire de la notion de structure. *Linguistics* 6.
1967a K problème tipológuii cultúri. *Trudi po znakovim sistiémam* III. Tartu. (v. FACCANI & Eco, 1969: "I problemi di una tipologia della cultura".)
1967b Metodi esatti nella Scienza Letteraria soviética. *Strumenti Critici* 2.

LOUNSBURY, F. G.
1964 "The Structural Analysis of Kinship Semantics." *Proceedings of the 9th Int. Congress of Linguistics.* Haia, Mouton.

LYONS, John
1963 *Structural Semantics – An Analysis of Part of the Vocabulary of Plato.* Oxford, Blackwell.
1968 *Introduction to Theoretical Linguistics.* Cambridge, Univ. Press. (Em port.: *Introdução à Linguística Teórica.* São Paulo, Cia. Edit. Nacional, Trad. em preparo.)

MAHL, George & SHULZE, Gene
1964 "Psychological Research in the Extralinguistic Area." (v. SEBEOK, HAYES, BATESON, 1964.)

BIBLIOGRAFIA BÁSICA PARA ESTUDOS SEMIÓTICOS   173

MALDONADO, Tomás
1954   *Problemas actuales de la comunicación*. Buenos Aires, Nueva Vision.
1959   Kümmunicaticn und Semiotik-Communication and Semiotics. *Vim 5*.
1961   *Beitrag zur Terminologie der Semiotik*. Ulm, Korrelat.
1970   *La speranza progettuale*. Turim, Einaudi.

MÄLL, Linnart
1968   Un approche possible du Sunyavada. *Tel Quel* 32.

MARANDA, Elli-Kaija Köngas & Pierre
1962   Structural Models in Folklore. *Midwest Folklore* 12-13.

MARANDA, Pierre
1968   Recherches structurales en mythologie aux États-Unis, *Informations sur les sciences sociales* VI-5.

MARIN, Louis
1969   Notes sur une médaille et une gravure. *Revue d'esthétique* 2.
1970   La description de l'image. *Communications* 15.

MARTINET, André
1960   *Éléments de linguistique générale*. Paris, Colin. (Trad. it.: *Elementi di linguistica generale*. Bari, Laterza, 1966.)
1962   *A Functional View of Language*. Oxford, Clarendon Press. (Trad. it.: *La considerazione funzionale del linguaggio*. Bolonha, Il Mulino, 1965.)

MASOTTA, Oscar
1969   "Reflexiones pre-semiológicas sobre la historieta: el esquematismo." (v. VERÓN, 1969.)

MAUSS, Marcel
1950   *Sociologie et anthropologie*. Paris, P.T.J.F. (Trad. it.: *Teoria generale della magia*. Turim, Einaudi, 1965.) (Em port.: *Sociologia e Antropologia*. São Paulo, Edit. Ped. e Univ., & USP, no prelo.)

MAYENOWA, M. Renata
1965   *Poetijka i matemática*. Varsóvia.

MELANDRI, Enzo
1968   *La linea e il circolo*. Bolonha, Mulino.

MERLEAU-PONTY, Maurice
1960   *Signes*. Paris, Gallimard.

METZ, Christian
1964   Le cinéma: langue ou langage? *Communications* 4. (v. METZ, 1968a.)
1966a   La grande syntagmatique du film narratif. *Communications* 8. (Em port.: A Grande Sintagmática do Filme Narrativo. *Análise Estrutural da Narrativa – Pesquisas Semiológicas*. Petrópolis, VOZES, 1971.) (v. METZ, 1968a.)
1966b   Les sémiotiques ou sémies. *Communications* 7.
1968a   *Essais sur la signification au cinéma*. Paris, Klincksieck. (Em port.: *A Significação no Cinema*. São Paulo, Perspectiva & USP, 1972.)
1968b   Le dire et le dit au cinéma. *Communications* 11.

174 AS FORMAS DO CONTEÚDO

1969 Spécificité des codes et spécificité des langages. *Semiótica* L 4.
1970a Au delà de l'analogie, l'image. *Communications* 15. 1970b Images et pédagogie. *Communications* 15.

MEYER, Leonard
1967 *Music, the Arts and Ideas.* Chicago, Un. Press.

MILLER, George
1951 *Language and Communication.*New York, MacGraw-Hill.
1967 *Psychology and Communication.* New York, Basic Books. (Trad. it.: *Psicologia della Comunicazione.* Milão, Bompiani, 1971.)

MINSKY, Marvin (ed.)
1968 *Semantic Information Processing.* Cambridge, MIT Press.

MINSKY, Marvin
1970 "The limitation of Using Languages for Descriptions." In: *Linguaggi nella società e nella técnica.* Milão, Comunità.

MOLES, Abraham A.
1958 *Théorie de l'information et perception esthétique.* Paris, Flammarion. (Em port.: *Teoria da Informação e Percepção Estética.* Rio de Janeiro, Eds. Tempo Brasileiro Ltda., 1969.)
1967 *Sociodynamique de la culture.* Haia, Mouton. (Em port.: *Sociodinâmica da Cultura.* São Paulo, Perspectiva & USP, 1974.)

MONOD, Jacques
1970 *Le hasard et la nécessité.* Paris, Gallimard. (Em port.: *O Acaso e a Necessidade*, 3ª ed., Petrópolis, Vozes, 1972.)

MORAVIA, Sergio
1969 *La ragione nascosta – Scienza e filosofia nel pensiero di Lévi-Strauss.* Florença, Sansoni.

MORIN, Violette
1966 L'histoire drôle. *Communications* 8. (Em port.: A Historieta Cômica. *Análise Estrutural da Narrativa – Pesquisas Semiológicas*, Petrópolis, Vozes, 1971.)
1968 Du larcin au hold-up. *Communications* 11.
1970 Le dessin humoristique. *Communications* 15.

MORRIS, Charles
1938 *Foundations of the Theory of Signs* (*International Enc. Of Unified Sc.* 1-2). Chicago, Un. Press, 1959.
1946 *Signs, Language and Behavior.* New York, Prentice Hall. (Trad. it.: *Segni, linguaggio e comportamento.* Milão, Longanesi, 1949.)

MOUNIN, Georges
1964 *La Machine à traduire.* Haia, Mouton.
1970 *Introduction à la sémiologie.* Paris, Minuit.

MUKAROVSKY, Jan
1934 "L'art comme fait sémiologique". *Actes du 8eme Congrès Int. de phil.* Praga, 1936. (v. MUKAROVSKY, 1971.)

BIBLIOGRAFIA BÁSICA PARA ESTUDOS SEMIÓTICOS 175

1936 *Estetica funkce, norma a hodnota jako socialni facty.* Praga. (v. MUKA-ROVSKY, 1971.)

1966 *Studiez estetiky.* Praga. (v. MUKAROVSKY, 1971.)

1971 *La funzione, la norma e il valore estetico come fatti sociali.* Turim, Einaudi.

NIKOLAIEVA, T. M. & SEGAL, D. M. & TCHIVIAN, T. V. & VOLOCH-KAIA, Z. M.

1962 "Zestovaia comunicátsia i ee mesto sredi druguikh sistém tchelovetchéskovo obcheniia". *Simposium po Structúrnomu izutcheniiu znakovikh sistém.* Moscou, (v. FACCANI & ECO, 1968: "La communicazione gestuale e il suo posto fra gli altri sistemi della com umana".)

NORBERG-SCHULZ, Christian

1963 *Intentions in Architecture.* Londres, Allen & Unwin. (Trad it.: *Intenzioni in Architettura.* Milão, Lerici.)

OGDEN, C. K. & RICHARDS, LA.

1923 (v. RICHARDS & OGDEN, 1923.)

OSGOOD, CH. & Suci, G. J. & TANNEMBAUM, P. H.

1957 *The Measurement of Meaning.* Urbana, Un. of Illinois Press

OSGOOD, Charles

1963 "Language Universais and Psycholinguistics". (v. GREENBERG, 1963.)

OSGOOD, CH. & SEBEOK, T. A.

1965 (v. SEBEOK, 1965.)

OSTWALD, Peter

1964 "How the Patient Communicates About Diseases With the Doctor?" (v. SEBEOK, HAYES, BATESON, 1964.)

PACI, Enzo

1965 Antropologia strutturale e fenomenologia. *Aut-Aut* 88.

PAGNINI Marcello

1967 *Struttura letteraria e metodo critico.* Messina, D'Anna.

1970 *Critica della funzionalità.* Turim, Einaudi.

PANOFSKY, Erwin

1920 Der Begriff des Kunstwollens. *Zeitschrift für Ästhetik und allgemeine Kunstwissenschaft* XIV.

1921 Die Entwicklung der Proportionslehre ais Abbild der Sti-lentwicklung. *Monashefte für Kunstwissenschaft* XIV.

1924 Die Perspektive ais "Simbolische Form". *Vorträge der Bibliothek Warburg.* Leipzig-Berlim, Teubner, 1927.

1932 Zum Problem der Beschreibung und Inhaltsdeutung von Werken der bildenden Kunst. *Logos* XXI.

1955 *Meaning in the Visual Arts.* New York, Doubleday. (Trad. it.: *Il significato nelle arti visive.* Turim, Einaudi, 1962.)

1961 *La prospettiva come forma simbolica.* Milão, Feltrinelli.

PASOLINI, Pier Paolo

1966 La lingua scritta dell'azione. *Nuovi Argomenti*, abril-junho.

176 AS FORMAS DO CONTEÚDO

PASQUINELLI, Alberto
1961 *Linguaggio, scienza e filosofia.* Bolonha, Mulino.

PAVEL, Toma
1962 Notes pour une description structurale de la métaphore poétique. *Cahiers de linguistique théorique et appliquée* I, Bucareste.

PEIRCE, Charles Sanders
1931-1935 *Collected Papers.* Cambridge, Harvard Un. Press, (alguns textos foram traduzidos para o português c/ o título de *Semiótica e Filosofia.* São Paulo, Cultrix & USP, 1972; *Semiótica,* São Paulo, Perspectiva, 1999.)

PELÇ, Jerzy
1969 Meaning as an Instrument. *Semiótica* I, 1.

PÉNINOU, Georges
1970 Physique et métaphysique de l'image publicitaire. *Communications* 15.

PERELMAN, Chaim & OLBRECHTS-TYTECA, Lucie.
1958 *Traité de l'argumentation – La nouvelle rhétorique,* Paris, P.U.F. (Trad. it.: *Trattato dell'argomentazione.* Turim, Einaudi, 1966.)

PIAGET, Jean
1955 Rapport. *La perception.* Paris, P.U.F.
1961 *Les mécanismes perceptifs.* Paris, P.U.F.
1968 *Le structuralisme. Paris,* P.U.F. (Em port.: *O Estruturalismo.* São Paulo, Difusão Europeia do Livro, 1970.)

PIGNATARI, Decio
1968 *Informação, Linguagem, Comunicação.* São Paulo, Perspectiva, 1977.

PIGNATARI, D. & CAMPOS, A. de & CAMPOS, H. de
1965 *Teoria da poesia concreta.* São Paulo.

PIGNOTTI, Lamberto
1965 Linguaggio poetico e linguaggi tecnologici. *La Battana* 5. (v. PIGNOTTI, 1968.)
1968 *Istruzioni per l'uso degli ultimi modelli di poesia.* Roma, Lerici.

PIKE, Kenneth
1954 *Language in Relation to a Unified Theory of the Structure of Human Behavior.* Haia, Mouton, 1966.

PLTTENGER, R. E. & SMITH, H. L. (Jr.)
1957 "A Basis for Some Contribution of Linguistics to Psychiatry". *Psychiatry,* (v. SMITH, A. G., 1966.)

POP, Milhai
1970 La poétique du conte populaire. *Semiótica* II, 2.

POTTIER, Bernard
1965 La définition sémantique dans les dictionnaires. *Travaux de Linguistique et de Littérature* III, 1.

BIBLIOGRAFIA BÁSICA PARA ESTUDOS SEMIÓTICOS   177

1967   Au delà du structuralisme en linguistique. *Critique*, fevereiro. (Em port.: "Além do Estruturalismo em Linguística". *Tempo Brasileiro* (*Estruturalismo*) 15/16.)

POUILLON, Jean
1966   Présentation: un essai de définition. *Les Temps Modernes*, novembre (Em port.: "Apresentação: Uma Tentativa de Definição". In: *Problemas do Estruturalismo*. Rio de Janeiro, Zahar, 1968.)

POUSSEUR, Henri
1970   *Fragments théoriques: I – sur la musique expérimentale.* Bruxelas, Institut de Sociologie.

POULET, Georges (a cargo de)
1968   *Les chemins actuels de la critique.* Paris, Pion.

PRIETO, Luis
1964   *Principes de noologie.* Haia, Mouton. (Trad. it.: *Principi di noologia.* Roma, Ubaldini, 1967.)
1966   *Messages et signaux.* Paris, P.U.F. (Em port.: *Mensagens e Sinais.* São Paulo, Cultrix & Edit, da USP, 1973.)
1969   "Lengua y conotación". (v. VERÓN, 1969.)

PROPP, Vladimir J.
1928   *Morfológuia skazki.* Leningrado.
1958   *Morphology of the Folktale.* Haia, Mouton.
1966   *Morfologia della fiaba.* (Introdução de C." Lévi-Strauss e resposta de V. J. Propp.) Turim, Einaudi.

QUILLIAN, Ross M.
1968   "Semantic Memory", (v. MINSKY [ed.], 1968.) (Trad. it.: *Versus* 1, set. 1971.)

QUINE, Willard Van Orman
1953   *From a Logical Point of View.* Cambridge, Harvard Un. Press. (Trad. it.: *Il problema del significato.* Roma, Ubaldini, 1966.)
1960   *Word and Object.* Camdridge, MIT Press. (Trad. it.: *Parola e oggetto.* Milão, Il Saggiatoie, 1970.)

RAIMONDI, Ezio
1967   *Tecniche della critica letteraria.* Turim, Einaudi.
1970   *Metafora e storia.* Turim, Einaudi.

RAPOPORT, Anatol
1953   What is Information? *Etc.* 10.

RAPHAEL, Bertram
1968   "SIR: A Computer Program for Semantic Information Retrieval", (v. MINSKY ed., 1968.)

RASTIER, François
1968   Comportement et signification. *Langages* 10.

REMOTTI, Francesco
1971   *Lévi-Strauss: Struttura e Storia.* Turim, Einaudi.

178 AS FORMAS DO CONTEÚDO

REZNIKOV, L. O.
1967   *Semiotica e marxismo.* Milão, Bompiani.

RICHARDS, I. A.
1923   *The Meaning of Meaning* (com R. G. Ogden). Londres, Routledge & Kegan Paul. (Em port.: *O Significado de Significado.* Rio de Janeiro, Zahar, 1972.)
1924   *Principles of Literary Criticism.* Londres, Routledge & Kegan Paul. (Em port.: *Princípios de Crítica Literária.* Porto Alegre-São Paulo, Globo & USP, 1967.)
1936   *The Philosophy of Rhetoric.* New York, Oxford Un. Press. (Trad. it.: *La filosofia della retorica.* Milão, Feltrinelli, 1967.)

ROSENBERG, Sheldon
1965   *Directions in Psycholinguistics.* New York, Macmillan.

ROSIELLO, Luigi
1965a   "Intervenção". In: *Strutturalismo e critica*, (v. SEGRE ed., 1965.)
1965b   *Struttura, uso e funzione della lingua.* Florença, Vallecchi.
1967   *Linguistica illuminista.* Bolonha, Il Mulino.

ROSSI, Aldo
1966   Semiologia a Kazimierz sulla Vistola. *Paragone* 202.
1967   Le nuove frontière della semiologia. *Paragone* 212.

ROSSI, Paolo
1960   *Clavis Universalis – Arti mnemoniche e lógica combinatoria da Lullo a Leibnitz.* Milão, Ricciardi.

ROSSI-LANDI, Ferruccio
1953   *Charles Morris.* Milão, Bocca.
1961   *Significato, communicazione e parlare comune.* Pádua, Marsilio.
1968   *Il linguaggio come lavoro e come mercato.* Milão, Bompiani.

RUWET, Nicolas
1959   Contraddizioni del linguaggio seriale. *Incontri Musicali* III.
1963a   L'analyse structurale de la poésie. *Linguistics 2.*
1963b   Linguistique et sciences de l'homme. *Esprit,* novembre
1966   *Introduction* (número especial sobre *La grammaire generative*), *Langages 4.*
1967a   *Introduction a la grammaire generative.* Paris, Pion. (Em port.: *Introdução à Gramática Gerativa.* São Paulo, Perspectiva, no prelo.)
1967b   Musicology and Linguistics. *Int. Social Soc. J.* 19.

RUYER, Raymond
1958   *La genèse des formes vivantes.* Paris, Flammarion. (Trad. it.: *La genesi delle forme viventi.* Milão, Bompiani, 1966.)

SABATINI, Francesco
1967   Il messaggio pubblicitario da slogan a prosa-poesia. *Sipra-Due 9.*

SALANITRO, Niccolò
1969   *Peirce e i problemi dell'interpretazione.* Roma, Silva.

BIBLIOGRAFIA BÁSICA PARA ESTUDOS SEMIÓTICOS

SANDRI, Giorgio
1967 Note sui concetti di "struttura" e "funzione" in linguistica. *Rendiconti* 15-1.

SAPIR, Edward
1921 *Language.* New York, Harcourt Brace. (Em port.: *A Linguagem, Introdução ao Estudo da Fala.* Rio de Janeiro, Livr. Acadêmica, 1971.)

SAUMJAN, Sebastian K.
1966 "La cybernétique et la langue." In: *Problèmes du langage.* Paris, Gallimard. (Em port.: Cibernética e língua. In. *Perspectivas Linguísticas* 1. Petrópolis, Vozes, 1971.)

SAUSSURE, Ferdinand de
1916 *Cours de linguistique générale.* Paris, Payot. (Em port.: *Curso de Linguística Geral.* São Paulo, Cultrix & USP, 1969.)

SCALIA, Gianni
1963 Ipotesi per una teoria informazionale e semantica della letteratura. *Nuova Corrente* 28/29.

SCHAEFFER, Pierre
1966 *Traité des objets musicaux.* Paris, Seuil.

SCHAFF, Adam
1962 *Introduction to Semantics.* Londres, Pergamon Press. (Em port.: *Introdução à Semantica.* Rio de Janeiro, Civilização Brasileira, 1968.)

SCHANE, Sanford A. (a cargo de)
1967 La phonologie generative. *Langages* 8.

SCHAPIRO, Meyer
1969 On Some Problems of the Semiotics of Visual Arts: Field and Vehicle Image-Signs. *Semiótica* 1,3.

SCHNEIDER, David M.
1968 *American Kinship: A Cultural Account.* New York, Prentice Hall.

SEBAG, Lucien
1964 *Marxisme et structuralisme.* Paris, Payot.
1965 Le mythe: code et message. *Les Temps Modernes,* março.

SEBEOK, Thomas A. (a cargo de)
1960 *Style in Language.* Cambridge, MIT Press.
1968 *Animal Communication.* Bloomington, Indiana Un. Press. (Trad. it.: *Come comunicano gli animale che non parlano,* Milão, Bompiani, 1998.)

SEBEOK, T. A. & HAYES, A. S. & BATESON, M. C. (a cargo de)
1964 *Approaches to Semiotics.* Haia, Mouton. (Trad. it.: *Paralinguistica e cinesica.* Milão, Bompiani, 1971.)

SEBEOK, T. A. & OSGOOD, Ch. (a cargo de)
1965 *Psycholinguistics.* Bloomington, Indiana Un. Press.

SEBEOK, T. A. & RAMSAY, A. (a cargo de)
1969 *Approaches to Animal Communication.* Haia, Mouton.

180 AS FORMAS DO CONTEÚDO

SEBEOK, Thomas A.
1962 Coding in Evolution of Signalling Behavior. *Behavioral Sciences* 7,4.
1967a La communication chez le animaux. *Revue Int. des Sciences Sociales* 19.
1967b "On Chemical Signs." In: *To Honor Roman Jakobson.* Haia, Mouton.
1967c Linguistics Here and Now. *A.C.L.S. Newsletter* 18 (1).
1968 Is a Comparative Semiotics Possible? (Communication at 2d Intern. Congress of Semantics, Varsóvia, agosto de 1968.)
1969 "Semiotics and Ethology." (v. SEBEOK & RAMSAY, 1969.)

SEGRE, Cesare (a cargo de)
1965 *Strutturalismo e critica.* Milão, Il Saggiatore.

SEGRE, Cesare
1963 Introdução a *Linguistica Generale* de Ch. Bally. Milão, Saggiatore.
1967 La synthèse stylistique. *Informations sur les Sc. Sociales* VI, 5. 1970a I *segni e la critica.* Turim, Einaudi.
1970b "La critica strutturalistica." In: CORTI & SEGRE (a cargo de), 1970.

SEILER, Hansjakob
1970 Semantic Information in Grammar: The Problem of Syntatic Relations. *Semiótica* 11,4.

SMITH, Alfred G. (a cargo de)
1966 *Communication and Culture.* New York, Holt.

SÈVE, Lucien
1967 Méthode structurale et méthode dialectique. *La pensée* 1. (Em port.: "Método Estrutural e Método Dialético". In: *Estruturalismo e Marxismo.* Rio de Janeiro, Zahar, 1968.)

SHANNON, C. E. & WEAVER, W.
1949 *The Mathematical Theory of Information* (Urbana, Un. Of Illinois Press.) (Em port.: *Teoria Matemática da Comunição.* Rio de Janeiro, Forum Edit.)

SLAMA-CAZACU, Tatiana
1966 Essay on Psicholinguistics Methodology and Some of its Applications. *Linguistics* 24.

SORENSEN, H. C.
1967 Fondements épistémologiques de la glossématique. *Langages* 6.

SOULIS, George N. & ELLIS, Jack
1967 "The Potential of Computers in Design Practice." (v. KRAMPEN, 1967.)

SPITZER, Leo
1931 *Romanische Stil-und Literaturstudien.* Marburgo, Elwert. (Trad. it. In *Critica stilistica e semantica storica.* Bari, Laterza, 1966.)

STAHL, Volker
1964 Informationswissenschaft und Musikanalise. *Grundlagenstudien aus Kibernetik und Geisteswissenschaft,* outubro.

STANKIEWICZ, Edward
1960 "Linguistics and the Study of Poetic Language." In: *Style in Language.* Cambridge, MIT Press.

BIBLIOGRAFIA BÁSICA PARA ESTUDOS SEMIÓTICOS   181

1961   Poetic and Non-Poetic Language in their Interrelations. *Poetics.* Haia, Mouton.
1964   Problems of Emotive Language. *Approaches to Semiotics.* Haia, Mouton. (Trad. it.: SEBEOK, 1964.)

STAROBINSKI, Jean
1957   *J.-J. Rousseau, la transparence et l'obstacle.* Paris, Pion.
1965   "Intervenção". In: *Strutturalismo e critica.* Milão, Saggiatore. (v. SEGRE ed., 1965.)

STERN, Gustaf
1931   *Meaning and Change of Meaning.* Goteburgo, Högskolas Arsskrift XXXVIII.

STEVENSON, Charles L.
1944   *Ethics and Language.* New Haven, Yale Un. Press. (Trad. it.: *Etica e linguaggio.* Milão, Longanesi.)

SWINERS, Jean-Louis
1965   Problème du photojournalisme contemporain. *Techniques Graphiques* 57/59.

SYCRA, Antonin
1965   *Hudba ocina vedy.* Praga, Ceskoslovensky Spisovatel.

TAFURI, Manfredo
1968   *Teoria e storia dell'architettura.* Bari, Laterza.

TINIÁNOV, Iúri
1924   *Problema stikhotvórnovo iaziká.* Leningrado. (Trad. it.: *Il problema del linguaggio poético.* Milão, II Saggiatore, 1968.)
1929   *Arkhaísti i novátori.* Leningrado, Priboi. (Trad. it.: *Avanguardia e Tradizione.* Milão, Dedalo, 1968.)

TITONE, Renzo
1966   Qualche problema epistemologico della psicolinguistica. *Linguae stile* 3.

TODOROV, Tzvetan (a cargo de)
1965   *Théorie de la littérature – Textes des formalistes russes.* Paris, Seuil.

TODOROV, Tzvetan
1966a Recensão de *Slavianskie iazikvie modeliruiuchie semiotiicheskie sistemi de Ivanov & Toporov & Zalizniak. L'Homme,* abril-junho.
1966b Les catégories du récit littéraire. *Communications* 8 (Em port.: As Categorias da Narrativa Literária. *Análise Estrutural da Narrativa – Pesquisas Semiológicas.* Petrópolis, Vozes, 1971.)
1966c Perspectives sémiologiques. *Communications* 7 (Em port.: Perspectivas Semiológicas. *Semiologia e Linguística – Novas Perspectivas em Comunicação* 2, 2ª ed., Petrópolis, Vozes, 1971.)
1966d Les anomalies sémantiques. *Langages* 1
1967   *Littérature et signification.* Paris, Larousse.
1968a L'analyse du récit à Urbino. *Communications* 11. (Em port.: A análise do Discurso Narrativo em Urbino. *Literatura e Semiologia – Novas Perspectivas em Comunicação* 3, Petrópolis, Vozes, 1971.)

182 AS FORMAS DO CONTEÚDO

1968b Du vraisemblable qu'on ne saurait éviter. *Communications* 11. (Em port.: A Verossimilhança que não se pode evitar. *Literatura e Semiologia – Novas Perspectivas em Comunicação* 3, Petrópolis, Vozes, 1971.)
1969 *Grammaire du Décaméron.* Haia, Mouton.
1971 *Poétique de la prose.* Paris, Seuil.

TOPOROV, V. N.
1965 K opissániiu niékotorikh structur, kharaktierízúiuchikh preimúchestvieno nízchie úrovni v niéskolkikh poetícheskikh tiékstakh. *Trudi po znakovim sistiémam* II, Tartu. (v. FACCANI & ECO, 1969: "Le strutture dei livelli inferiori in poesia".)

TRAGER, George L.
1964 "Paralanguage: A First Aproximation." In: *Language in Culture and Society,* ed. by Dell Hymes, New York, Harper and Row.

TRUBETSKOI, N. S.
1939 *Grudzüge der Phonologie* (TCLP VII). (Trad. fr.: *Principes de phonologie.* Paris, Klincksieck, 1949.) (Trad. it.: *Principi di fonologia.* Turim, Einaudi, 1971.)

ULLMANN, Stephen
1951 *The Principles of Semantics.* 2ª ed., Oxford, Blackwell. (Trad. it.: *Semantica.* Bolonha, Il Mulino, 1966.)
1962 *Semantics: An Introduction to the Science of Meaning.* Oxford, Blackwell.
1964 *Language and Style.* Oxford, Blackwell. (Trad. it.: *Stile e linguaggio.* Florença, Vallecchi, 1968.)

VACHEK, Joseph (a cargo de)
1964 *A Prague School Reader in Linguistics.* Bloomington, Indiana Un. Press.

VAILATI, Giovanni
1908 La grammatica dell'algebra. *Rivista di Psicologia Applicata.* (v. VAULATI, 1967.)
1911 *Scritti.* Florença-Leipzig, Seeber-Barth.
1967 La grammatica dell'algebra. *Nuova Corrente* 38.

VALESIO, Paolo
1967a Icone e schemi nella struttura della lingua. *Lingua e stile* 3.
1967b *Strutture dell'alliterazione.* Bolonha, Zanichelli.
1971 Toward a Study of the Nature of Signs. *Semiótica* III, 2.

VAN LAERE, François
1970 "The Problem of Literary Structuralism." (v. ALMANSI ed., 1970.)

VAN ONCK, Andries
1965 Metadesign. *Edilizia Moderna* 85.

VERÓN, Eliseo (a cargo de)
1969 *Lenguaje y comunicación social.* Buenos Aires, Nueva Vision.

VERÓN, Eliseo
1968 *Conducta, estructura y comunicación.* Buenos Aires, Jorge Alvarez. (Em port.: *Ideologia, Estrutura e Comunicação.* São Paulo, Cultrix, 1970.)

BIBLIOGRAFIA BÁSICA PARA ESTUDOS SEMIÓTICOS 183

1969 "Ideologia y comunicación de masas: la sematización de la violência política." (v. VERÓN ed., 1969.)
1970 L'analogique et le contigu. *Communications* 15.
1971 Ideology and Social sciences. *Semiótica* III, 1.

VYGOTSKY, L. S.
1934 *Thought and Language*. Cambridge, MIT Press, 1962.

WALLIS, Mieczyslaw
1966 La notion de champ sémantique et son application à la théorie de l'art. *Sciences de l'art* 1.
1968 "On Iconic Signs." (Communication at 2d Intern. Congress of Semiotics.) Varsóvia, agosto de 1968.

WATSON, O. Michael
1970 *Proxemic Behavior*. Haia, Mouton.

WEINREICH, Uriel
1965 Explorations in Semantic Theory. *Current Trends in Linguistics*, ed. by T. A. Sebeok. Haia, Mouton.

WEAVER, Warren
1949 The Mathematics of Communication. *Scientific American* 181.

WELLEK, René & WARREN, Austin
1949 *Theory of Literature*. New York, Harcourt Brace. (Em port.: *Teoria da Literatura*. 2ª ed., Lisboa, Publicações Europa-América, 1971.)

WIENER, Norbert
1948 *Cybernetics or Control and Communication in the Animal and the Machine*. Cambridge, MIT Press; Paris, Hermann. (Em port.: *Cibernética ou Controle e Comunicação no Animal e na Máquina*. São Paulo, Polígono & USP, 1970.)
1950 *The Human Use of Human Beings*. Boston, Houghton Mifflin. (Em port.: *Cibernética e Sociedade – O Uso Humano de Seres Humanos*. 3ª ed., São Paulo, Cultrix, 1970.)

WIMSATT, W. R.
1954 *The Verbal Icon*. Un. of Kentucky Press.

WHITE, Morton
1950 The Analytic and the Synthetic: An Untenable Dualism. *John Dewey*, ed. by S. Hook. New York, Dias Press, (v. LINSKY ed., 1952.)

WHORF, Benjamin Lee
1956 *Language, Thought and Reality*, ed. by J. B. Carroll. Cambridge, MIT Press. (Trad. it.: *Linguaggio, pensiero e realtà*. Turim, Boringhieri, 1970.)

WITTGENSTEIN, Ludwig
1922 *Tractatus Logico-Philosophicus*. Londres, Kegan Paul, Trech, Trubnerand.) (Em port.: *Tractatus Logico-Philosophicus*. São Paulo, Cia. Edit. Nacional & USP, 1968.)
1953 *Philosophische Untersuchungen*. Oxford, Blackwell. (Trad. it.: *Ricerche filosofiche*. Turim, Einaudi, 1967.)

184 AS FORMAS DO CONTEÚDO

WOLLEN, Peter
1969 *Signs and Meaning in the Cinema*. Bloomington, Indiana Un. Press.

WORTH, Sol.
1969 The Development of a Semiotic of Film. *Semiótica* I, 3.

WYKOFF, William
1970 Semiosis and Infinite Regressus. *Semiótica* II, 1.

ZARESKI, A.
1963 Óbraz kak informátsia. *Vopróssi litieratúri* 2. (v. Eco, 1971: "L'Opéra come informazione".)

ZEVI, Bruno
1967 Alla ricerca di un códice per l'architettura. *L'Architettura* 145.

ZOLKIEWSKY, Stefan
1968 Sociologie de la culture et sémiotique. *Informations sur les Sciences Sociales* VII, 1.
1969 *Semiotika e kultúra*. Bratislava Nakladelstvo Epocha.

ESTÉTICA NA PERSPECTIVA

Obra Aberta, Umberto Eco [D004]
Apocalípticos e Integrados, Umberto Eco [D019]
Pequena Estética, Max Bense [D030]
Estética e História, Bernard Berenson [D062]
O Kitsch, Abraham Moles [D068]
A Estética do Objetivo, Aldo Tagliaferri [D143]
A Ironia e o Irônico, D. C. Muecke [D250]
A Estrutura Ausente, Umberto Eco [E006]
As Formas do Conteúdo, Umberto Eco [E025]
Filosofia da Nova Música, Theodor Adorno [E026]
Sentimento e Forma, Susanne K. Langer [E044]
A Visão Existenciadora, Evaldo Coutinho [E051]
O Convívio Alegórico, Evaldo Coutinho [E070]
Ser e Estar em Nós, Evaldo Coutinho [E074]
A Subordinação ao Nosso Existir, Evaldo Coutinho [E078]
A Testemunha Participante, Evaldo Coutinho [E084]
A Procura da Lucidez em Artaud, Vera Lúcia Gonçalves Felício [E148]
O Fragmento e a Síntese, Jorge Anthonio e Silva [E195]
Monstrutivismo: Reta e Curva das Vanguardas, Lucio Agra [E281]
Estética da Contradição, João Ricardo C. Moderno [E313]
A Arte Poética, Nicolas Boileau-Despréaux [EL34]

COLEÇÃO ESTUDOS

1. *Introdução à Cibernética*, W. Ross Ashby
2. *Mimesis*, Erich Auerbach
3. *A Criação Científica*, Abraham Moles
4. *Homo Ludens*, Johan Huizinga
5. *A Lingüística Estrutural*, Giulio C. Lepschy
6. *A Estrutura Ausente*, Umberto Eco
7. *Comportamento*, Donald Broadbent
8. *Nordeste 1817*, Carlos Guilherme Mota
9. *Cristãos-Novos na Bahia*, Anita Novinsky
10. *A Inteligência Humana*, H. J. Butcher
11. *João Caetano*, Décio de Almeida Prado
12. *As Grandes Correntes da Mística Judaica*, Gershom Scholem
13. *Vida e Valores do Povo Judeu*, Cecil Roth e outros
14. *A Lógica da Criação Literária*, Käte Hamburger
15. *Sociodinâmica da Cultura*, Abraham Moles
16. *Gramatologia*, Jacques Derrida
17. *Estampagem e Aprendizagem Inicial*, W. Sluckin
18. *Estudos Afro-Brasileiros*, Roger Bastide
19. *Morfologia do Macunaíma*, Haroldo de Campos
20. *A Economia das Trocas Simbólicas*, Pierre Bourdieu
21. *A Realidade Figurativa*, Pierre Francastel
22. *Humberto Mauro, Cataguases, Cinearte*, Paulo Emílio Salles Gomes
23. *História e Historiografia do Povo Judeu*, Salo W. Baron
24. *Fernando Pessoa ou o Poetodrama*, José Augusto Seabra
25. *As Formas do Conteúdo*, Umberto Eco
26. *Filosofia da Nova Música*, Theodor Adorno
27. *Por uma Arquitetura*, Le Corbusier
28. *Percepção e Experiência*, M. D. Vernon
29. *Filosofia do Estilo*, G. G. Granger
30. *A Tradição do Novo*, Harold Rosenberg
31. *Introdução à Gramática Gerativa*, Nicolas Ruwet
32. *Sociologia da Cultura*, Karl Mannheim
33. *Tarsila sua Obra e seu Tempo* (2 vols.), Aracy Amaral*
34. *O Mito Ariano*, Léon Poliakov
35. *Lógica do Sentido*, Gilles Delleuze

36. *Mestres do Teatro I*, John Gassner
37. *O Regionalismo Gaúcho*, Joseph L. Love
38. *Sociedade, Mudança e Política*, Hélio Jaguaribe
39. *Desenvolvimento Político*, Hélio Jaguaribe
40. *Crises e Alternativas da América Latina*, Hélio Jaguaribe
41. *De Geração a Geração*, S. N. Eisenstadt
42. *Política Econômica e Desenvolvimento a Brasil*, Nathanael H. Leff
43. *Prolegômenos a uma Teoria da Linguagem*, Louis Hjelmslev
44. *Sentimento e Forma*, Susanne K. Langer
45. *A Política e o Conhecimento Sociológico*, G. Castles*
46. *Semiótica*, Charles S. Peirce
47. *Ensaios de Sociologia*, Marcel Mauss
48. *Mestres do Teatro II*, John Gassner
49. *Uma Poética para Antonio Machado*, Ricardo Gullón
50. *Burocracia e Sociedade no Brasil Coloni*, Stuart B. Schwartz
51. *A Visão Existenciadora*, Evaldo Coutinho
52. *América Latina em sua Literatura*, Unes
53. *Os Nuer*, E. E. Evans-Pritchard
54. *Introdução à Textologia*, Roger Laufer
55. *O Lugar de Todos os Lugares*, Evaldo Coutinho
56. *Sociedade Israelense*, S. N. Eisenstadt
57. *Das Arcadas do Bacharelismo*, Alberto Venancio Filho
58. *Artaud e o Teatro*, Alain Virmaux
59. *O Espaço da Arquitetura*, Evaldo Coutinho
60. *Antropologia Aplicada*, Roger Bastide
61. *História da Loucura*, Michel Foucault
62. *Improvisação para o Teatro*, Viola Spolin
63. *De Cristo aos Judeus da Corte*, Léon Poliakov
64. *De Maomé aos Marranos*, Léon Poliakov
65. *De Voltaire a Wagner*, Léon Poliakov
66. *A Europa Suicida*, Léon Poliakov
67. *O Urbanismo*, Françoise Choay
68. *Pedagogia Institucional*, A. Vasquez e F. Oury*
69. *Pessoa e Personagem*, Michel Zeraffa
70. *O Convívio Alegórico*, Evaldo Coutinho
71. *O Convênio do Café*, Celso Lafer
72. *A Linguagem*, Edward Sapir

73. *Tratado Geral de Semiótica*, Umberto Eco
74. *Ser e Estar em Nós*, Evaldo Coutinho
75. *Estrutura da Teoria Psicanalítica*, David Rapaport
76. *Jogo, Teatro & Pensamento*, Richard Courtney
77. *Teoria Crítica I*, Max Horkheimer
78. *A Subordinação ao Nosso Existir*, Evaldo Coutinho
79. *A Estratégia dos Signos*, Lucrécia D'Aléssio Ferrara
80. *Teatro: Leste & Oeste*, Leonard C. Pronko
81. *Freud: a Trama dos Conceitos*, Renato Mezan
82. *Vanguarda e Cosmopolitismo*, Jorge Schwartz
83. *O Livro dIsso*, Georg Groddeck
84. *A Testemunha Participante*, Evaldo Coutinho
85. *Como se Faz uma Tese*, Umberto Eco
86. *Uma Atriz: Cacilda Becker*, Nanci Fernandes e Maria Thereza Vargas (orgs.)
87. *Jesus e Israel*, Jules Isaac
88. *A Regra e o Modelo*, Françoise Choay
89. *Lector in Fabula*, Umberto Eco
90. *TBC: Crônica de um Sonho*, Alberto Guzik
91. *Os Processos Criativos de Robert Wilson*, Luiz Roberto Galizia
92. *Poética em Ação*, Roman Jakobson
93. *Tradução Intersemiótica*, Julio Plaza
94. *Futurismo: uma Poética da Modernidade*, Annateresa Fabris
95. *Melanie Klein I*, Jean-Michel Petot
96. *Melanie Klein II*, Jean-Michel Petot
97. *A Artisticidade do Ser*, Evaldo Coutinho
98. *Nelson Rodrigues: Dramaturgia e Encenações*, Sábato Magaldi
99. *O Homem e seu Isso*, Georg Groddeck
100. *José de Alencar e o Teatro*, João Roberto Faria
101. *Fernando de Azevedo: Educação e Transformação*, Maria Luiza Penna
102. *Dilthey: um Conceito de Vida e uma Pedagogia*, Maria Nazaré de C. P. Amaral
103. *Sobre o Trabalho do Ator*, Mauro Meiches e Silvia Fernandes
104. *Zumbi, Tiradentes*, Cláudia de Arruda Campos
105. *Um Outro Mundo: a Infância*, Marie-José Chombart de Lauwe
106. *Tempo e Religião*, Walter I. Rehfeld
107. *Arthur Azevedo: a Palavra e o Riso*, Antonio Martins
108. *Arte, Privilégio e Distinção*, José Carlos Durand
109. *A Imagem Inconsciente do Corpo*, Françoise Dolto
110. *Acoplagem no Espaço*, Oswaldino Marques
111. *O Texto no Teatro*, Sábato Magaldi
112. *Portinari, Pintor Social*, Annateresa Fabris
113. *Teatro da Militância*, Silvana Garcia
114. *A Religião de Israel*, Yehezkel Kaufmann
115. *Que é Literatura Comparada?*, Brunel, Pichois, Rousseau
116. *A Revolução Psicanalítica*, Marthe Robert
117. *Brecht: um Jogo de Aprendizagem*, Ingrid Dormien Koudela
118. *Arquitetura Pós-Industrial*, Raffaele Raja
119. *O Ator no Século xx*, Odette Aslan
120. *Estudos Psicanalíticos sobre Psicossomática*, Georg Groddeck
121. *O Signo de Três*, Umberto Eco e Thomas A. Sebeok
122. *Zeami: Cena e Pensamento Nô*, Sakae M. Giroux
123. *Cidades do Amanhã*, Peter Hall
124. *A Causalidade Diabólica I*, Léon Poliakov
125. *A Causalidade Diabólica II*, Léon Poliakov
126. *A Imagem no Ensino da Arte*, Ana Mae Barbosa
127. *Um Teatro da Mulher*, Elza Cunha de Vicenzo
128. *Fala Gestual*, Ana Claudia de Oliveira

129. *O Livro de São Cipriano: uma Legenda de Massas*, Jerusa Pires Ferreira
130. *Kósmos Noetós*, Ivo Assad Ibri
131. *Concerto Barroco às Óperas do Judeu*, Francisco Maciel Silveira
132. *Sérgio Milliet, Crítico de Arte*, Lisbeth Rebollo Gonçalves
133. *Os Teatros Bunraku e Kabuki: Uma Visada Barroca*, Darci Kusano
134. *O Idiche e seu Significado*, Benjamin Harshav
135. *O Limite da Interpretação*, Umberto Eco
136. *O Teatro Realista no Brasil: 1855-1865*, João Roberto Faria
137. *A República de Hemingway*, Giselle Beiguelman-Messina
138. *O Futurismo Paulista*, Annateresa Fabris
139. *Em Espelho Crítico*, Robert Alter
140. *Antunes Filho e a Dimensão Utópica*, Sebastião Milaré
141. *Sabatai Tzvi: O Messias Místico I, II, III*, Gershom Scholem
142. *História e Narração em Walter Benjamin*, Jeanne Marie Gagnebin
143. *A Política e o Romance*, Irwing Howe
144. *Os Direitos Humanos como Tema Global*, J. A. Lindgren
145. *O Truque e a Alma*, Angelo Maria Ripellino
146. *Os Espirituais Franciscanos*, Nachman Falbel
147. *A Imagem Autônoma*, Evaldo Coutinho
148. *A Procura da Lucidez em Artaud*, Vera Lúcia Gonçalves Felício
149. *Memória e Invenção: Gerald Thomas em Cena*, Sílvia Fernandes Telesi
150. *Nos Jardins de Burle Marx*, Jacques Leenhardt
151. *O Inspetor Geral de Gógol/Meyerhold*, Arlete Cavalière
152. *O Teatro de Heiner Müller*, Ruth Röhl
153. *Psicanálise, Estética e Ética do Desejo*, Maria Inês França
154. *Cabala: Novas Perspectivas*, Moshe Idel
155. *Falando de Shakespeare*, Barbara Heliodora
156. *Imigrantes Judeus / Escritores Brasileiros*, Regina Igel
157. *A Morte Social dos Rios*, Mauro Leonel
158. *Barroco e Modernidade*, Irlemar Chiampi
159. *Moderna Dramaturgia Brasileira*, Sábato Magaldi
160. *O Tempo Não-Reconciliado*, Peter Pál Pelbart
161. *O Significado da Pintura Abstrata*, Mauricio Mattos Puls
162. Work in Progress *na Cena Contemporânea*, Renato Cohen
163. *Mito e Tragédia na Grécia Antiga*, Jean-Pierre Vernant e Pierre Vidal-Naquet
164. *A Teoria Geral dos Signos*, Elisabeth Walther
165. *Lasar Segall: Expressionismo e Judaísm*, Cláudia Valladão Mattos
166. *Escritos Psicanalíticos sobre Literatura Arte*, Georg Groddeck
167. *Norbert Elias, a Política e a História*, Alain Garrigou e Bernard Lacroix
168. *A Cultura Grega e a Origem do Pensamento Europeu*, Bruno Snell
169. *O Freudismo – Esboço Crítico*, M. M. Bakhtin
170. *Stanislávski, Meierhold & Cia.*, J. Guinsburg
171. *O Anti-Semitismo na Era Vargas*, Maria Luiza Tucci Carneiro
172. *Apresentação do Teatro Brasileiro Moderno*, Décio de Almeida Prado
173. *Imaginários Urbanos*, Armando Silva Tellez
174. *Psicanálise em Nova Chave*, Isaias Melsohn
175. *Da Cena em Cena*, J. Guinsburg
176. *Jesus*, David Flusser
177. *O Ator Compositor*, Matteo Bonfitto
178. *Freud e Édipo*, Peter L. Rudnytsky
179. *Avicena: A Viagem da Alma*, Rosalie Helena de Souza Pereira
180. *Em Guarda Contra o "Perigo Vermelho*, Rodrigo Sá Motta
181. *A Casa Subjetiva*, Ludmila de Lima Brandão
182. *Ruggero Jacobbi*, Berenice Raulino
183. *Presenças do Outro*, Eric Landowski
184. *O Papel do Corpo no Corpo do Ator*, Sônia Machado Azevedo
185. *O Teatro em Progresso*, Décio de Almeida Prado
186. *Édipo em Tebas*, Bernard Knox
187. *Arquitetura e Judaísmo: Mendelsohn*, Bruno Zevi
188. *Uma Arquitetura da Indiferença*, Annie Dymetman

189. *A Casa de Adão no Paraíso*, Joseph Rykwert

190. *Pós-Brasília: Rumos da Arquitetura Brasileira*, Maria Alice Junqueira Bastos

191. *Entre Passos e Rastros*, Berta Waldman

192. *Depois do Espetáculo*, Sábato Magaldi

193. *Franz Kafka: Um Judaísmo na Ponte do Impossível*, Enrique Mandelbaum

194. *Em Busca da Brasilidade*, Claudia Braga

195. *O Fragmento e a Síntese*, Jorge Anthonio e Silva

196. *A Análise dos Espetáculos*, Patrice Pavis

197. *Preconceito Racial: Portugal e Brasil-Colônia*, Maria Luiza Tucci Carneiro

198. *Nas Sendas do Judaísmo*, Walter I. Rehfeld

199. *O Terceiro Olho*, Francisco Elinaldo Teixeira

200. *Maimônides, O Mestre*, Rabino Samy Pinto

201. *A Síntese Histórica e a Escola dos Anais*, Aaron Guriêvitch

202. *Cabala e Contra-História*, David Biale

203. *A Sombra de Ulisses*, Piero Boitani

204. *Samuel Beckett: Escritor Plural*, Célia Berrettini

205. *Nietzsche e a Justiça*, Eduardo Rezende Melo

206. *O Canto dos Afetos: Um Dizer Humanista*, Ibaney Chasin

207. *As Máscaras Mutáveis do Buda Dourado*, Mark Olsen

208. *O Legado de Violações dos Direitos Humanos no Cone Sul*, Luis Roniger e Mario Sznajder

209. *Tolerância Zero e Democracia no Brasil*, Benoni Belli

210. *Ética contra Estética*, Amelia Valcárcel

211. *Crítica da Razão Teatral*, Alessandra Vannucci (org.)

212. *Os Direitos Humanos na Pós-Modernidade*, José Augusto Lindgren Alves

213. *Caos / Dramaturgia*, Rubens Rewald

214. *Crítica Genética e Psicanálise*, Philippe Willemart

215. *Em que Mundo Viveremos?*, Michel Wieviorka

216. *Desejo Colonial*, Robert J. C. Young

217. *Para Ler o Teatro*, Anne Ubersfeld

218. *O Umbral da Sombra*, Nuccio Ordine

219. *Espiritualidade Budista I*, Takeuchi Yoshinori

220. *Entre o Mediterrâneo e o Atlântico*, Maria Lúcia de Souza Barros Pupo

221. *As Nazi-tatuagens: Inscrições ou Injúrias no Corpo Humano?*, Célia Maria Antonacci Ramos

222. *Memórias de Vida, Memórias de Guerra*, Fernando Frochtengarten

223. *Sinfonia Titã: Semântica e Retórica*, Henrique Lian

224. *Metrópole e Abstração*, Ricardo Marques de Azevedo

225. *Yukio Mishima: o Homem de Teatro e de Cinema*, Darci Yasuco Kusano

226. *O Teatro da Natureza*, Marta Metzler

227. *Margem e Centro*, Ana Lúcia Vieira de Andrade

228. *A Morte da Tragédia*, George Steiner

229. *Ibsen e o Novo Sujeito da Modernidade*, Tereza Menezes

230. *Ver a Terra: Seis Ensaios sobre a Paisagem e a Geografia*, Jean-Marc Besse

231. *Em Busca de um Lugar no Mundo*, Silvia Gombi dos Santos

232. *Teatro Sempre*, Sábato Magaldi

233. *O Ator como Xamã*, Gilberto Icle

234. *A Idéia de Cidade*, Joseph Rykwert

235. *A Terra de Cinzas e Diamantes*, Eugenio Barba

236. *A Literatura da República Democrática Alemã*, Ruth Röhl e Bernhard J. Schwarz

237. *A Ostra e a Pérola*, Adriana Dantas de Mariz

238. *Tolstói ou Dostoiévski*, George Steiner

239. *A Esquerda Difícil*, Ruy Fausto

240. *A Crítica de um Teatro Crítico*, Rosangela Patriota

241. *Educação e Liberdade em Wilhelm Reich*, Zeca Sampaio

242. *Dialéticas da Transgressão*, Wladimir Krysinski

243. *Viaje a la Luna*, Reto Melchior

244. *1789-1799: A Revolução Francesa*, Carlos Guilherme Mota

245. *Proust: A Violência Sutil do Riso*, Leda Tenório da Motta
246. *Ensaios Filosóficos*, Walter I. Rehfeld
247. *O Teatro no Cruzamento de Culturas*, Patrice Pavis
248. *Ensino da Arte: Memória e História*, Ana Mae Barbosa (org.)
249. *Eisenstein Ultrateatral*, Vanessa Oliveira
250. *Filosofia do Judaísmo em Abraham Joshua Heschel*, Glória Hazan
251. *Os Símbolos do Centro*, Raïssa Cavalcanti
252. *Teatro em Foco*, Sábato Magaldi
253. *Autopoiesis. Semiótica. Ecritura*, Eduardo Elias
254. *A Arte do Ator*, Ana Portich
255. *Violência ou Diálogo?*, Sverre Varvin e Vamik D. Volkan (orgs.)
256. *O Teatro no Século XVIII*, Renata S. Junqueira e Maria Gloria C. Mazzi
257. *Poética do Traduzir*, Henri Meschonnic
258. *A Gargalhada de Ulisses*, Cleise Furtado Mendes
259. *Dramaturgia da Memória no Teatro-Dança*, Lícia Maria Morais Sánchez
260. *A Cena em Ensaios*, Béatrice Picon-Vallin
261. *Introdução às Linguagens Totalitárias*, Jean-Pierre Faye
262. *O Teatro da Morte*, Tadeusz Kantor
263. *A Escritura Política no Texto Teatral*, Hans-Thies Lehmann
264. *Os Processos de Criação na Escritura, na Arte e na Psicanálise*, Philippe Willemart
265. *Dramaturgias da Autonomia*, Ana Lúcia Marques Camargo Ferraz
266. *Música Serva D'Alma: Claudio Monteverdi – Ad voce Umanissima*, Ibaney Chasin
267. *Na Cena do dr. Dapertutto*, Maria Thais Lima Santos
268. *A Cinética do Invisível*, Matteo Bonfitto
269. *História e Literatura*, Francisco Iglésias
270. *A Politização dos Direitos Humanos*, Benoni Belli
271. *A Escritura e a Diferença*, Jacques Derrida
272. *Introdução à Semanálise*, Julia Kristeva
273. *Outro Dia: Intervenções, Entrevistas, Outros Tempos*, Ruy Fausto
274. *A Descoberta da Europa pelo Islã*, Bernard lewis

275. *Luigi Pirandello: Um Teatro para Mart Abba*, Martha Ribeiro
276. *Tempos de Casa-Grande (1930-1940)*, Silvia Cortez Silva
277. *Teatralidades Contemporâneas*, Sílvia Fernandes
278. *Conversas sobre a Formação do Ator*, Jacques Lassalle e Jean-Loup Rivière
279. *Encenação Contemporânea*, Patrice Pa
280. *O Idioma Pedra de João Cabral*, Solan Rebuzzi
281. *Monstrutivismo: Reta e Curva das Vanguardas*, Lucio Agra
282. *Manoel de Oliveira: Uma Presença*, Renata Soares Junqueira (org.)
283. *As Redes dos Oprimidos*, Tristan Castro-Pozo
284. *O Mosteiro de Shaolin: História, Religió e as Artes Marciais Chinesas*, Meir Shahar
285. *Cartas a uma Jovem Psicanalista*, Heito O´Dwyer de Macedo
286. *Gilberto Gil: A Poética e a Política do Corpo*, Cássia Lopes
287. *O Desafio das Desigualdades: Améric Latina / Ásia: Uma Comparação*, Pier Salama
288. *Notas Republicanas*, Alberto Venanci Filho
289. *Mística e Razão: Dialética no Pensamento Judaico*, Alexandre Leone
290. *O Espaço da Tragédia: Na Cenografia Brasileira Contemporânea*, Gilson Mott
291. *A Cena Contaminada*, José Tonezzi
292. *O Homem e a Terra*, Eric Dardel
293. *A Simulação da Morte*, Lúcio Vaz
294. *A Gênese da Vertigem*, Antonio Araújc
295. *História do Urbanismo Europeu*, Donatella Calabi
296. *Trabalhar com Grotowski Sobre as Açõ Físicas*, Thomas Richards
297. *A Fragmentação da Personagem*, Maria Lúcia Levy Candeias
298. *Judeus Heterodoxos: Messianismo, Romantismo, Utopia*, Michael Löwy
299. *Alquimistas do Palco*, Mirella Schino
300. *Palavras Praticadas: O Percurso Artístico de Jerzy Grotowski, 1959-1974*, Tatiana Motta Lima
301. *Persona Performática: Alteridade e Experiência na Obra de Renato Cohen*,

Ana Goldenstein Carvalhaes

Qual o Espaço do Lugar: Geografia, Epistemologia, Fenomenologia, Eduardo Marandola Jr., Werther Holzer, Lívia de Oliveira (orgs.)

Como Parar de Atuar, Harold Guskin

Metalinguagem e Teatro: A Obra de Jorge Andrade, Catarina Sant'Anna

Apelos, Jacques Copeau

Ensaios de um Percurso: Estudos e Pesquisas de Teatro, Esther Priszkulnik

Função Estética da Luz, Roberto Gill Camargo

Interior da História, Marina Waisman

O Cinema Errante, Luiz Nazario

A Orquestra do Reich, Misha Aster

A Poética de Sem Lugar: Por uma Teatralidade na Dança, Gisela Dória

Eros na Grécia Antiga, Claude Calame

Estética da Contradição, João Ricardo C. Moderno

Teorias do Espaço Literário, Luis Alberto Brandão

Haroldo de Campos: Transcriação, Marcelo Tápia e Thelma Médici Nóbrega (orgs.)

Entre o Ator e o Performer, Matteo Bonfitto

Holocausto: Vivência e retransmissão, Sofia Débora Levy

Missão Italiana: HIstórias de uma Geração de Diretores Italianos no Brasil, Alessandra Vannucci

Além dos Limites, Josette Féral

Ritmo e Dinâmica no Espetáculo Teatral, Jacyan Castilho

A Voz Articulada Pelo Coração, Meran Vargens

322. *Beckett e a Implosão da Cena: Poética Teatral e Estratégias de Encenação*, Luiz Marfuz

323. *Teorias da Recepção*, Claudio Cajaiba

324. *Revolução Holandesa, A Origens e Projeção Oceânica*, Roberto Chacon de Albuquerque

325. *Psicanálise e Teoria Literária: O Tempo Lógico e as Rodas da Escritura e da Leitura*, Philippe Willemart

326. *Os Ensinamentos da Loucura: A Clínica de Dostoiévski*, Heitor O´Dwyer de Macedo

327. *A Mais Alemã das Artes*, Pamela Potter

328. *A Pessoa Humana e Singularidade em Edith Stein*, Francesco Allieri

329. *A Dança do Agit-Prop*, Eugenia Casini Ropa

330. *Luxo & Design*, Giovanni Cutolo

331. *Arte e Política no Brasil*, André Egg, Artur Freitas e Rosane Kaminski (orgs.)

332. *Teatro Hip-Hop*, Roberta Estrela D'Alva

333. *O Soldado Nu: Raízes da Dança Butō*, Éden Peretta

334. *Ética, Responsabilidade e Juízo em Hannah Arendt*, Bethania Assy

335. *Alegoria em Jogo: A Encenação Como Prática Pedagógica*, Joaquim Gama

336. *Jorge Andrade: Um Dramaturgo no Espaço Tempo*, Carlos Antônio Rahal

337. *Nova Economia Política dos Serviços*, Anita Kon

338. *Arqueologia da Política*, Paulo Butti de Lima (E338)

340. *A Presença de Duns Escoto no Pensamento de Edith Stein: A Questão da Individualidade*, Francesco Alfieri (E340)

341. *Os Miseráveis Entram em Cena: Brasil, 1950-1970*, Marina de Oliveira

Este livro foi impresso na cidade de Cotia,
nas oficinas da Meta Brasil,
para a Editora Perspectiva.